내면대폭발

이재근 지음

기독교문서선교회

기독교문서선교회(Christian Literature Crusade: 약칭 **CLC**)는
1941년 영국 콜체스터에서 켄 아담스에 의해 시작되었으며
국제 본부는 영국의 쉐필드에 있습니다.
국제 CLC는 59개 나라에서 180개의 본부를 두고, 약 650여 명의
선교사들이 이동도서차량 40대를 이용하여 문서 보급에 힘쓰고 있으며
이메일 주문을 통해 130여 국으로 책을 공급하고 있습니다.
한국 CLC는 청교도적 복음주의 신학과 신앙서적을 출판하는
문서선교기관으로서, 한 영혼이라도 구원되길 소망하면서
주님이 오시는 그날까지 최선을 다할 것입니다.

Deep Bang

by
JeaGun Lee

Korean Edition
Copyright © 2011 by Christian Literature Crusade
Seoul, Korea

추천사 ①

전요섭 박사
성결대학교 기독교상담학 주임교수
前 한국복음주의 기독교상담학회 회장

이재근 목사와 함혜영 사모는 저의 오랜 제자들입니다. 오래전 일이지만, 기억하는 것은 두 분이 대학시절부터 기독교상담에 남다른 관심을 갖고 있었다는 것입니다. 이재근 목사는 목회상담을 주제로 대학논문을 썼었고, 대학원 시절에는 저와 함께 상담학 도서를 번역하기도 했습니다. 함혜영 사모는 나를 도와 성결대학교 부속 상담연구소의 조교로 일을 했었고, 두 사람이 처음 만나 교제했던 곳도 상담소였습니다.

이처럼 각별했던 제자들이 저를 다시 찾은 것은 졸업 후 10년이나 지나서였습니다. 10년이면 강산도 변한다는 옛말처럼, 나의 기억 속의 앳된 두 제자가 이미 세 자녀의 부모가 되었고 미국에서 상담학을 공부하고 밀알사역을 하고 있었습니다. 이때 이재근 목사가 저에게 두툼한 원고 꾸러미를 처음 건넸고, 목차를 찬찬히 들여다보는 순간, 좋은 책임을 한눈에 알 수 있었습니다. 꼭 내 자녀의 일처럼 얼마나 기쁘던지, 바로 CLC 출판사에 출판의뢰를 부탁했습니다.

이 책은 인간에게 큰 격변이 있었다는 가정 하에서 시작하고 있습니다. 저자는 이것을 내면대폭발(Deep Bang)이라고 표현하고 있습니다. 기독교인이라면 내면대폭발이 의미하는 것이 무엇인지 어렵지 않게 눈치 챌 수 있습니다. 그것은 바로 창세기의 타락사건입니다. 성경은 자세히 언급하고 있지 않지만, 죄를 짓고 타락한 순간에 발생한 심각한 인간 내면의 변화는 분명합니다. 이 책의 탁월성이 바로 여기에 있습니다. 타락사건이라는 성경적 사실에 근거해서 심리학적 이론을 세웠다는 점입니다. 그리고 그 이론을 기초로 해서 인간의 죄가 무엇이며, 그 죄로 인해서 인간의 심리적 문제들이 어떻게 발전하는지를 심리학적으로 자세히 설명하고 있습니다.

이 책은 인간의 문제를 설명하는데서 그치지 않고, 온전한 인간 회복이 어떻게 가능한지를 성경적이며 동시에 과학적 원리를 들어서 잘 설명하고 있습니다. 믿음, 사랑, 소망, 영광이라는 단계에 따라서 타락한 자아가 어떻게 하나님을 되찾고 점차 회복되어 가는지를 탁월하게 설명하고 있습니다. 물론 이 책이 신학서가 아니라, 기독교심리학을 소개하는 서적이기 때문에 인간의 내면 회복을 설명하는데 제한된 부분이 없지 않아 있습니다. 그러나 성경적인 이론 위에서 인간의 회복을 심리학적으로 설명했다는 점이 매우 가치가 있습니다.

이 책은 기독교상담을 전공하거나, 회복사역을 준비하는 사람이라면 꼭 읽어야 할 필독서라고 생각합니다. 이미 회복과 상담사역을 담당하고 있는 분들에게도 자신의 기독교 상담원리 또는 회복원리가 성경적이고 올바른지를 점검하는데 도움이 될 것입니다. 자신의 사역을 점검하는 과정은 누구에게나 필요합니다. 바라기는 이 책이 목회자들이 목회현장에서 설교와 목회상담을 하는데 도움 되기를 바랍니다. 목회자는 신앙과 관련된 수많은 문제로 찾아오는 성도들을 매일같이 만나야 하고, 또 그것을 해결할 수 있도록 도와야 합니다. 이 책는 어려운 목회현장에 서 있는 목회자들에게 명쾌하고 성경적이며 동시에 심리적인 해결책을 제공해 줄 것입니다.

추천사 ❷

김형준 목사
서울 동안교회

이 책에 관심을 갖는 분들에게
　삶의 문제로 깊게 좌절하게 되면, 문제가 궁금한 것이 아니라 그것을 받아들이고 느끼는 자기내면에 대한 의문으로 연결됩니다. 분명히 내가 가장 잘 아는 내 자신인데도 이해할 수 없는 자기내면의 세계를 보면서 인간은 더 알 수 없는 벽 앞에서 좌절하게 됩니다.
　이재근 목사님의 글을 읽어나가면 우리 문제를 현상적으로 다루고 있는 것과는 달리 내면의 문제가 갖는 성경적이면서도 심리학적인 관점과 지혜를 놓치지 않는 통찰력을 갖게 합니다. 마치 어둡고 좁은 동굴을 더듬어가다가 작지만 찾아가야할 길을 비추어주는 빛을 보는 것과 같은 감동을 줍니다. 그 중에서도 과거의 한 시점에 그것도 인간의 내면 깊은 곳에서 큰 폭발이 있었다는 해석입니다. 인간의 타락 사건을 설명하는 많은 설교와 책들을 읽어보았지만, 창세기에 기록된 아담의 타락 사건을 심리학적 설명으로 이처럼 분명하게 분석하고 표현한 것은 처음이라고 여겨집니다. 타락의 그 순간에 인류의 조상인 아담이 겪었을 내적 격변을 단순한 인간의 타락으로만 설명하고 지나치기 쉬운 면을 놓치지 않고, 신앙과 신학의 구조를 가진 심리학적 관점으로 해석하고 있습니다.

　이러한 해석은 인간의 내적 변화의 과정과 원인을 이해하는데 매우 중요한 단서들을 많이 제공하고 있습니다.

　이 책을 곱씹어 볼 때 무엇보다도 인간 안에 뿌리박힌 죄의 성격을 깊이 알게 될 것입니다. 또한 우리가 겪는 심리적 문제가 죄와 어떻게 관련되어 있는지도 이해할 수 있습니다. 그리고 성경적 세계관을 통해서 영혼의 변화를 경험하고자 한다면, 이 책이 큰 도움이 될 것입니다. 성경적인 내면의 변화는 언제나 가치 있는 일입니다. 이 책은 여러분의 내면에 크고 작은 변화들을 가져줄 것입니다. 뿐만 아니라 인간의 바람직한 변화를 돕기를 원하는 분에게도 변화를 위한 혜안(慧眼)을 갖게 할 것입니다. 신학과 신앙, 그리고 자신의 경험과 심리학적 훈련을 통해서 펼쳐나간 이재근 목사님의 학문세계와 신앙적 통찰은 더 깊은 인간내면을 이해하는 입구로 우리들을 안내해줄 것입니다.

　아울러 이재근 목사님과 그가 가진 학문적 풍부함을 여러분들에게 소개함을 기쁨과 영광으로 생각합니다.

추천사 ❸

안경승 박사
아세아연합신학대학교 기독교상담학 교수
한국복음주의 기독교상담학회 회장

역사와 문헌을 통해 전해진 성경의 말씀과 실험적이고 경험적 연구의 결과물인 심리학을 통합하는 작업은 쉽지 않습니다. 더구나 기독교 심리학을 표방하며 성경에서 출발하면서 적용 가능한 심리학적 인간이해를 제시하는 것은 여전히 불모지와도 같은 영역입니다. 이 책은 그러한 숙제와 고민을 풀어가고 있습니다. '창조, 타락, 구속'이라는 기독교 세계관의 틀에 기초해서 인간을 설명하고, 바로 이 땅에서 버거워하고 씨름하는 생생한 모습을 그려주고 있습니다.

저자는 '내면대폭발'과 '분리'라는 장을 통해서 인간의 죄와 신경증과 정신병을 아우르는 이상심리를 연결 짓고 있습니다. 기독교상담이 실제 상담현장에서 통합하지 못한 영역 중의 하나가 정신병리입니다. 인간의 연약함이 '죄'로 말미암았다고 이야기는 하지만, 그 설명에 있어서는 진단편람에 의존합니다. 또 다른 한편으로 '죄'로 모든 것을 설명하며, 다양하고 구체적인 돌봄이 피상적으로 흘러가는 경우도 있습니다. 이 책은 이것을 균형 있게 분석하고 있습니다. 죄로 말미암아 인간의 병리가 시작된 것을 분명하게 전제하고, 일그러진 인간의 실상을 심리학적으로 개관하고 있습니다.

 '갈망'이라는 장 역시 기독교 상담의 핵심적인 대안인 특별은혜를 중심으로 인간이 어떻게 회복될 수 있는지를 설명합니다. 하나님의 은혜로 우리는 회복됩니다. 그리고 그 회복의 여정에 하나님께서는 여러 가지 부가적인 도구를 허락해 주셨습니다. 기독교 상담자의 능력은 이러한 자원이 무엇인지 알고, 그것을 어떻게 활용하느냐에 달려있습니다. 저자는 특히 '믿음, 사랑, 소망, 영광'을 세분하며, 기독교 상담의 영적 자원을 풍성하고 소개하고 있습니다.

 기독교 사역자이고 상담자인 저자의 깊은 통합의 열정이 담겨있는 이 책을 기쁨으로 추천합니다. 성도를 섬기는 목회자, 기독교상담자, 함께 짐을 지고 이웃을 섬기는 평신도, 신앙인으로 상담을 하시는 이들 모두에게 유용하고 귀한 자원이 될 것으로 확신합니다.

추천사 ❹

이재서 박사
총신대학교 사회사업학과 교수
세계밀알연합 총재

한 마디로 이 책은 놀랍습니다. 인간의 영혼을 이처럼 자세하게 표현할 수 있을까 새삼 놀라울 뿐입니다. 인간이 하나님과 분리되어 깊은 나락 속으로 빠졌다가 다시 하나님을 만나 회복되는 전체 과정을 사진 한 장에 담아 놓은 듯합니다. 저자가 깊은 묵상과 연구 가운데 이 책를 집필했음을 충분히 가늠할 수 있습니다.

근래에 죄를 성경적이며 동시에 논리적으로 심도 있게 다룬 책을 찾아보기 힘듭니다. 많은 목회자와 학자들이 회복에 대해 언급하는 것은 즐거워하지만, 죄의 문제에 대해서는 명확한 언급을 회피하는 시대입니다. 그러나 이 책은 죄가 모든 문제의 핵심임을 명백히 증명하고 있습니다. 이러한 면에서 이 책가 기독교 상담과 회복사역에 기여할 것으로 기대합니다.

이 책을 읽는 독자들에게 부탁합니다. 여러분의 마음의 눈을 지그시 감고 읽어보시기 바랍니다. 당신의 깊은 마음속까지 들여다 볼 수 있을 것이며, 회복을 향한 소망도 바라볼 수 있을 것입니다. 여러분을 회복의 중심으로 초대합니다.

추천사 ❺

이성철 목사
달라스중앙연합감리교회

　인간의 마음처럼 신묘막측한 것이 세상에 어디 있겠습니까? 시시각각 다른 색깔을 내고, 다양한 향기를 풍기며, 하루에도 수십 번 변하는 것이 인간의 마음입니다. 그러나 인간의 영혼을 자세히 들여다보면 공통적으로 발견할 수 있는 색깔과 향기가 있습니다.
　이 책은 꼭 성능 좋은 프리즘과 같은 역할을 합니다. 그래서 독자로 하여금 인간의 마음속에 숨겨져 있는 일곱 가지 기본 색깔을 바라 볼 수 있도록 돕습니다. 이 책은 영혼의 회복이 매우 질서 있는 과정이며, 그 과정마다 발산하는 빛깔이 얼마나 독특하고 아름다운지를 탁월하게 보여주고 있습니다. 동시에 타락한 인간의 마음이 얼마나 추악한 색깔로 변질되는지도 신랄하게 보여주고 있습니다.
　회복을 갈망하는 사람이나, 내면의 어두운 빛깔로 고통 받는 사람에게 이 책을 추천합니다. 당신 영혼의 색깔을 확인하고, 자신의 빛을 성경적인 원리로 잘 정돈하여 깊은 회복을 경험하여, 결국에는 하나님이 계획하신 자신만의 아름다운 색채를 발산할 수 있기를 바랍니다.

추천사 ❻

안예신 박사
치유상담가, 마음의쉼터 원장

    기독교와 심리학 사이에서 늘 머뭇거리며 불편해하던 관계를 개선한 책으로서, 바로 죄와 심리적인 문제를 동시에 설명한 아주 탁월한 보석 같은 책입니다. 이 시대에 역사적인 획을 그음으로 공헌하는 바가 크다고 확신합니다. 저는 이런 책이 나오기를 오랫동안 기다려온 것인 양 이 책을 읽자마자 주님의 생수를 마신듯 깊은 충만함을 맛보았습니다.
    인간의 내면구조를 죄로부터 회복에 이르기까지 영적, 심리적 회복의 관계를 깊이 있게 연구한 책입니다. 앞으로 이 책은 치유와 회복을 기다리는 많은 분들과 교회와 가정 모두에게 진정으로 치유의 여정에 좋은 길잡이가 될 것이라고 믿습니다.

●저자 서문

  이 책에는 많은 상담사례와 인물들이 등장합니다. 일부는 실제 상담사례이며 피상담자로부터 허락을 받아 상담내용을 책에 실었습니다. 나머지 상담사례는 독자가 이해하기 쉽게 각색한 이야기임을 밝힙니다. 그리고 모든 상담사례의 이름은 가명입니다.

  출판되기까지 많은 분들의 도움이 있었습니다. 가장 큰 후원자는 하나님이십니다. 깊은 묵상 가운데 저에게 부어주신 그분의 통찰력과 지혜에 진심으로 감사드립니다. 추천서를 써 주신 전요섭 박사님, 김형준 목사님, 안경승 박사님, 이재서 박사님, 이성철 목사님, 안예신 박사님께 진심으로 감사드립니다.

  다음으로 든든한 후원자는 항상 기도와 사랑으로 섬겨준 아내(함혜영)와 양가 부모님입니다. 고개 숙여 감사드립니다. 그리고 책 내용의 관찰 대상자로서 그리고 사례인물로서 도와준 나의 세 자녀(신호, 주은, 인호)에게 감사합니다. 책의 내용과 철자 수정에 도움을 준 유진국 목사, 남인철 목사, 신원선 전도사, 윤민영 자매에게 감사합니다. 뉴스코리아의 홈페이지에 책을 연재할 수 있도록 배려한 조은영 실장에게도 감사의 말을 전합니다. 이 외에도 집필과 출판에 도움을 주신 모든 분들에게 감사드립니다.

2011년 5월 17일
이재근 목사

DEEP BANG

추천사 (전요섭, 김형준, 안경승, 이재서, 이성철, 안예신) 5
저자서문 14
프롤로그 - 책을 쓰게 된 배경 17

제1부 내면대폭발(Deep Bang)

제1장 인간창세기 1장 27
제2장 인간은 완벽했다 29
제3장 자아의 탄생 33
    1. 자의식 vs 무의식 34
    2. 자아의 요소: 지·정·의 그리고 방향성 37
    3. 중력과 열역학 법칙 40

제2부 분리(Estrangement)

제1장 두려움, 죄책감, 불안 49
제2장 죄와 악 59
제3장 신경증(Psychoneurosis) 69
    1. 조각난 인간 이해 71
    2. 자아의 양면성(ambivalence): 두 마음 82
    3. 신경증적 우울증(Neurotic Depression) 86
    4. 강박증(Obsessive Compulsive Disorder) 90
    5. 중독(Addiction) 94
    6. 중간지대: 불안증(Anxiety Disorder) 100

제4장 정신병(Psychosis) ··· 115
    1. 신경증과 정신병의 구분 ·· 116
    2. 정신병으로의 발전 ··· 117
        1) 정신분열증(Schizophrenia) ····································· 119
        2) 해리성 정체감 장애 ·· 123
제5장 귀신들림(Demon Possession) ····································· 127
    1. 귀신들림의 실체와 방법들 ······································· 128
    2. 정신질환에 대한 편견 ·· 134

제3부 갈망(Thirst)

제1장 영혼의 선물 ·· 143
    1. 직관 ··· 144
    2. 양심 ··· 146
    3. 직관과 양심의 역할 ··· 149
제2장 특별은혜 ··· 151
    1. 특별은혜의 필요성 ··· 152
    2. 주입의 통로 ·· 154
제3장 회복장치(Recovery Mechanism) ································ 159
    1. 믿음 ··· 161
    2. 사랑 ··· 179
    3. 소망 ··· 188
    4. 영광 ··· 193
    5. 회복장치의 특성과 꽃 ·· 200
    6. 멈춰선 회복장치 ··· 214

에필로그. 개인적 내면대폭발(Personal Deep Bang) ············ 233
부록(분리/회복 지수 평가질문서(Recovery Index)) ············· 239

●프롤로그: 책을 쓰게 된 배경

이 책의 내용을 준비하기 시작한 것은 약 4년 전부터이다. 그때가 미국의 남부에 위치한 서남침례신학대학원(Southwestern Baptist Theological Seminary)에서 가족상담학을 공부할 때였다. 이곳은 미국 내에서 가장 큰 신학대학원이며, 매우 복음적인 학교이다. 뿐만 아니라 상담학 과정도 충실하게 잘 조직되어 있어서 매년 많은 학생이 졸업하는 곳이다. 이 상담과정을 선택한 가장 큰 이유는 신학대학원 안에 있으면서도, 일반심리학의 내용도 가르치는 몇 안 되는 신학교 중에 하나였기 때문이다. 예상했던 것처럼 수업내용은 신앙과 심리학으로 잘 어우러져 있었다. 하나하나 배워나가면서 얼마나 기뻤는지 모른다.

1. 수수께끼

그러나 인턴쉽이 시작되고 남은 4학기 동안 내담자를 직접 상담하게 되면서부터 고민에 빠지게 되었다. 이것은 상담자인 나에게 있어서 굉장히 실제적인 질문이었다.

"나는 기독교적인 상담원리를 가지고 있는가?"

"인간의 죄와 심리적 문제들을 동시에 설명할 수 있는 심리학적인 원리를 가지고 있는가?"

"인간의 죄와 심리적 문제의 관계를 설명할 수 있는가?"

"인간의 영적 회복과 심리적 회복의 관계를 설명할 수 있는가?"

"나는 인간의 내면구조를 설명할 수 있는 영적이며 동시에 심리학적인 원리를 가지고 있는가?"

목사이며 동시에 상담사였던 나에게, 위의 질문들은 꼭 풀고 넘어가야만 하는 것이었다. 위 질문들에 만족할만한 답을 가지지 않은 채로 상담한다는 것은 참을 수 없는 일이었다. 꼭 양쪽 길에 다리를 걸친 채, 그때그때 필요한 무문들을 적절하게 사용하는 반쪽 목사, 반쪽 상담사와 같았다. 예를 들어 불안 증세로 고통 받는 내담자를 만나면 불안 증세를 치료하기 위해서 효과가 입증된 심리학적 요법을 사용하는 반쪽 상담사가 되고, 반면에 불안의 근본 원인을 설명해야 할 때는 죄가 미치는 심리적 악영향들을 성경적 개념을 통해서 설명해주는 반쪽 목사가 되었다. 이러한 노력은 마치 잘 어울리지 않는 두 개의 퍼즐을 애써 끼워 맞추려 하는 것과 같았다.

결국 나는 위 질문들 앞에서 고개를 숙일 수밖에 없었다. 많은 심리학 이론을 성경적으로 해석할 수 있었고, 또 성경에서 말하는 중요한 개념들을 통해서 내담자의 상태를 설명할 수도 있었지만, 그럼에도 불구하고 아직까지 성경적 원리에 기초를 둔 기독교심리학을 발견하지 못했던 것이다. 나에겐 죄와 심리적 문제를 동시에 설명해 줄 수 있는 종류의 기독교심리학이 꼭 필요했다. 이후로 많은 기독교 상담관련 책들을 보기 시작했다. 대부분의 저자들은 지그문드 프로이드(Sigmund Freud) 이후의 심리학 이론을 기독교적으로 설명하거나 적용하는 차원에서 기독교심리학을 세우려 하고 있었다. 결국은 프로이드의 영향력을 벗어나지 못하고 있었다. 로랜스 크랩(Lawrence Crabb)의 '인간이해와 상담'이라는 책에서 성경적인 기독교심리학이 필요하다는 간절한 그의 주장을 보았을 뿐, 아직까지 완성된 기독교심리학을 찾지 못했다. 댄 몽고메리(Dan Montgomery) 박사의 컴패스 이론(Compass Theory)이 눈에 띄기는 했지만, 예수 그리스도의 성격 특성에 심리이론을 맞추려다 보니 제한적인 부분이 많아보였다. 존 샌드포드(John Sandford)와 파울라 샌드포드(Paula Sandford) 부부가 쓴 책들도 좋았다. 특히 영적인 시각으로 인간의 내면을 탁월하게 분석하고 있었다. 그러나 성경적 근본 원리나 심리 이론을 제시하기 보다는, 인간의 자아 상태를 영적 그리고 심리적으로 해석하고 있었다. 어느 정도는 예상하고 있던 바지만, 결국 나에게 남은 선택은 한 가지 뿐이었다. 성경적 원리에 기초한 하나의 심리이론을 만드는 것이다. 따라서 이 책을 쓰는 이유는 먼저 나 자신을 위해서이고, 희망하기는 다른 사람들에게도 도움이 되었으면 한다.

2. 해결책

내가 말하는 기독교심리학은 이런 것이다. 프로이드를 비롯한 일반 심리학자가 인간 이해를 시도했던 것과 같이, 성격이론을 만든 후에 그 이론을 통해서 인간이해를 근본적으로 다시 시작하는 것이다. 더 자세히 설명한다면, 성경적인 성격이론(Biblical Personality Theory)를 만들어야 한다. 성경적인 성격이론이 있어야지만, 그 위에 기독교상담이론을 만들 수 있기 때문이다. 심리학을 공부한 사람이라면, 내가 무엇을 얘기하고 있는지 알고서는 내심 비웃고 있을지도 모르겠다. 엄밀히 따지면 프로이드의 성격이론 외에는 이렇다 할 다른 이론이 아직까지 존재하지 않기 때문이다. 그 밖의 다른 성격이론들은 프로이드의 것을 변형하거나 반박하는 수준의 것들이기 때문이다. 사실 성경적인 성격이론을 만든다는 것은 거의 불가능한 일처럼 보인다. 나도 역시 모르는 바는 아니다. 그러나 언제까지고 프로이드와 그 밖의 심리학자의 이론들을 빌려

쓸 수는 없는 노릇 아닌가?

그렇다고 일반심리학의 이론들을 무시할 수도 없는 것이 엄연한 현실이다. 이미 그들은 인간 내면을 심리학(Psychology)이라는 이름 아래에서 많은 발견과 발전을 이루어내었다. 그리고 가장 기초되는 몇몇 부분을 제외한, 대부분의 내용이 다양한 임상과 연구를 통해서 입증되었다. 이것은 부인할 수 없는 사실이다. 심리학이 얼마나 과학적인 방법을 사용하고 있으며 얼마나 설득력 있어 보이는지 모른다. 이런 이유로 많은 사람들이 그 이론의 모든 내용이 진실이라고 믿고 있다. 그러나 이들은 하나님도 없고 인간의 영혼도 없다는 전제(Presupposition) 위에, 그들만의 자연주의적 심리학 이론을 만들어 내었다. 가장 중요한 부분인, 전제 자체가 틀렸다는 사실에 주목하라. 아무리 자연주의적 심리학이 과학적이고 설득력 있다 할지라도, 시작 지점인 첫 단추부터 잘못 되었다는 말이다. 인간은 분명히 영적 존재이며 하나님은 존재하는 실체이기 때문이다. 그러므로 내가 사용할 수 있는 방법은 이것이다. 그들과 전혀 다른 전제 위에서 시작하는 것이다. 즉 하나님의 존재와 인간의 영혼이 존재한다는 가정 위에서 다른 종류의 성격이론을 만들어내는 방법이다. 이 방법 외에는 현재의 심리학 이론의 영향력에서 벗어날 길은 딱히 없어 보인다. 프로이드가 사용한 방법처럼, 인간의 내면에서부터 일어나는 현상들을 기초로 삼아서 원리를 만들어내는 방법으로는 프로이드와 진화론을 벗어날 길이 없다. 결론적으로 말하면 나의 이론은 시간적으로나 개념적으로 프로이드보다 더 이전 지점에서 시작될 것이다. 시간적으로는 인간이 창조된 시기이며, 개념적으로는 창조론에 기반을 둔 이론이다. 그리고 철학적, 신학적, 과학적, 그리고 심리학적인 내용들에 기초를 둔 아주 포괄적인 이론을 정립해 나갈 것이다. 나는 이 이론을 내면대폭발(Deep Bang)이라고 부를 것이다.

여기까지 읽어 내려온 독자 여러분 중에 이런 질문을 갖는 사람도 있을 것이다. "이렇게 어려운 작업이 정말 가능할까?", "이거 비싼 돈 주고

이 책을 샀는데…" 등등, 벌써부터 비관적인 생각이 드는 분들도 있으리라 예상해 본다. 그러나 여러분이 너무 비관적이거나 성급한 결론을 내리지 않기를 바란다. 왜냐하면 인간을 이해하는 작업이 일반적 예상과 같이, 그렇게 어려운 것만은 아니기 때문이다.

만약 우리가 가장 기본이 되는 인간 내면의 원리를 알 수만 있다면, 즉 기초 원리를 알 수만 있다면, 인간의 내면을 이해하는 일은 무척 쉬워질 수 있다. 인간을 포함한 모든 자연세계는 기본 법칙 안에서 운영되고 있다. 예를 든다면 중력의 법칙, 상대성의 원리, 열역학 법칙 등등을 통해서 우주와 자연세계를 보다 쉽게 이해할 수 있다. 언뜻 보기에는 천체의 움직임이 매우 복잡해 보이고 자연세계 역시 무질서해 보인다. 그러나 중력이란 기초 원리로 자연세계를 자세히 들여다보면, 아주 복잡하고 세밀한 부분까지도 쉽게 이해할 수 있게 된다. 인간에게도 이러한 법칙이 존재한다. 왜냐하면 인간 역시 하나님의 창조물 중의 하나이며, 법칙에 의해 운행되는 자연세계의 일부분이기 때문이다. 또한 제한된 공간과 시간을 살아가는 존재이기 때문에 더욱 그렇다.

그러나 아이러니하게도, 대부분의 사람들은 인간과 자연세계가 법칙에 의해서 통제됨을 알면서도, 인간의 내면 영역(영적, 도덕적, 심리적)에 관해서는 이와 같은 법칙이 적용된다는 사실은 알 수 없다고 생각한다.[1] 중력의 법칙에 의해 비가 위에서 아래로 내리고 사과가 땅에 떨어지는 것은 알면서, 자신의 가정과 결혼생활에는 도덕적이고 영적인 원리가 없어도 된다고 생각한다. 정자와 난자가 만나 생명이 시작되는 원리는 알면서도, 결혼에는 원리가 없으므로 동성결혼도 가능하다고 생각한다. 로켓을 만들 때 자연법칙에 맞게 잘 만들어야만 목적지까지 도달할 수 있다는 사실은 알면서도, 영적 성숙이라는 최종지점에 도달하기 위해서는 인간에게 믿음 외에도 여러 가지 영적원리가 필요하다는 사실을 모

---

[1] 존 샌드포드,『속사람의 변화』(The Transformation of the Innerman), 황승수 & 정지연 공역 (서울: 순전한나드, 2008), 122.

르는 사람이 얼마나 많은가.

　그러나 인간 내면에 가장 기본 되는 원리는 확실히 존재한다. 그 원리만 발견할 수 있다면, 이처럼 복잡해 보이는 인간의 내면세계와 인간이 만들어내는 인간관계와 행동들을 보다 쉽게 이해할 수 있을 것이다. 나는 내면대폭발이 인간 내면의 그 기초 원리이며, 아니면 적어도 매우 근접한 것이라는 전제 아래에서 이 책을 써 내려갈 것이다. 만약 여러분이 심혈을 기울여서 이 책을 읽어 나간다면, 자신의 내면을 전보다 쉽고 깊게 이해하게 될 것이다.

3. 기대치

　내면대폭발을 통해서 내심 바라는 것들이 있다. 그것은 인간관의 변화에 일부분 기여하고 싶다. 진화론적이고 결정론적인 인간이해를 벗어나서 창조론적이고 의지론적인 인간관을 소개하고 싶다. 정말 성경이 거짓이 아니라면, 인간이 창조되었고 영혼을 가진 존재가 사실이라면, 성경적 원리로 인간을 이해할 수 있으며 이미 발견된 심리학적 사실들도 대부분 설명 가능할 것이다. 또한 진화론적이고 자연주의적인 세계관에 빼앗겨버린 심리학(인간이해)을 되찾아 오고 싶다. 심리학을 되찾아 온다는 의미는 현재의 심리학적 인간이해를 성경적 원리를 통해서 올바르게 수정하고 싶다는 의미이다. 이런 이유로 내면대폭발을 통한 인간이해 내용을 심리학적인 용어와 방법으로 최대한 설명할 것이다.

　내면대폭발을 통해서 하나의 기독교심리학이 새롭게 시작되었으면 한다. 문자 그대로 처음부터 하나하나 시작되기를 바란다. 성격이론(Personality Theory) 위에, 발달이론(Development Theory)이 만들어지고, 다음으로 이상심리학(Abnormal Psychology)과 상담이론(Counseling Theory)이 만들어지는 것을 기대해 본다. 만약 내면대폭발이 그 기초 석으로 부족하다면, 독자 여러분이 계속해서 수정하고 첨가해서 결국에는 성경적인 인간이해가 심리학적으로 완성되었으면 한다.

만약 이것이 가능해진다면, 우리의 자녀들이 학교에서 인간의 영혼과 회복을 얘기해도 친구들로부터 비웃음 당하지 않을 것이다. 수업시간에도 진화론과 창조론이 동시에 언급되듯이, (물론 창조론은 잠깐 언급되는 수준이겠지만) 심리학을 배울 때에 수많은 심리학 이론 가운데, 내면대폭발도 같이 언급되기를 소망한다. 기독교상담학 과정에서는 일반심리학 이론보다 내면대폭발을 비롯한 많은 성경적 이론들이 교과 내용을 차지했으면 한다. 이것이 가능하다면, 실제 상담 가운데에서도 내담자의 문제를 진단하고 처방할 때에 기독교심리학을 통해서 이루어질 수 있을 것이다. 그리고 설교자에게도 희소식이 될 것이다. 이제는 청중들에게 깊이 있는 인간이해를 돕기 위해서 일반심리학에 목 맬 필요 없다. 일반심리학의 내용을 설교 가운데 넣어야 할지 말아야 할지 고민하지 않아도 된다. 기독교심리학으로 인해서 설교의 내용도 한층 깊어지고 호소력 있게 될 것이다. 청중에게 현재 인간의 상태를 성경적이면서도 현실감 있게 설명할 수 있을 때에야 비로소 설교자가 죄와 구원에 대해서도 사실감 있게 호소할 수 있다. 그렇지 않고 외치는 하나님의 나라는 청중들에게는 그저 내세적이고 먼 나라의 얘기로만 들릴 수 있기 때문이다.

그리고 항상 상담자로서 준비될 필요가 있는 목회자들과 평신도 지도자들에게 있어서 이 책의 내용은 매력적이다. 내담자가 가지고 오는 문제의 종류가 어떠하든, 종교적인 문제이든, 관계의 문제이든, 심리학적 문제이든 상관없이 성경적인 관점에서 이해하고 도울 수 있기 때문이다. 목회자가 내담자의 문제를 영적으로까지 정확히 진단 할 수 있고 내담자에게 그들의 상태를 성경적이면서 동시에 심리학적으로 이해시킬 수 있다는 점은 매우 흥미로운 사실이다. 결국엔 교회가 보다 올바른 인간이해를 기초로 설교하고, 그렇게 함으로써 인간의 문제들이 신학적이며 동시에 심리학적인 방법으로 다루어질 것이다.

DEEP BANG

 DEEP BANG

제❶장
인간창세기 1장

[1]태초에 인간은 완벽했다 [2]인간에게는 어떠한 부족함도 없었으며, 인간은 평화 속에 있었다 [3]고통도 없었고, 아픔도 없었고, 미움도 없었다 인간에게는 기쁨과 만족과 사랑만 있었다 [4]어느 날 인간에게 일회적이고 갑작스런 큰 변화가 생겼다. [5]그 변화는 인간의 내면에서부터 발생한 변화였다. [6]이로 인해서 하나님의 영이 인간에게서 떠나셨고 인간의 내면에는 공허와 혼돈이 가득하게 되었다 [7]하나님의 영이 떠난 자리에는 인간의 자아가 생겨났다 [8]자아는 혼란과 급변화로 인해 두려움에 떨었으며 이를 해결하기 위해 <u>스스로</u> 노력하기 시작했다 [9]그러나 인간은 하나님의 영을 되찾지 못했고, 결국에는 에덴동산에서 쫓겨나게 되었다 [10]인간은 만족과 완벽을 추구하지만 내면의 갈망은 채워지지 않았다 [11]채워질 수 없는 내적 갈망은 점차 육체적 욕망으로 바뀌어 갔다.

위의 내용은 내가 만들어낸 이야기이다. 정확히 말하면 이 책에서 주장하고자 하는 내면대폭발(Deep Bang)의 핵심을 이야기 형식으로 만들어 본 것이다. 창세기와 비슷한 형식의 이야기를 선택한 데에는 인간의 이해를 처음부터 새롭게 하고 싶은 의도 때문이다. 나는 윗글의 제목을

'인간창세기 1장'이라고 이름 붙여 보고 싶다.

이야기의 시작 부분은 우리가 상상할 수 없을 정도의 먼 과거이다. 이때는 인간의 상태가 현재와는 무척이나 달랐다. 인간창세기 1:1 처럼 '인간은 완벽'한 상태였다. 우리는 한 번도 완벽한 상태에 있어본 적이 없기 때문에 정확히 그 상태가 어떠했는지는 알 수가 없다. 특히나 우리의 불완전한 현 상태가 너무나 분명하고 실제적이기 때문에 더 힘들 수도 있겠다.

그러나 이 책은 인간이 한때에는 완벽한 상태에 있었으며 하나님과 함께 살았다는 전제에서부터 시작된다. 이 전제는 매우 독특한 것으로서, 어떤 독자에게는 위의 전제가 너무 자연스럽고 당연한 사실로 받아들여지기도 할 것이다. 특히 신앙생활을 하는 독자라면 더욱 그럴 것이다. 그런 반면에 어떤 독자는 너무 황당한 이야기 정도로 받아들이기도 할 것이다. 사실 위의 전제를 믿든 믿지 않던 그것은 독자 여러분의 고유한 선택 사항이다. 그러나 꼭 기억해야 할 한 가지는 이것이다. 이 책이 과학적이고 심리학적인 출발을 하기 위해서는, 독자 여러분이 앞의 인간창세기 1장을 내면대폭발의 시작지점, 즉 전제로 받아들이고 함께 읽어 내려가는 것이다. 이렇게 할 때, 독자 여러분은 이전에 깨닫지 못했던 인간의 새로운 면모를 찾을 수 있을 것이며, 일반 심리학과는 분명히 다른 인간 이해의 관점을 발견할 수 있을 것이다.

제 ❷ 장
인간은 완벽했다

내면대폭발에 의하면, 한때 인간은 유토피아와 같은 환경에서 평화롭게 살았었다. 완벽함 그 자체였다. 이때 인간은 하나님을 매일 만나며 살았다. 뿐만 아니라 그분을 거울 보듯이 대면하여 만날 수 있었기에 그분과 건강한 인격적 관계를 유지할 수 있었다. 인간은 항상 그분으로 인해 만족된 상태였으며 인간 본인에 대한 이해도 훨씬 풍부하고 정확했다. 다시 말하면 인간은 하나님과 연합된 의식을 가지고 있었고, 이로 인해서 인간은 완벽한 상태에 있었다.

그러나 현재 인간은 부모나 중요한 인물들을 통해서 본인의 자아개념을 형성한다. 예를 들어 부모가 귀중히 여기며 키운 자녀는 본인 스스로를 귀중하다고 생각한다. 만약 부모가 핀잔만 주고 칭찬을 하지 않는다면, 자신을 무가치하다고 여길 것이다.[1] 그러나 하나님의 사랑으로 매일 매일을 보낸 인간이 소유했을 법한 자아개념을 상상해보라. 그것은 다른 인간의 반응에 기초해서 인간 스스로 형성하는 자아개념과는 차원이

---

1) 앤 엘린슨, 『인간관계론』(*Human Relations*), 주삼환 & 명제창 공역 (서울: 법문사, 1988), 46. 중요하고 의미 있는 타인들의 반응이 인간의 자아개념 형성에 큰 영향을 끼친다. C. H. Cooley의 거울자아(looking-glass self) 이론이다.

다른 것이었다. 하나님과 온전히 하나 되는 경험을 통해서 형성된 연합의식이었다. 하나님과 하나 되어 형성된 온전한 자아 이해를 가지고 있었던 것이다. 이와 같은 완벽한 연합의식에 기초해서 인간은 100% 만족스런 상태에 있었다. 한평생을 행복하게 살아온 노부부가 경험하는 연합의식으로도 설명이 안 될 정도로 깊이 있는 연합의식이 바로 하나님과 인간의 것이었다.

'연합되었다' 해서 인간에게 자유의지가 없었던 것은 아니다. 너와 내가 합쳐져서 없어지는 그런 단순한 연합이 아니라, 서로를 사랑하고 섬김으로 서로를 만족시켜주는 연합이었다. 충분한 만족스런 관계에 있는 사람은 더 분명하고 건강한 자유의지를 소유하게 된다. 하나님의 존재로 인해서 인간에게는 부족함이 없었으며, 결정과 선택 상황에서 분명한 자유의지를 표현할 수 있었다. 어떤 상황에서든 가장 먼저 반응하는 것은 인간의 영혼이었다. 영적인 판단과 숙고를 거친 다음에 결정이 내려지고, 결정된 내용은 육체를 통해서 발산되었다. 현재 우리가 처음에 육체나 감정으로 반응하여 결정하는 것과는 사뭇 달랐다. 오히려 우리가 불충분한 관계와 상황 속에서 살고 있기에 편협 되고 뒤틀린 자유의지를 행사하며 살고 있다.

내면대폭발 이전의 인간에게는 아픔도 없었고, 병도 없었고, 죽음도 없었다. 인간의 육체는 완벽함 그 자체였다. 진시황제가 꿈꾸던 불로장생의 육체요, 이 시대의 모든 여성들이 그토록 원하는 노화되지 않고 항상 젊음을 유지하는 육체였다. 놀랍지 않은가? 또한 슬픔, 미움, 시기, 탐욕, 게으름이 없는 영혼의 소유자였다. 인간의 영혼에는 항상 하나님의 영이 충만했으며, 영혼의 상태는 '평화'라는 한 단어로만 표현될 수 있을 것이다.

육체와 영혼이 이처럼 완벽한 상태라는 의미는 곧, 육체와 영혼이 서로 유기적으로 융합되어 있음을 의미한다. 다시 말하면 영혼육이 하나 된 상태이다. 영혼육의 분리를 경험하는 우리가 이해하기 힘들 수도 있겠지만, 이전의 인간들은 영혼육의 분리나 불일치나 부조화를 전혀 경험하지 않았다. 이분설도 아니요, 삼분설도 아니다. 오직 하나였다.

　이와 같이 영혼육이 온전히 하나일 때는, 무의식이란 존재하지 않는다. 하나님의 도움으로 인해 형성된 인간의 연합의식은 영혼육 모든 부분을 하나도 빠짐없이 의식할 수 있었다. 육체에서 일어나는 모든 일들을 다 인식하고 알아차릴 수 있었을 뿐만 아니라, 영혼의 상태도 부족함 없이 의식할 수 있었다. 당시 인간이 가지고 있던 지혜와 능력은, 현재 우리가 상상하는 것 이상이었을 것이다. 심지어 인간의 외부에서 일어나는 모든 상황들도 충분히 이해하고 있었다는 점을 미루어 볼 때, 인간은 신 다음으로 완벽하고 능력 있는 존재였을 것이다. 내면대폭발 이전의 인간이 가지고 있지 않았던 것이 한 가지 있다. 그것이 바로 자의식이다. 바꿔 말하면 무의식이 없었다.

 DEEP BANG

제❸장
자아의 탄생

 나는 이 시점에서 인류 역사상 가장 큰 격변을 살펴볼 것이다. 이전에 한 번도 일어난 적이 없던 내적 변화를 인간은 경험하게 된다. 이 변화가 매우 심했기 때문에 꼭 폭발과 같았다고 표현하고 싶다. 내가 이론의 이름을 내면대폭발 이라고 붙인 이유도 거기에 있다. 내면대폭발(깊은 폭발)이라는 표현이 인간의 내면의 큰 격변을 가장 잘 나타낼 수 있다고 판단했기 때문이다. 이 내적 변화로 인해서 인간 안에는 전에 존재하지 않았던 자아가 탄생하게 된다.
 여러분들 중에는 내심 내면대폭발이 어떻게 일어났으며, 왜 일어났는지에 대한 설명을 기대하는 분도 있을 것이다. 우주기원의 한 이론인 빅뱅(Big Bang)이론을 상상하면서, "내면대폭발이 도대체 무슨 사건일까?" 궁금해 할지도 모르겠다. 하지만 나는 증명할 수 없는 사건을 자세히 기록하는 것은 피하려 한다. 내가 맘껏 상상력을 동원해서 서술할 수도 있고, 또는 창세기의 아담의 타락 사건을 심리학적으로 흥미롭게 기술할 수도 있을 것이다. 그러나 나는 그런 시도를 하지 않을 것이다. 왜냐하면 내면대폭발은 한 특정 사건이나 현상만을 의미하지 않으며, 인간의 급한 변화과정 전체를 설명해야 하기 때문이다. 또한 이 책의 목적이 내면대폭발을 야기시킨 한 사건을 묘사하는데 있지 않고, 내면대폭발을 통해서 현재 우리가 겪고 있는 인간 내면의 상태를 심리학적으로 이해하고 설명하는데 있기 때문이다.

인간창세기 1장의 내용처럼, 인류 내면에 '일회적이고 갑작스런 큰 변화'가 발생했다는 가설만 설정하자. 그런 후에 사건 자체보다는, 사건 이후에 일어난 인간 내면의 변화에 우리의 초점을 맞춰보자.

1. 자의식 vs. 무의식

영혼육의 합일 가운데에서 완벽함을 누렸던 인간에게 한 순간 갑작스런 사건이 발생하게 된다. 이 후에 인간은 깊숙한 내면에서부터 전인격에 이르기까지 커다란 변화(내면대폭발)를 경험하게 되었다. 그중에서도 가장 크고 근본적인 변화는 하나님의 영이 인간을 떠난 것이다.[1] 하나님의 영이 인간의 중심에서 떠난 사건은 내면대폭발의 중심 중에서도 핵심이다. 이로 인해서 인간과 하나님의 연합의식이 사라졌기 때문이다. 하나님과의 인격적인 관계도 깨지게 되었고, 더 이상 인간은 하나님을 전처럼 대면할 수도 없게 되었다. 완전한 만족이 불만족으로 바뀌게 되었고, 인간은 항상 갈급함을 가지고 살아가는 존재로 전락하게 되었다.

비유하자면 모든 만족과 보살핌을 공급해주던 부모가 어린 자녀를 두고 갑자기 떠나 버린 것과 같다. 아기는 순식간에 부모 없는 미아가 되어버렸고, 항상 영양이 부족한 상태에 놓이게 되어 버렸다. 무가치한 존재가 되었고 굶주린 사람이 되었다. 인류는 잃어버린 존재가 되었다.

또 다른 변화는 영혼육의 합일이 무너졌다. 하나님의 영이 인간의 영혼육으로부터 분리되어 인간 밖으로 나가게 되었고, 더 이상 인간의 영

---

[1] Kenneth Boa, *Augustine to Frued* (Nashville: Broadman & Holman, 2004), 36. Kierkegaard는 인간마음의 상태를 영적 소외(spiritual alienation) 상태로 보았다.

혼육 안에 하나님의 영이 존재하지 않게 되었다. 특히 하나님의 영과 가장 밀접한 관계를 가지고 있던 인간의 영혼이 받은 피해는 상상하기 힘든 것이다. '인간의 영혼이 죽었다'는 표현이 가장 적당하리라 본다. 하나님의 영이 빠져나간 인간의 영혼육은 결과적으로 죽은 영혼육으로 전락했다.[2] 한번 깨져버린 영혼의 평화는 급속하게 두려움으로 변했다.

영혼의 두려움은 육체로 번져나가면서 육체를 병들게 하고 결국은 죽음에 이르게 했다. 건강했던 육체도 한번 균형을 읽어버리고 삐거덕거리기 시작하면, 점점 더 악화되고 건강을 잃어버리기 쉽다. 또한 이전의 건강을 되찾기가 거의 불가능함을 우리는 경험한다. 이와 같이 한번 무너진 영혼육의 합일은 급속도록 인간의 전 영역 속으로 퍼져나가서 서로를 약화시키는 악순환을 거듭하게 되었다.

마지막으로 인간 자의식이 탄생하게 된다. 하나님의 영이 떠난 후에 인간은 원치 않게 하나님이 분리되어 나간 사실을 의식하게 된다. 동시에 하나님과 분리되어 외로이 서 있는 인간 자신을 스스로 바라보게 된다. 이 경험은 인간이 한 번도 전에 해보지 못했던 아주 특별한 경험임에 틀림없다. 바로 자의식이 탄생한 것이다. 다른 말로 표현하면 자아가 의식 위로 드러나 올라온 것이다. 그 전에는 하나님의 영으로 인해서 의식될 수 없었다. 왜냐하면 내면대폭발 이전의 인간의식은 하나님과 연합된 의식이었기 때문이다.

자의식의 탄생은 피할 수 없는 결과이다. 하나님의 영이 떠난 인간에게는 그 빈자리를 대신할 누군가가 필요했기 때문이다. 이런 면에서 자아는 특수한 사명을 가지고 태어났다고 할 수 있다. 하나님과의 분리 경험으로 인해서 인간이 겪고 있는 두려움과 갈급함을 해결해 주기 위해 태어난 존재이다. 그러나 자아가 넘어야 할 장애물 하나가 생겨났다. 그것은 무의식으로서, 자의식이 생길 때 동시에 생겨난 것이다. 자아가 의식하지 못하는 모든 부분이 무의식의 영역으로 새로이 형성된 것이다.

---

2) "허물과 죄로 죽었던 너희를…" 엡 2:1

이전에는 영혼육[3]의 모든 부분을 의식할 수 있었지만, 현재는 하나님의 영이 떠난 빈 공간과 이로 인해서 파생된 분리와 불균형으로 인해서 엄청난 양의 무의식 세계가 형성되었다.

성경에서는 하나님의 영이 떠남으로 인해서 형성된 자의식과 무의식을 아주 재밌는 표현으로 설명하고 있다. 구약성경의 한 권인 예레미야 2:13에 이렇게 기록되어 있다. "내 백성이 두 가지 악을 행하였나니 곧 생수의 근원되는 나를 버린 것과 스스로 웅덩이를 판 것인데 그것은 물을 저축치 못할 터진 웅덩이니라." 이 구절을 세심히 읽어보면 하나님의 영이 떠남으로 인해서 인간 안에 웅덩이가 형성된 것을 알 수 있다. 이 웅덩이는 인간 '스스로'가 판 것으로서 자의식이 인간내면에 형성됨을 나타내고 있다.

동시에 인간이 전혀 인식하지 못하고 있는 사실이 있는데, 그것은 웅덩이가 터져 있다는 사실이다. 이것은 인간이 메울 수 없고 해결할 수 없는 무의식의 영역이 인간 안에 존재한다는 사실을 성경이 희극적으로 묘사해주고 있다. 사실 이 무의식은 하나님이 떠남으로 인해서 인간 내면에 형성된 '터진 빈 공간'이다. 이 공간을 단지 형이상학적으로만 이해해서는 안 된다. '터졌다'는 표현처럼 굉장히 실제적이며 절망적인 상태이다. 그리고 터진 웅덩이로 인해서 인간이 겪게 된 악영향도 영적으로, 심리적으로, 그리고 육체적으로 발생한 사실이다. 나중에 자의식과 무의식의 형성과정을 더 자세하게 설명하겠지만, 하나님의 영이 떠남으로 인해서 인간이 겪게 된 혼란과 무의식을 설명한다는 것은 결코 쉽지 않은 작업이다. 그러나 인간을 이해하는데 있어서 매우 가치 있고 중요한 작업이기도 하다.

---

3) 인간의 영혼육이 이분설인지 삼분설인지에 대한 논쟁이 끊이지 않고 있다. 내가 이해하기로는 자아의 상태와 시기에 따라 일분설, 이분설, 또는 삼분설일 수 있다. 내면대폭발(Deep Bang)이전에는 일분설이었다가(영혼육), 내면대폭발 이후에는 이분설로(영혼/육), 그리고 하나님의 말이 주입된 후에는 삼분설(영/혼/육)로 변화한다.

2. 자아의 요소: 지·정·의 그리고 방향성

우리는 수많은 철학자들과 심리학자들을 통해서 자아에 대해 알게 된 사실이 있다. 바로 자아의 구성 요소들이 사고(지), 감정(정), 의지(의) 세 가지라는 사실이다.[4] 지면관계상 여기에서 지·정·의 요소들의 형성과정과 같은 세밀한 내용은 생략하도록 하겠다. 대신 세 가지 요소들을 통해서 자아가 겪어야만 했던 내면대폭발 과정을 자세히 알아보자.

하나님의 영이 떠난 후에 형성된 자아 역시, 위의 세 가지 요소로 구성되었으리라 생각한다. 어쩌면 현재의 우리처럼 구체화되지 않은 상태였을지라도, 내면대폭발 과정을 겪어 나가면서 지·정·의 세 가지 구성요소가 점차 분명해졌을 것이다.

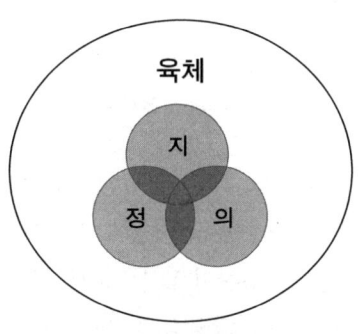

[그림 1] 인간의 영혼육

하나님이 떠난 후 지·정·의 중에 가장 직접적인 영향을 받은 곳은 사고(지)와 감정(정)이었다. 이에 반해 의지(의)는 더 부각되고 그 역할이 더 커졌다. 앞에서 언급했듯이, 자의식이 생겨나면서 동시에 무의식도 생

---

4) 탐 마샬, 『자유케 된 자아』 (*Free Indeed*), 예수전도단 역 (서울: 예수전도단, 1994), 8. Thomas Aquinas는 인간의 영혼이 세 가지 단계로 이루어져 있다고 보았으며, 그중 가장 상위의 영혼이 사고와 의지의 영역인 이성적 영혼(Rational Soul)이라고 말했다. 두 번째 영혼이 감정적 영혼(Sensitive Soul)이다. 세 번째 영혼이 식물적 영혼(Vegetative Soul)이다.

겨났고, 자의식의 범위는 무의식의 영향으로 인해서 극도로 좁혀졌다. 다시 말하면 사고의 내용이 한정되었고, 느끼는 감정도 불완전하게 되었다. 인간의 가장 중심을 차지하고 있던 하나님의 영이 분리되어 나감으로 인해서, 인간의 내면에는 큰 빈 공간이 생겨나게 되었다. 이로 인해서 사고와 감정의 범위가 한정되고 불완전해진 것은 당연한 결과였다. 하나님의 영의 부재는 인간에게 있어서 치명적이었다.

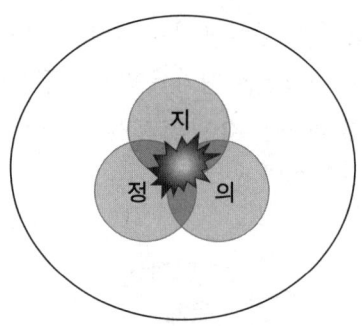

[그림 2] 하나님과 분리된 영혼

마치 뇌 절개수술을 받은 환자와 같다고 할 수 있겠다. 뇌의 일부분이 수술에 의해서 제거되면, 환자는 많은 영역에 있어서 장애를 갖게 된다. 언어영역을 담당하고 있던 부위가 많이 제거되었다면, 말하고 듣는데 지장을 받게 된다. 신체부위를 담당하고 있던 곳이 제거되면, 전처럼 걷고 뛰고 운동하지 못하게 된다. 어떠한 경우에는 특정부분과 관련된 기억들이 사라져서 기억상실을 경험하기도 한다. 5년 전까지는 기억하는데 그 이전의 일들은 전혀 기억하지 못하기도 한다. 쉽게 말하면 뇌 절개수술을 받은 환자는 잘려나간 뇌와 관련된 부분에서 장애를 경험하게 된다.

이러한 관점으로 본다면, 하나님의 영의 부재는 꼭 뇌의 일부분이 제거된 것과 같다. 인간내면에서 가장 중요한 역할을 했던 하나님의 영이 제거됨으로 인해서 인간 자아의 세 가지 영역, 특히 사고와 감정은 장애를 겪게 되었다. 기억도 상실하고, 느끼는 감정도 불완전해졌다.

현재까지 알려진 바로는 사고와 감정은 선택의 순간에 의지에게 영향을 끼치며, 선택의 폭을 한계 지어준다고 한다.[5] 사람이 무엇인가를 선택해야 하는 순간에는, 언제나 사고와 감정이 가지고 있는 정보가 무엇이냐에 따라서 선택의 방향과 폭이 결정지어질수 밖에 없다. 심각한 장애를 겪게 된 사고와 감정은 의지에게 부정확한 내용을 전달해 주었을 것이 분명하다. 한정된 사고내용과 불완전한 감정으로 인해서 의지는 전과같이 선택하지 못하고, 잘못 선택하고 행동하게 되었다.

의지의 잘못된 선택은 다시 사고와 감정에게 부정적인 영향을 끼치게 되어 사고와 감정은 보다 더 심한 장애를 경험하게 되었다. 다시 말하면 총체적인 악순환이 시작된 것이다. 부정확한 사고와 감정이 잘못된 선택을 하게 만들고, 잘못된 선택은 다시 부정적 사고와 감정을 새롭게 자아 안으로 주입했다. 자아는 지·정·의, 세 영역 모두에서 혼란을 겪게 되었다.

특히 의지는 혼란 상태를 해결해야 한다는 부담감으로 인해서 더 쉽게 선택을 하고, 더 잦은 잘못을 저지르고 다녔다. 더욱 심각한 문제는 의지가 선택할 수 있는 영역이 한정되어졌다는 점이다. 의지의 선택 영역이 인간의 전영역 이었던 것이 내면대폭발 이후로는 자아가 의식할 수 있는 자의식 부분으로만 한정되어졌다는 점이다. 가장 중요했던 하나님과 관련된 영역은 무의식 속으로 사라져 버리고, 표면적이고 부정확한 의식 영역만 부각된 것이다. '물에 빠지면 지푸라기라도 잡고 싶은 심정이다'라는 옛 말이 있다. 인간의 의지가 이런 상태였다.

내면대폭발 이후로 찾아온 혼란과 두려움 속에서 의지는 다급해지고, 불안했을 것이다. 또한 하나님과 누렸던 평화에 대한 갈망은 여전했기 때문에 그 영혼의 갈망을 채우고 싶었을 것이다. 그래서 자아는 주위를

---

5) 달라스 윌라드, 『마음의 혁신』(Renovation of the Heart), 윤종석 역 (서울: 복있는 사람, 2008), 242.

살피며 두려움과 갈망을 동시에 해결할 방법을 찾아다녔다.

이런 상황에 처한 의지에게는 인간의 자의식 속에서 직접 보여 지고 만져지는 육적 갈망은 너무 매력적이었다. 원하면 언제든지 취할 수 있는 욕구가 바로 자아의 눈앞에 놓여 있다는 사실을 어느 순간 발견한 것이다. 육적 갈망은 순간적이고 저급했지만, 숨겨진 영적 갈망보다는 쉽고 편했다. 이후로 자아의 관심(운동방향)은 내면에서 외면으로 쏠려진다. 더 분명하고, 자극적이고, 확실한 것을 향해서 움직이기 시작했다. 자아는 욕구를 채우기 위해서 점점 바깥으로 미끄러져 나갔다.[6] 원래의 자리를 벗어나서 자아의 욕구를 향해서 방황하기 시작했다. 그리고 많은 경우, 자아가 욕구만족을 위해서 적합한 대상이나 사물을 찾게 되면, 그곳에 집착하기도 했다. 결론적으로 자아의 구성요소가 지·정·의 세 가지에서 '방향성'[7] 하나가 더 추가된 것이다. 그래서 자아의 구성요소는 총 네 가지가 되었다. 즉 사고, 감정, 의지, 그리고 방향성. 특히 방향성은 앞으로 중점적으로 설명하게 될 죄와 구원의 핵심 주제와 깊은 관련이 있다.

3. 중력과 열역학 법칙

자아가 방향성을 가지고 있다고 보는 것은 내면대폭발의 가장 핵심부분이다. 그리고 자아의 욕구에 따른 방향성이라는 점에서 매우 독특하다. 물론 몇몇 철학자들이 운동하는 자아를 얘기했고, 욕망 주체로서의 자아를 이미 오래 전에 주장했었다.[8] 이 철학자들의 발견과 설명을 보다

---

6) Kenneth Boa, *Augustine to Frued*, 10. Augustine이 말하길, 하나님으로부터 멀어질수록 더욱 세상의 것들을 바라보게 된다고 했다.
7) 키에르케고르, 『죽음에 이르는 병』 (*The Sickness unto Death*), 강성위 역 (서울: 동서문화사, 2008), 233, 235. Kierkegaard는 그의 여러 책에서 "내면을 향해", "바깥 방향을 향해"와 같은 표현으로 자아의 방향성을 설명하고 있다.
8) 한자경, 『자아의 연구』 (서울: 서광사, 1997), 83, 167, 335. Hobbes는 자기보존욕구에

깊이 있게 여러분과 나누고 싶지만, 이것은 욕심인 듯하다. 지면상으로도 한계가 있고, 내용도 너무 어렵기 때문이다.

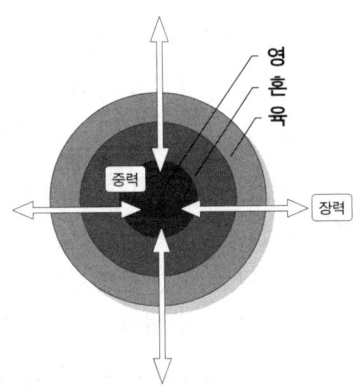

[그림 3] 내면대폭발 이전의 영혼육

따라서 나는 자아의 욕구와 이에 따른 자아방향성을 여러분이 비교적 쉽게 이해할 수 있도록 일반 자연 법칙들을 통해서 보다 쉽게 설명해 보도록 하겠다. 인간의 내면을 자연법칙과 비교하여 설명할 수 있는 근거는 다음과 같다. 인간도 자연의 일부분이며, 인간의 내면세계도 역시 자연세계의 일부분이기 때문이다. 그러므로 자연법칙은 자아의 욕구와 방향성에도 똑같이 적용된다.

1) 중력과 장력

균형을 유지하고 있는 지구의 현 상태는 내면대폭발 이전의 인간내면 상태와 흡사하다고 말할 수 있다. 지구는 빠르게 자전하고 있기 때문에 지구상의 모든 물체는 바깥 방향으로 밀려나가야 정상이다. 중심에서

따라서 자아를 끊임 없이 전진하는 존재로 보았고, Fichte는 무한과 유한 사이를 움직여 다니는 자아를 설명했고, Lacan은 근원으로부터 분리된 자아가 갈망을 소유하게 된 점을 설명했다.

먼 위치일수록 바깥으로 쏠려 나가는 힘은 더욱 커진다. 이처럼 물체가 바깥으로 나가려는 힘(장력)은 현 지구에게 있어서 적용되는 당연한 자연 원리이다. 그러나 이상하게도 지구 안에 존재하는 물체는 지구 바깥으로 튕겨나가지 않는다. 그 이유는 바로, 장력과 더불어 중력도 존재하기 때문이다. 지구 안에 엄청난 양의 중량이 존재하기 때문에 지구 스스로 안에서 끌어당기는 힘이 작용하고 있다. 나가려는 힘과 안으로 끌어당기는 힘이 적당하게 균형을 이루고 있기 때문에 인간은 지구 밖으로 튕겨 나가지 않고 또한 안으로 끌려 들어가지도 않는다. 그저 신기할 따름이다. 인간의 영혼 안에 하나님의 영이 존재함으로 인해서 인간은 만족했고, 평화로운 상태를 경험하고 있었다.

인간 안에는 본능적으로 육체적 욕망(장력)뿐 아니라, 영혼의 갈망(중력)도 동시에 존재했기 때문에 인간의 자아는 완벽함 자체를 누릴 수 있었다. 이 두 가지 힘이 인간 안에서 완벽한 조화를 이루고 있었다. 특히 하나님과의 인격적 관계를 통한 만족함은 인간이 경험할 수 있는 최고의 만족감이었으며, 다른 사람과 또는 육체 안에서 해결되어야 할 만족감의 근원이요 뿌리가 되었다. 인간과 지구를 비교한다면, 인간 안의 하나님의 영은 지구의 중력과도 같다.

그러나 내면대폭발 사건이 발생함으로 인해 하나님의 영이 자아를 떠나게 된다. 즉 자아의 만족감이요, 중력과 같았던 하나님이 순식간에 사라진 것이다. 즉 중력은 사라지고 밖으로 끌어당기는 장력(욕망)만 남게 되었다는 뜻이다. 하나님의 영의 부재는 인간 안에 존재하는 것들이 바깥으로 밀려나가도록 만들었다. 하나님의 부재로 탄생한 자아가 바깥으로 향하는 방향성을 갖게 된 것은 어찌 보면 당연한 결과이다.

인간 안에 존재하던 두 가지의 만족감(영혼과 육체의) 중에서 하나가 사라진 결과로, 홀로 남은 육체의 만족감을 찾아 자아가 움직이는 것은 너무나도 자연스러운 것이다. 한 번 그 자리를 이탈한 자아가 조금씩 바깥으로 움직일수록, 육체의 욕망이 끌어당기는 힘은 더욱 커진다. 육체적 욕망에 끌려 나간 자아가 더욱 더 감각적이고 자극적이고 눈에 보이는 욕구를 더 강하게 찾는 것이다. 원론적으로 말한다면 내면대폭발 이후의 인간에게는 중력은 사라지고, 장력만 존재한다고 볼 수 있다. 내면대폭발로 인해서 인간 안에 존재했던 조화가 깨진 것이다.

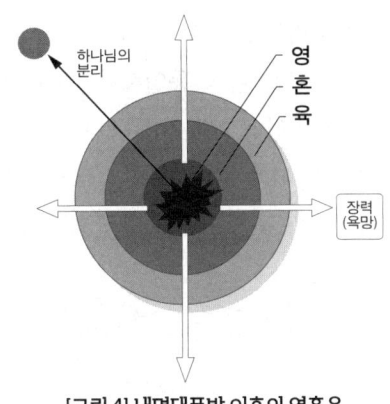

[그림 4] 내면대폭발 이후의 영혼육

2) 열역학 법칙들

열역학 제1, 2법칙도 자아의 운동성을 이해하는데 도움을 준다. 열역학 제1법칙은 흔히 에너지 보존의 법칙이라 불린다. 이 법칙은 에너지는 저절로 형성되거나 사라질 수 없으며 그 형태만 변할 뿐이라는 것이 요점이다.[9] 내면대폭발에 의하면, 자아의 운동에너지는 하나님의 영이 빠져나간 반작용으로 형성된 에너지이다.

다시 말하면 밖에서 주입된 에너지가 아니라, 원래 있던 에너지가 빠져나감으로 생겨난 불균형의 에너지이다. 그래서 자아의 근본 에너지는 욕구의 에너지로 볼 수 있는 것이다. 부족한 만족감(에너지)을 채우기 위

---

9) 양승훈, 『창조와 격변』 (서울: 예영커뮤니케이션, 2006), 80.

해서 끊임없이 움직이는 갈망의 에너지이다. 에너지 보존법칙을 생각할 때, 자아가 왜 끊임없이 움직이는지를 이해할 수 있겠다. 자아는 내면으로 향하든 바깥으로 향하든 지속적으로 움직일 수밖에 없다.

자아가 바깥으로 향하는 운동에너지만큼 내면으로 향하는 운동에너지는 그만큼 작아진다. 그 반대도 마찬가지이다. 자아가 내면으로 향하는 에너지가 크면 클수록 외부로 향하는 에너지는 작아질 수밖에 없다. 이렇게 해서 두 에너지의 합은 항상 동일해야 한다. 이것이 열역학 제1법칙이다. 만약 자아가 움직임을 거부하거나, 또는 움직일 수 없는 상황에 부딪히게 되면(즉 두 에너지의 합이 부족하게 되면), 이때에는 여러 가지 심리적인 방법으로 에너지가 축적되거나 발산되게 된다.

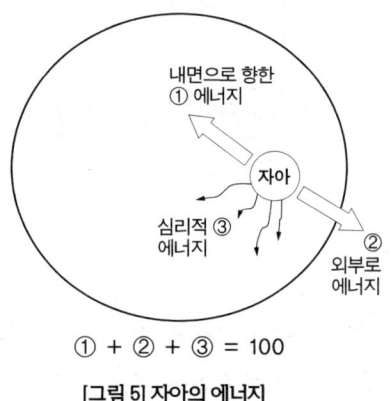

[그림 5] 자아의 에너지

심리적 에너지의 축적은 인간의 무의식이나 감정과 깊은 관련이 있다. 이 심리적 에너지가 자아를 통해서 건강하게 표출되지 못한 채 에너지의 불균형이 계속되면 나중에는 자아 안에서 특유의 패턴으로 형성된다. 즉 자아의 지·정·의 세 영역 간에 불균형이 형성된다. 어느 하나가 지나치게 커지거나 다른 하나가 제 역할을 못할 정도로 작아지기도 한다. 또는 세 영역 간에 불필요한 긴장이 형성되거나 마찰이 발생하기도 한다. 바로 이것이 인간이 겪는 신경증과 정신병이다. 이 부분은 나중에 자세히 알아보도록 하자.

열역학 제2법칙은 언제나 에너지가 정돈된 상태에서 덜 정돈된 상태로 흘러간다는 이론이다.[10] 바꿔 말하면 질서도가 높은 곳에서 무질서도가 증가되는 방향으로 일어난다는 것이다. 이 지구상에 존재하는 모든 물체는 점점 질서도 없고 단순한 상태로 변화되어가다가, 어느 순간에는 어떤 움직임도 없는 가장 저급한 상태가 된다는 것이다. 예를 들어 사과가 썩어 없어지거나, 쇠못이 산화되어 녹슬어 없어지는 것 등이다.

이 이론은 진화론이 거짓임을 잘 밝혀주는 이론으로도 유명하다. 진화론의 근본 개념은 무질서하고 잘 정돈되지 않았던 무생물이 유기물로 발전하고, 단순한 세포에서 점점 복잡하고 질서도가 많은 고차원적인 생물로 진화한다는 것이다. 따라서 진화론의 기본개념은 자연법칙 중에서 가장 기초가 되는 열역학 제2법칙에 정면으로 위배된다.

그러나 인간 자아의 방향성에 대해서는 정확히 적용되는 이론이다. 인간의 자아가 복잡한 내적갈망에서 단순한 외적갈망으로 이동하는 상태를 잘 설명해준다. 앞에서 보았듯이 자아의 움직임을 에너지로 이해했을 때, 자아의 에너지가 육체적이고 만족이 쉬운 단순욕구로 향한다는 사실은 이 법칙과 잘 맞아 떨어진다.

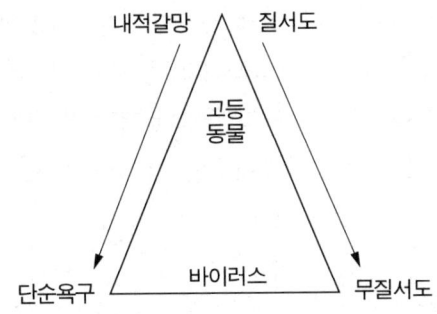

[그림 6] 에너지의 이동방향들

10) Paul Fleisher, *Matter and Energy* (Minneapolis: Lerner, 2002), 43.

한 가지 더 주목할 점은, 에너지가 더 정돈되고 질서도가 높은 방향으로 반응이 일어나려면(열역학 제2법칙을 거스르는), 외부의 에너지가 주입되는 사건이 필요하다는 점이다. 그것도 의도적이고 계획된 에너지의 주입이 있어야만, 질서도가 높은 방향으로 반응이 일어날 수 있다.[11] 이 원리를 인간의 자아에 적용한다면, 이렇게 말할 수 있다.

인간의 자아가 내면으로 향하기 위해서는(열역학 제2법칙을 거스르는) 하나님의 은혜(외부 에너지)가 인간 안으로 유입되어야만 한다는 것이다. 하나님의 은혜가 선재되지 않는 한 인간의 자아가 내면으로 향하는 일은 일어날 수 없다. 왜냐하면 현재의 인간은 본질적으로 하나님을 찾아 내면중심으로 스스로 향할 수 없는 존재이기 때문이다. 인간은 본능적으로 내면과 반대되는 방향을 향해서 달려가도록 방향 지워진 존재이다. 눈앞에 놓인 욕망을 쫓아가는 존재이다.

위에서 살펴본 바와 같이 현재 자아가 바깥으로 향하는 방향성을 가진 것이 사실이라면, (나는 여러분이 조금만 자신의 내면을 관찰하면, 스스로가 이 방향성을 실생활 속에서 느끼고 확인 가능하리라 생각한다.) 우리는 여기에서 매우 중요한 한 가지 사실을 확인할 수 있다. 그것은 과거에 자아가 인간내면의 가장 중심에 위치한 적이 있었다는 사실이다.

다시 말하면 현재의 내 자아가 바깥으로 움직이는 방향성을 가지고 있다는 사실을 유추해 볼 때, 원래 자아의 위치가 (움직임의 시작 지점인) 내면 중심이었다는 사실을 깨닫게 된다. 동시에 내면의 중심에 위치해 있던 자아를 바깥으로 움직이도록 유발한 어떤 한 사건이 분명히 존재했었다는 사실까지 유추가 가능해진다. 이 논리가 내면대폭발의 핵심 원리이다.[12]

---

11) 양승훈, 『창조와 격변』, 84.
12) 내면대폭발(Deep Bang)은 빅뱅(Big Bang)이론과 비슷하다. 우주가 팽창하고 있다는 관측에 근거해서 만들어진 이론이 빅뱅(Big Bang)이듯이, 자아가 밖으로 향하는 방향성에 근거해서 유추된 사건이 내면대폭발(Deep Bang)이다.

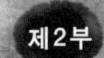

제2부
내면대폭발
DEEP BANG

제❶장
두려움, 죄책감, 불안

    하나님과 분리된 자아가 처음 느꼈을 감정은 인간에게 중요한 의미를 부여한다. 왜냐하면 그 감정이 처음이라는 이유뿐 아니라, 동시에 수많은 감정들의 기초석이 되기 때문이다. 자아가 탄생하고 하나님과 분리된 상태에서 느낀 최초의 감정은 자신의 상태를 가장 잘 나타낸 감정적 표현이다. 물론 시간이 지남에 따라 자아가 느끼는 감정은 복잡해졌다. 그리고 세대를 거치며 하나님의 존재를 잊게 된 자아는 더욱 더 다양하고 복잡한 감정을 느끼게 되었다. 그럼에도 불구하고, 복잡한 현재의 인간 감정을 잘 연구해보면, 서로 깊이 연관되어 있으며 기초석이 되었던 처음의 감정이 여전히 큰 영향력을 행사하고 있음을 알 수 있다. 인간 감정의 복잡성에 대해서는, 나중에 불안에 대한 설명을 할 때 더 자세히 알아보도록 하자.

    하나님과 분리된 자아가 처음으로 느꼈던 감정은 두려움이었다.[1] 내면대폭발(Deep Bang)을 겪었던 당시의 인간은 하나님을 너무나 잘 알고 있었다. 하나님을 얼굴과 얼굴로 대면할 수 있었다. 지속적인 대화

---
1) 창 3:10

와 관계를 통해서 완벽한 연합의식을 경험하고 있었다. 따라서 분리된 그 순간, 즉 하나님과의 연합의식이 깨져버린 순간에 인간은 엄청난 양의 두려움을 경험하게 된다. 어쩌면 인류 역사상 가장 강력한 두려움이었을지도 모른다.[2] 실제로 두려움의 정도나 양과 상관없이 분리된 자아에게 닥쳐온 최초의 두려움은 감당할 수 없을 정도로 충격적이었다. 그 이유는 평안했던 인간의 내면이 두려움과 함께 순식간에 무질서 속으로 소용돌이치듯 휘말려 들어갔기 때문이다. 이 두려움의 영향력이 얼마나 지대했을지는 현재의 우리가 정확히 알 수는 없겠지만, 막연하게나마 추측 가능할 것이다.

우리는 여기에서 인간 자아의 비극적 운명이 결정되어지는 것을 목격하게 된다. 두려움 앞에 선 인간에게는 두 가지의 선택이 있었다. 하나는 두려움을 인정하고 책임지려는 자세로 하나님께 나아가는 것이고, 다른 하나는 두려움을 피해 숨는 것이다. 두려움을 인정한다는 것은 자아가 내면으로 향한다는 의미이고, 두려움을 피해 숨는다는 것은 자아가 외부로 향한다는 의미이다.

그러나 엄밀히 따지면, 인간에게 주어진 선택은 오직 한 가지뿐이었다. 왜냐하면 이미 하나님의 영이 인간을 떠난 상태였기 때문이다. 분리된 자아가 하나님께 나아가기에는 하나님이 너무 멀어져서, 자아 스스로는 절대로 먼저 찾을 수 없게 되었다. 반면에 자아가 두려움에 압도되어 자신의 책임을 회피하는 일은 아주 가까이에 있었다.

이런 이유로 '비극적 운명'이라고 앞에서 표현했다. 이렇듯 인간에게 주어진 유일한 선택은 두려움을 피해 하나님으로부터 숨는 것이었다. 즉 자신의 두려움을 내면에 감춘 채, 스스로의 분리된 상태를 해결하기 위해서 직접 찾아 나섰다.[3] 내면의 두려움을 보다 손쉬운 욕망을 통해서

---

[2] Kenneth Boa, *Augustine to Frued*, 42. Paul Tillich는 세 가지 불안 중에 죽음에 대한 불안을 첫 번째로, 심판에 대한 불안을 마지막으로 기술하고 있다.
[3] 창세기 3장에 아담과 하와는 하나님을 두려워하여 나무 뒤에 숨었다고 표현하고 있다.

채우는 방법 말이다.

 현 시대의 개인이 하나님과의 분리를 어떻게 느끼느냐는 매우 중요하다. 왜냐하면 자아가 현재 느끼는 감정은 자아 분리 상태와 자아방향성을 가장 잘 나타내주는 나침반과 같은 역할을 하기 때문이다. 감정은 순수하고 직설적이기 때문에 꼭 나침반의 화살표와 같이 자신의 상태를 분명하게 표현한다. 현대의 인류는 하나님과의 분리를 대략 세 가지 감정으로 경험한다. 두려움, 죄책감, 그리고 불안이다.[4] 개인이 어떤 감정으로 하나님과의 분리를 경험하느냐에 따라서 자아가 어떠한 상태에 처해있는지 판단해 볼 수 있다.

하나님과 분리된 후 인간이 느끼는 기본 감정들			
감정들	두려움	죄책감	불안
하나님 인식정도	하나님을 직면	존재를 인식	존재 자체도 모름
자아의 방향	내면을 향하고 있음	욕망을 향하고 있음	욕망을 향하고 있음
대표적인 인물	아담, 다윗 왕	가룟 유다, 사울 왕	나폴레옹, 놀부

[그림 7] 분리의 감정들

 첫째, 두려움이라면 이 자아는 여전히 하나님의 존재를 정확히 인식하고 있으며, 자아는 내면을 향해 있다. 두려움은 분명한 대상을 향해서 느끼는 감정이다. 이것이 죄책감이나 불안과 근본적으로 다른 점이다. 자아가 하나님을 두려워하고 있다는 점은 그 자아가 여전히 하나님이 실재하는 분으로 느끼고 있다는 증거이다. 그리고 하나님을 향해서 두려움을 느끼는 자아는 싫든 좋든 상관없이 하나님 앞에 수치스럽게 서

---

4) Freud, Tillich, Becker, Fromm은 불안(Anxiety)을, Tournier는 죄책감(Guilty)을, 성경과 Kierkegaard는 두려움(Dread)이라는 단어를 사용하고 있다. 나도 맨 처음에는 하나님과의 분리를 표현하는데 왜 여러 단어가 사용되는지 그 이유를 몰랐다. 심지어 몇몇 저자는 본인이 선택한 단어의 정확한 의미를 모르거나 다른 단어와 구분 짓지 못하는 듯 했다. 동시에 두 개의 단어를 사용하는 사람도 있었다. 그러나 자아의 방향성이라는 개념을 통해서 이해해 본다면, 위의 설명처럼 자아의 위치에 따라서 보다 구체적 의미로 구분될 수 있다.

있을 수밖에 없다. 우리가 살아가고 있는 현시대에서 하나님을 두려워하는 사람을 만나보기란 정말 어려운 일이다. 심지어 교회 안에서 조차도 드물다.

이들은 자신이 죄인임을 철저하게 인식하고 있기 때문에, 처절한 절망감을 경험하게 된다. 단 1%의 가능성도 자신 안에 남아있지 않음을 깨닫게 된다. 그럼에도 불구하고 이들에게 한 가지 희망이 있다면, 그것은 하나님을 의지할 수 있기 때문이다. 두려운 마음으로 하나님을 의지하여 하루하루 살아가는 사람들이 이들이다.

다윗 왕은 하나님과의 분리를 두려운 감정으로 느꼈던 대표적인 인물이다. 그는 이스라엘의 두 번째 왕으로서 평생을 하나님과 동행하며 살았던 매우 신실한 사람이었다. 그가 하나님과 하나 되어 얼마나 가깝게 살았는지는 그가 기록한 수많은 시편들에 자세히 기록되어 있다. 어린 목동 시절 푸른 초원 위에서 함께 했던 하나님이 그의 초창기 시에 아름답게 그려져 있으며, 동시에 사울 왕에게 쫓겨 다니며 죽을 위험을 여러 차례 넘겼던 고통의 시기에 함께 하셨던 하나님도 나머지 시에 눈물겹게 적혀 있다.

그랬던 다윗 왕이 자신의 신하를 죽음으로 몰아넣고 그의 아내와 간통한, 한 번의 사건으로 인해서 하나님과 분리됨을 경험하게 된다. 이 분리 경험이 다윗 왕에게는 얼마나 현실적이고 두려웠는지, 그는 시에서 다음과 같이 표현하고 있다. "나를 주 앞에서 쫓아내지 마시며 주의 성령을 내게서 거두지 마소서."[5] 다윗 왕은 하나님이 자신을 쫓아낼 것을 두려워하고, 하나님의 영이 자신에게서 떠나갈 것을 두려워했다. 또한 같은 시의 다른 부분에서는, 하나님의 얼굴을 보지 못할 것을 두려워했다. 자신의 죄로 인해서 하나님과 분리될 것을 다윗처럼 현실적으로 경험하는 사람이 얼마나 되겠는가? 현시대에 하나님의 얼굴을 보지 못할까 두려워하는 자아를 찾아보기란 결코 쉽지 않을 것이다.

---

[5] 시 51:11

둘째, 죄책감이라면 하나님의 존재는 믿고 있지만 자아는 여전히 바깥의 욕구를 향하고 있다. 죄책감은 현재 자신이 밖을 향하고 있다는 사실을 자아가 의식하게 되었을 때 느끼는 감정이다. 그리고 하나님이 자신을 벌줄 수 있다는 사실을 알기에 죄책감으로 느끼는 것이다. 하나님과의 분리를 죄책감으로 느끼는 사람들은 하나님을 잘 모르거나, 실제로 한 번도 경험해 보지 못한 사람들이다. 만약 자신과 분리된 존재가 하나님임을 알았다면, 당연히 두려움으로 느꼈어야 한다.

이처럼 죄책감을 느끼는 사람들은 교회 안에서 쉽게 찾아볼 수 있다. 이들은 하나님을 만나본 적은 없지만, 하나님의 존재는 믿는 사람들이다. 그러나 여전히 자아의 방향성은 밖을 향하고 있고 이로 인해서 죄책감에 짓눌려 있다.

이들이야 말로 정말 불쌍한 존재들이다. 고통은 가장 많이 받으며 살아가지만, 이들의 삶 속에는 희망이 없다. 이들은 항상 불만족 속에서 살아간다. 벌주는 하나님이 무서워서 맘 놓고 살아가지는 못하겠고, 그렇다고 육체적 욕망이 너무 달콤해서 포기하지도 못하는, 항상 두 마음을 품은 자들이다. 이들의 얼굴은 항상 불만족으로 찡그려져 있으며, 신경증과 정신병을 가장 많이 경험하며 살아가는 불쌍한 사람들이다. 교회 안에 이러한 사람들이 얼마나 많이 있는가!

가룟 유다는 하나님과의 분리를 죄책감으로 느꼈던 대표적인 인물이다. 유다는 3년 동안 스승으로 섬기며 따랐던 예수를 배신하고, 마지막 순간에 은돈 30에 예수를 죽이려는 종교인들에게 팔아넘긴다. 예수(하나님)와 분리를 경험한 후에, 유다는 밀려오는 엄청난 양의 죄책감을 견디지 못한다. 그래서 받은 은돈 30을 다시 대제사장에게 던져 준 후에, 나무에 목을 매달고 자살한다.[6]

유다가 예수를 팔아넘긴 후 자살하기까지 겪었을 정신적 고통은 견디기 힘든 것이었다. 그 고통이 얼마나 컸으면 그가 극단적 방법인 자살을

---

6) "유다가 은을 성소에 던져 넣고 물러가서 스스로 목매어 죽은지라"(마 27:5).

선택할 정도였다. 심한 죄책감으로 자살하는 예들 중, 많은 경우가 정신분열증 증세를 동반한다. 유다 역시도 스스로 심하게 자책하기 시작했을 것이고, 죄책감이 점점 커져가면서 자신을 정죄하는 환청, 환시, 또는 망상에 시달렸을 가능성이 크다. 그것이 실제 귀신의 목소리와 모습이었는지 알 수는 없지만, 유다는 견딜 수 없는 죄책감을 해결하는 마지막 수단으로 자살을 선택한 것으로 보인다.

유다는 수도 없이 자신의 배신행위를 후회했을 것이다. 그리고 할 수만 있다면, 예수께 용서를 구하고 싶었을 것이다. 그러나 자신의 손으로 돈까지 받고 팔았기에 끝내 예수의 품에 돌아갈 수 없었다. 그렇다고 예수님을 무시한 채 자신의 욕구에 따라 밖을 향해 맘대로 살지도 못하는 자아가 바로 유다였다. 결국 유다가 선택할 수 있는 마지막 방법은 자신을 무참히 벌함으로써 자신의 생명을 끊는 것이었다.

셋째, 불안이라면 하나님의 존재를 믿지 않고 있으며 자아도취적인 사람이다. 불안은 대상이 분명하지 않는 상태에서 느끼는 감정이다. 하나님과 분리되었지만, 하나님을 의식하지 못하고 알 수도 없기 때문에 대상이 분명치 않을 때 느끼는 불안으로 경험한다. 엄밀히 말하면 이들은 하나님과의 분리 자체를 모른 채 살아가고 있기 때문에 불안의 정도가 앞의 죄책감처럼 심하지 않다. 따라서 이들은 제어장치 없이 밖을 향해서 고속 질주하는 사람들이다. 돈과 명예와 출세를 위해서 한평생 살아가는데 전혀 거리낌이 없다.

그러나 이들은 원인모를 불안을 가지고 살아가는 경우가 대부분이다. 뭔지 모르지만 항상 쫓기듯이 살아가게 되고 그들 안에 만족함이 없는 것이 특징이다. 그래서 이들은 휴식 또는 평안이 무엇인지 모르고 살아가는 사람들이다. 평생을 쉼 없이 바쁘게 살다가 후회하며 죽어간다.

하나님과의 분리를 불안으로 경험했던 자아의 예로 놀부를 들 수 있다. 놀부가 실제 인물이 아닌, 판소리에 나오는 상상의 인물이기는 하지만 놀부처럼 적당한 예도 없다. 놀부는 한 평생 재물만을 위해 살았다.

심지어 하나 밖에 없는 동생을 집 밖으로 쫓아낼 정도로 욕심에 이끌려 살았다. 당연히 하나님이나 내면의 문제는 관심 밖의 것이었다. 욕심이 큰 만큼 불안도 커지고, 불안이 엄습하는 만큼 자아는 특정 대상에 더욱 집착하게 된다. 이것이 놀부의 상태로서, 놀부의 아내가 주걱으로 흥부의 따귀를 때리고, 놀부가 멀쩡한 제비 다리를 일부러 부러뜨리는 장면은 놀부 부부가 얼마나 돈에 집착하고 있는지를 잘 보여준다.

흥부전의 최고 절정 부분이라 할 수 있는 '놀부의 박타령'을 보면, 놀부는 보다 큰 재물을 얻기 위해서 박을 타기 시작한다. '시르렁 실근 톱질이야. 시르렁 실근 톱질이야.'를 반복해서 부르면서 놀부의 욕망은 점점 커진다. 많은 돈과 하인들과 큰 집이 쏟아져 나오기를 기대하면서 톱질하는 속도가 점점 빨라진다.

그러나 놀부의 기대와는 다르게 박 안에서 나온 것들이 오히려 재물을 빼앗아 간다. 첫 번째, 두 번째 거듭 박을 타면서 놀부의 마음에는 불안이 점점 커져만 가게 된다. 특히 세 번째 박이 시르르르르르… 열리는 마지막 순간에는 놀부의 욕망도 최고조로 올라가고, 불안도 최고조에 이르게 된다. 놀부의 세포 하나하나 속에 욕망과 불안으로 가득 차게 된다. 욕망과 불안은 항상 같이 간다.[7] 만약 박이 네 개, 다섯 개였다면 놀부는 계속해서 박을 탔을 것이다. 이것이 하나님을 모른 채 욕망을 쫓아 살아가는 불안한 사람들의 모습이다.

분리로 인해서 느끼는 감정이 두려움이든 죄책감이든 또는 불안이든 종류와 상관없이, 어느 누구에게나 주어지는 선택은 항상 두 가지이다. 선택에 따라서 축복이 될 수 있고, 또는 저주가 될 수도 있다. 쉽게 표현하면 두려움, 죄책감, 또는 불안은 자아가 하나님과의 분리로 인해서 느끼는 감정들이다. 그리고 이것은 자아가 본인 스스로에게 보내는 사인(Sign)이다. 현재 자아가 어느 위치에 있으며, 상태는 어떤지 솔직하고 정확하게 표현하고 있는 것이다. 따라서 이 감정들은 본질적으로 부정적

---

[7] 알랭 드 보통, 『불안』(*Status Anxiety*), 정영목 역 (서울: 이레, 2005), 268.

인 것이 아니다. 오히려 하나님과의 분리로 인해서 느끼는 이 감정들은 긍정적인 것이다. 그리고 하나님께로 돌아가도록 돕기 위해 자아 스스로가 만들어내는 축복된 감정이다.

자아는 감정이 보내는 신호를 긍정적으로 받아들여서 자아의 방향성을 내면으로 방향전환 시켜야 한다. 폴 투르니에(Paul Tournier)는 두려움에 대해서 탁월한 통찰력을 발휘하고 있다. 그의 책에서 두려움은 하나님의 의도하심에 따라서 나타나는 감정이라고 보았고, 인간에게 있어서 큰 자원이며 전 문명의 원동력이라고 했다. 자아가 두려움을 부끄러워하면 두려움이 결국 저주가 되지만, 오히려 두려움을 하나님께로 가지고 가게 되면 축복이 된다고 했다.[8] "우리가 하나님께 돌아서도록 하기 위해서 하나님이 우리에게 두려움을 정해 놓으셨다.

하나님은 우리가 얼마나 불쌍한 존재인지를 알게 하시려고 우리의 마음속에 두려움을 심으신 것이다"[9]라고 말했다. 이렇듯 우리가 두려움/죄책감/불안 이라는 감정을 통해서 축복된 선택을 하는 것은 자신의 현재 상태를 정확히 인정하고 직면하는 것이다. "그것은 하나의 반전으로 내면을 향하는 것"[10]이며, 또한 자아의 한계를 넘어서는 것이다. 이러한 변화에 대해서 성경은 메타노이아(μετἀνοια)라고 부른다. 이 말은 보통 '회개'라고 번역되며, 직역하면 그것은 '마음의 변화'를 의미한다.

두려움/죄책감/불안에 대한 설명 중에 우리가 알아야 할 또 하나의 사실은, 시간이 지남에 따라 인간은 하나님 외에 다른 대상과 상황 속에서도 똑같은 감정을 느낀다는 점이다. 길을 잃게 되면 불안을 느끼고, 약속 시간에 늦게 되면 죄책감을 느끼고, 높은 곳에 서면 두려움을 느끼는 것과 같이 현재 자아는 하나님과 상관없는 내용과 상황 속에서도 두려움/죄책감/불안을 느낀다.[11] 내면대폭발에 의하면, 두려움/죄책감/불안을

---

8) 한동윤, 『폴 투르니에 심리학과 기독교』 (서울: 말씀과만남, 2006), 172.
9) 한동윤, 『폴 투르니에 심리학과 기독교』, 173.
10) 폴 투르니에, 『죄책감과 은혜』 (Guilt & Grace), 추교석 역 (서울: IVP, 2008), 126.
11) 폴 투르니에, 『죄책감과 은혜』, p. 97. 폴 투르니에는 인간 자신에 대한 죄책감과 타인에

포함한 모든 부정적인 감정들은 하나님과의 분리로 인해서 발생된 것이다. 하지만 시간이 지나면서 자아가 처음의 감정을 다른 대상과 환경에도 적용하고 있음을 알 수 있다.

특히 내면대폭발 이후에 태어난 인류는 어머니의 자궁 속에서 태어나면서 또 다른 종류의 개인적 내면대폭발(Personal Deep Bang)을 겪게 되었다. (이 책의 끝부분에서 다시 알아보자.) 이로 인해서 자아가 느끼는 감정들은 더욱 복잡해지고 다양해지게 되었다.

현재 인간이 이처럼 다양하고 복잡한 감정을 가지고 있지만, 모든 감정의 기초는 두려움(하나님에 대한)이었다는 사실은 우리에게 매우 중요하다. 왜냐하면 인간 감정의 해결점을 가르쳐주고 있기 때문이며, 동시에 인간 감정의 문제가 어디에서부터 시작되었는지도 알려주고 있기 때문이다. 두려움과 불안이 어떻게 관계를 이루며, 신경증을 일으키는지 이 책의 뒷부분(불안증: Anxiety Disorders)에서 더 자세하게 밝혀볼 것이다.

1. 자아진단

이 책의 유익한 점은 앞에서 살펴 본 이론과 내용을 자신에게 적용해서 평가해 볼 수 있다는 데 있다. 이 책의 가장 뒷부분의 부록을 보면, 분리/회복 지수 평가질문서가 있다.

이 질문서는 당신의 현재 자아 상태를 다양한 관점에서 평가해 볼 수 있도록 고안된 영적이고 심리적인 평가 도구이다. 지금 바로 연필 하나를 가지고 와서 시간을 내어 질문서에 응답해 보라. 그리고 완성된 질문서를 가지고, 다음 페이지에 있는 채점표에 따라 점수를 계산해 보라.

대한 죄책감이 근본적으로 하나님에 대한 죄책감과 동일한 것이라고 주장하고 있다. 그리고 그것들을 참된 죄책감이라고 설명하고 있다. 자신에 대한 죄책감은 융 학파가 잘 설명하고 있고, 타인에 대한 죄책감은 마틴 부버의 실존주의가 잘 설명하고 있다고 설명했다.

당신의 내면 상태가 숫자로 환산되어 나올 것이다.

　하나님과의 분리를 어떻게 경험하고 있는지 그리고 당신이 얼마만큼이나 회복을 경험했는지를 수치로 확인할 수 있을 것이다. 뿐만 아니라 당신의 자아방향성, 악, 우울증, 강박증, 불안증, 중독, 귀신들림, 정신분열증 등도 점수로 확인할 수 있을 것이다. 위와 같이 내면대폭발이라는 이론에 근거해서 자신의 영적 상태와 심리적 상태를 동시에 평가할 수 있다.

분리경험 지수 평가서

분리경험 지수 (　　/36)　아래의 총합점수
두려움 지수　(　　/12)
죄책감 지수　(　　/12)
불안 지수　　(　　/12)

0-09점은 현실인식에 문제가 있을 정도로 작은 분리 지수입니다. 정신병이나 악한 성향을 가질 경향이 매우 높습니다. 전문가에게 정밀진단을 받아보세요. 그러나 당신의 회복지수가 매우 높다면, 오히려 하나님과의 가까운 관계를 유지하고 있기 때문입니다.
10-22점은 일반인이 소유하고 있는 정도의 미약한 분리 지수입니다.
23-29점은 주의를 요하는 정도의 높은 분리 지수입니다.
30-36점은 당신은 심각한 분리 증세를 가지고 있습니다. 신경증 증세를 가지고 있을 확률이 높습니다. 전문가에게 정밀진단을 받아보세요.

당신의 가장 높은 점수가 세 곳 중 어느 곳인지 확인하여, 당신이 하나님과의 분리를 어떻게 경험하고 있는지 확인해보세요.

제 ❷ 장
죄와 악

1. 죄란 무엇인가?

죄는 하나님과 분리된 상태이며, 악은 죄를 부정함으로써 나타나는 양태이다. 내면대폭발이 발생한 직후 인간의 자아가 탄생하고 그 자아는 하나님의 영의 부재로 인해서 두려워했다. 그 자아는 두려움과 영혼의 갈망을 깨달았고, 동시에 육적 욕망을 갖게 되었다.

죄라 함은, 하나님 대신에 자아가 쉽게 의식할 수 있는 보이고 느껴지는 밖을 향하고 있는 상태(방향)이다. 이런 의미에서 죄가 행위나 사건을 의미하는 것이 아니라, '자아의 방향성' 자체를 의미하는 것이다. 히브리어로 죄는 '하마스'인데, '표적을 빗나가다'라는 의미이다.

하나님을 표적 삼지 않는 모든 방향은 죄다. 자아가 하나님을 바라보고 있지 않고 다른 것을 향하고 있다면 그것이 죄다. 기독교인의 말을 빌어서 설명한다면, 하나님보다 다른 무엇인가를 더 사랑하는 것이 죄다. 인간이 하나님과 분리되면서 인간은 하나님을 표적 삼을 수 없었다. 안 하는 것(don't)이 아니라, 못하는 것(can't)이다. 이것이 인간의 상태이다.

하나님과 분리된 인간은 본질적으로 죄인이다.[1] 하나님에게서 등을 돌리고 자신에게 향하는 것이 죄다.

  자아의 방향성을 기준 삼아서 죄를 이해하려는 방법이 있는데, 이것은 지극히 개인적이고 상대적인 이해방법이다. 일반적으로 사람들은 죄를 심각성에 따라서 나누려고 한다. 작은 죄 또는 큰 죄, 하얀 거짓말 또는 검은 거짓말, 용납되는 죄 또는 죽어 마땅한 죄 등등. 이 구분은 자아가 중심에서 '어디까지 갔느냐?'를 기준 삼아 자신의 위치에 따라 다른 사람들을 판단하려는 시도에 불과하다. 자신이 서 있는 위치에서 보다 더 바깥에 서 있는 자아는 좀 더 죄가 많은 사람이고, 자신과 비슷한 정도에 위치해 있거나 더 안쪽에 위치해 있는 사람은 선한 사람으로 구분 짓는 것이다.

  예를 들어 보자. 한 사람은 20여 명의 부녀자와 어린이들을 성폭행하고 연쇄살인을 한 42세의 남자고, 다른 사람은 내 집 장만을 위해서 밤낮없이 일만하고 있는 42세의 남자다. 대부분의 인간이 볼 때는 연쇄살인범은 잡혀 죽어야 마땅한 죄인이고, 다른 남자는 성실한 남편이나 아버지로 보일 것이다. 그러나 두 사람 모두 똑같은 죄인이다. 두 사람 모두 다 영적 갈망을 직시하지 못한 채 자신의 욕망만 채우기 위해 평생을 투자한 사람이다. 한 사람은 욕망의 대상으로 성적욕구와 사람을 택했고, 다른 사람은 안일의 욕구와 집을 택한 것뿐이다. 하나님께 등 돌린 자아는 다 죄의 상태(원죄/죄성: sin)에 있다. 차이는 단지 좀 멀리 갔느냐 덜 갔느냐 뿐이다. 한마디로 도토리 키 재기다. 밖을 향해 있는 자아가 하는 모든 행동이 죄(자범죄: sins)이다. 빗나간 욕망에 사로 잡혀 있기는 마찬가지이다.

  죄는 자아가 욕망에 사로 잡혀 있는 상태이다. 이를 잘 표현하고 있는 심리학이론이 프로이드가 말하는 이드(Id)와 에고(Ego)의 관계이다. 이드(Id)는 인간의 육체 안에 존재하는 욕망이며, 에고(Ego)는 이드(Id)의

---

1) 폴 틸리히, 『죄책감과 은혜』, 45.

대변자로서 그 욕망을 즐기기 위해서 끊임없이 노력하고, 조작하고, 속이는 존재이다. 프로이드의 이론은 육체적 탐욕에 굶주려 있는 자아의 상태를 너무 적나라하게 표현하고 있다.[2] 구체적인 예를 든다면 자아가 영혼의 갈망을 채우기 위해 성적인 쾌락에 몰두하는 것이다. 순간적으로 육체의 하나 됨을 경험할 수 있을지는 모르지만, 자아는 또 다른 성적 쾌락을 찾아 헤매는 신세가 된다. 약물에 도취된 자아 상태 역시 죄이다. 몸에 약물을 투여함으로써 육체적 쾌락으로 만족감을 누리고자 하지만 이것은 잃어버린 에덴에 대한 향수를 달래는 정도에 지나지 않는다. 자아가 명예나 돈 또는 예술적 창작 활동을 통해서 욕망을 채우려 하지만 아무리 그것이 고상한 것이고 힘 있는 것이라 할지라도 그것 역시 동일한 죄에 불과하다.

2. 악이란 무엇인가?

죄의 상태(방향성)	거부 ――――→ 악
	의식 ――――→ 신경증
	의식 못함 ――――→ 정신병

[그림 8] 죄를 향한 자아의 반응과 결과들

악은 죄 자체를 부정하는 것이다. 다시 말하면 자아가 현재의 죄 된 상태를 애써 의식하려 하지 않는 것이다. 자아의 방향성을 스스로 의식하지 않으려는 자아의 마음이 악이다.[3] 앞에서 언급했듯이 자아의 구성요소는 지·정·의 그리고 방향성이다. 자아의 감정(정)은 본능적으로 자신의 방향성(죄된 상태)을 느낀다. 그리고 감정으로 그대로 표현이 된다. 감

---

2) Stanton L. Jones & Richard E. Butman, *Modern Psycho-Therapies* (Downers Grove: IVP, 1991), 81.
3) 스캇 팩, 『거짓의 사람들』(People of the Lie), 윤종석 역 (서울: 비전과리더십, 2008), 123.

정에 비하면 그 역할이 비교적 작지만, 사고(지)도 역시 자아의 방향성을 의식한다. 그리고 의지에게 그 내용을 전달한다.

그러나 악한 의지는 사고와 감정을 전면 부정한다. 방향성 자체를 의식하려 하지 않는다. 어쩌면 거의 의식하지 못하고 있다고 볼 수 있다. 즉 고집 센 자아가 악의 중심에 위치해 있으면서 감정과 사고의 정직한 표현 자체를 부정하려 든다. 그래서 악한 사람들은 자신의 죄, 즉 방향성을 거의 의식하지 못한 채 살아간다. 이것은 악한 사람에게서만 볼 수 있는 특성이다.

그러나 대다수의 자아는 자기의 의지와 상관없이 자아의 방향성을 자연스럽게 의식하기 마련이다. 왜냐하면 자아의 방향성은 현실 자체이며, 자아의 실체이기 때문이다. 욕망을 쫓아가고 있는 자신의 모습을 스스로 인식하지 못한다는 것은 있을 수 없는 일이다. 자아의 기능이 정상적으로 작동하고만 있다면 말이다. 그러나 악한 자아는 비정상적으로 자신의 방향성을 거의 의식하지 못하거나 자신의 강력한 의지로 부정해 버린다.

이런 일이 가능한 첫 번째 이유는 악한 자아의 영이 제 기능을 하지 못하기 때문이다. 자아의 영은 양심과 직관이라는 두 기능을 통해서, 내면대폭발 이전처럼 완전하지는 못하지만 부분적으로나마 기능을 한다. 즉 하나님과 분리된 자아의 현 상태를 의식하도록 돕는다. 하나님의 빈자리를 양심과 직관이 문득 문득 자아의 감정과 사고를 통해서 일깨워준다. 양심은 감정에 두려움/죄책감/불안을 불러일으키고, 직관은 하나님의 형상을 사고 영역에 순간순간 보여 준다.

이것은 자아의 의지와 상관없이 일어나는 현상이다. 그러나 악한 자아는 어떻게 된 일인지, 이 영의 기능이 심각할 정도로 축소되어 있다. 하나님과 분리된 상태를 잘 알려주지도 못하고, 하나님의 빈 공간을 보여주지 못한다.

이처럼 인간의 영이 그 제한된 기능마저 하지 못하게 되면, 자아가 자신의 현 상태를 확인할 길을 잃어버리게 된다. 꼭 사람이 자신의 얼굴에 무엇이 묻었는지 또는 머리가 잘 빗겨졌는지, 확인할 수 없게 된 것과 같다. 이러한 상황에 처하게 되면, 자아의 의지는 창피한 줄 모르고 고삐 풀린 망아지처럼 제 마음대로 뛰어 다니게 된다. 겁 없는 어린아이처럼 무서움을 모른 채, 원하는 대로 무엇이든 할 수 있다. 이기적이고 교만한 자아의 형성은 당연한 결과이며, 이로서 악한 자아의 충분한 자격 요건을 갖추게 된 것이다.

자아가 자신의 방향성 자체를 부정할 수 있는 두 번째 이유는, 자아의 의지가 너무 강해서 영의 기능을 무시할 수 있기 때문이다. 의지가 지나치게 비대하게 커진 자아에게 있어서 양심과 직관은 일말의 가치도 없는 것이 되기 일쑤다. 가끔 죄책감이나 불러일으키고, 하나님의 존재를 암시하는 정도의 자극으로는 끄덕도 하지 않는 슈퍼 의지를 가진 사람이 바로 악한 사람이다. 이 슈퍼 의지는 감정과 사고를 발아래 두고서 자기가 원하는 데로 결정하고 행동할 수 있다. 이러한 슈퍼 의지가 자신의 죄를 인정하려 들 리가 없다. 너무나도 쉽게 부정해 버린다. 가끔씩 올라오는 죄책감 정도야 무시하면 그만이기 때문이다.

악의 핵심은 죄를 인정하지 않으려는 자아의 의지, 곧 마음에 있다. 이 마음은 자아의 방향성이나 불완전을 의식하지 못하는 것이 아니라, 바로 그 의식 자체를 받아들이지 않으려는 불순종의 마음이다. 이 마음은 고집이 세다. 죄 된 상태를 애써 거부하려는 마음으로 가득 차 있다. 자신의 죄의 일관성을 유지하려고 발버둥치는 마음이다. 악한 자아는 방향성 자체를 인정하지 않으려 하기 때문에, 다른 어떤 자아보다도 두려움/죄책감/불안으로부터 자유롭게 살 수 있다.

3. 악의 형태

　인간의 자아 속에서 나타나는 첫 번째 악의 형태는 교만이다. 교만이 가장 잘 폭로되는 때는, 아이러니하게도 불완전한 모습이 탄로 난 바로 그 순간이다. 이때 교만한 사람은 목을 곧게 세우고 자신의 잘못을 극구 부정한다. 뻔뻔하리만큼 당당한 태도를 가진다. 잘못이 바로 앞에 드러났고 증거가 명백한데도 그들은 부정한다. 심지어 반격까지 하려드는 파렴치한 사람들이다. 그리고 여러분이 앞서 보았듯이, 악한 자아는 죄책감을 거의 느끼지 않는다.

　몇 년 전에 이혼을 고민하고 있는 한 중년 남성을 상담한 적이 있다. 병석이라는 이름을 가진 이 남성은 현재의 부인이 문제투성이어서 이혼하고 싶어 했다. 몇 회의 상담을 통해서 밝혀진 사실은 지난 7년 동안의 결혼 생활은 가난했지만, 행복했고 만족스러웠다. 그러나 지난 몇 년간 사업이 성공하면서 부인에 대해서 불만이 쌓인 것이다. 병석씨가 불평조로 나에게 얘기했다.

"앞으로 아내하고 함께 살 것만 생각하면 내가 꼭 손해 본다는 생각이 듭니다. 적어도 30~40년은 더 살 텐데, 남은 여생이 아깝습니다."
아무런 가책 없이 얘기하는 병석씨를 보면서, 사실 난 좀 당황스러웠다.
"그럼 지난 결혼생활 동안에 아내가 변한 부분이 있나요?"
"아니요. 결혼 초기나 지금이나 아내는 별로 달라진 게 없습니다."
그래서 난 어려운 질문을 그에게 던졌다. 사실은 그에게 핵심을 알려주고자 하는 마음에서 그에게 다음 질문을 했다.
"그럼 병석씨의 마음이 경제적 부유함으로 인해서 바뀐 거네요?"
순간 병석씨는 움찔하는 듯 하더니, 금세 웃는 얼굴로 나에게 응수했다.
"바뀌긴 뭐가 바뀌었다고 그러십니까? 전 바뀐 게 하나도 없습니다. 솔직히 바뀐 게 하나 있다면 제가 착각에서 깨어난 거겠죠? 웃긴 얘기지만, 옛날엔 정말 행복했다고 느꼈었죠. 어찌 보면 그때가 좋았던 것 같기도 합니다. 하지만 그건 착각이었지 진정한 행복이 아니었습니다. 그저 내 아내가 최고야 라고 위안하면서 살았던 거지요."

난 그때 그가 돈 좀 벌었다고 으스대며 소싯적 얘기하는 것을 들어주어야만 했다. 그의 교만한 태도는 정말 하늘을 찌르는 듯 했다. 나는 이때 많은 미국 사람들이 하듯이 병석씨도 이혼절차의 한 과정 정도로, 이혼상담을 하고 있음을 깨달았다. 그리고 그에게서 어떠한 죄책감도 찾아볼 수 없었다.

앞에서 살펴본 것처럼 두려움/죄책감/불안은 근본적으로 동일한 감정이다. 단지 자아의 상태에 따라 느끼는 감정이 다를 뿐이다. 병석씨는 두려움도 없었고, 죄책감도 없었고, 심지어 불안해하는 기색도 없었다. 아니 어쩌면 움찔하는 짧은 순간동안 잠깐 불안했을지도 모른다.

하지만 그는 바로 교만한 태도로 응수했다. 교만한 사람에게 있어서 죄책감 같은 감정쯤은 일말의 가치도 없는 것으로 치부되어 버린다.

두 번째 악의 형태는 거짓과 교활함이다. 자아가 육적이고 현실적인 자신의 욕망을 채우기 위해 한걸음 더 나가는 형태를 띠기 시작한다. 바로 자신의 욕망을 위해 다른 사람을 이용하고 희생시키는 것이다. 매일같이 우리는 신문에서 실례들을 많이 접할 수 있다.

가장 극적인 예는, 불륜에 빠진 한 가정의 남자가 자신의 성적 욕구와 막대한 보험금을 타내기 위해서 현재의 부인을 청부살인하는 기사이다. 이 남자는 자신의 욕망을 채우기 위해 아내를 죽이는 방법을 택했다. 우리는 남자가 직접 죽이지 않고 청부살인이라는 교묘하고 간접적인 방법을 사용했다는 점에 주의해야 한다. 이것이 악의 핵심이다. 너무 기발하지 않은가? 모든 욕망은 고스란히 자신이 차지하면서, 더럽고 추하고 피 묻히는 일은 다른 사람에게 떠넘기려는 교활함. 죽이고 싶은 마음을 청부살인이라는 방법으로 객관화 시키려는 거짓된 마음. 악한 인간 외에는 이런 교활한 방법을 고안해 낼 존재는 없다.

심각한 점은 평범한 우리에게서도 이러한 거짓되고 교활한 악한 자아의 모습들을 가끔 발견할 수 있다는 점이다. 물론 아래의 예와 같은 악한 모습 때문에 모두를 악한 인간이라고 속단할 수는 없다.

그러나 모든 자아가 조금씩이라도 악한 모습을 소유하고 있다는 사실을 인정하지 않을 수 없다. 드라마나 컴퓨터 게임에 열중해 있는 부모에게 자녀가 찾아와 책을 읽어 달라고 할 때 우리는 어떻게 하는가? 혹시 자녀의 손에 든 책을 뺏고 천 원짜리 지폐 한 장을 대신 건네주며, 가게에 가서 맛있는 거나 사먹으라고 보내지 않았는가? 같은 또래의 친구들보다 키가 작은 아들에게 거짓말시켜서 목욕탕 입장료를 아껴본 적은 없는가? "종석아 아빠 말 잘 들어봐. 아줌마가 몇 살이냐고 물어보면 4살이라고 해야 된다. 알았지?" 일하기 싫어하는 남편이 일하지 않는 아내에게 넌지시 핀잔을 주거나 묵시적으로 정죄해서 아내의 죄책감을 유발시키지는 않았는가? 앞에서 예를 든 천 원짜리 지폐 한 장, 거짓말, 묵시적 정죄들이 엄밀히 따지면, 청부살인과 별 다를 것이 없다.

내 자아의 욕망과 목적을 달성하기 위해서 다른 사람을 교묘하게 이용하고 있다. 특히 자녀와 아내의 인격과 영혼을 희생시키고 있다. 위의 예들이 청부살인보다는 덜 악해보일지는 모르지만, 교활하고 교묘한 면에서는 별다를 바 없는 악의 한 형태이다.

죄는 인간의 현실이다. 스스로의 힘으로는 벗어날 수 없는 상태이다. 이런 절박한 상태를 인정하려 하지 않고, 오히려 자아가 더 밖으로 전진하려는 의지가 악이다. 자녀가 되었든, 아내가 되었든, 다른 사람의 영혼은 관심 밖이다. 악한 자아는 일말의 주저함도 막힘도 없다.

그래서 악한 사람은 더 교만해지고 더 교활해지게 되어 있다. 그러나 여기 또 다른 부류의 사람들이 있다. 이들은 죄를 의식하고 자신의 방향성을 인정하기까지 한다. 그러나 방향을 바꾸지 못하고 그 안에서 괴로워한다. 이때 생겨나는 증상이 바로 신경증이다. 또한 모든 정신질환의 시작 부분이기도 하다.

방향성과 악 지수 평가서

욕구/방향성(죄) 지수   (/16)
0-4점, 당신은 너무 낮은 욕구/방향성을 소유하고 있습니다. 현재 강한 우울증 증세를 가지고 있을 확률이 매우 높습니다. 전문가에게 정밀진단을 받아보세요. (우울증 지수를 비교하여 참고하세요.)
5-10점, 일반인이 소유하고 있는 정도의 욕구/방향성 지수입니다.
11-12점, 주의를 요하는 정도의 욕구/방향성 지수입니다.
13-16점, 당신은 심각한 욕구/방향성 지수를 가지고 있습니다. 전문가에게 정밀진단을 받아 보세요. (불안증 지수와 악의 지수를 비교하여 참고하세요. 두 가지 지수도 높다라면, 당신은 더욱 위험한 상태입니다.)

악 지수 (/16)
0-8점, 일반인이 소유하고 있는 정도의 악 지수입니다.
9-12점, 주의를 요하는 정도의 악 지수입니다.
13-16점, 당신은 심각한 정도의 악 지수를 가지고 있습니다. 전문가에게 정밀진단을 받아 보세요. (불안증, 욕구/방향성, 강박성의 지수를 비교하여 참고하세요. 세 가지 지수도 높다라면, 당신은 더욱 위험한 상태입니다.)

DEEP BANG

제❸장
신경증(Psychoneurosis)

먼저 우리는 인간이 겪고 있는 모든 문제들을 처음부터 살펴볼 필요가 있다. 그렇게 함으로써 신경증이라는 아주 미묘한 인간 심리의 문제를 보다 깊이 있게 이해할 수 있다.

인간은 본래 완벽한 존재였다. 영혼육이 하나였으며, 하나님의 영이 그 중심에 있고, 인간은 하나님과 연합된 의식을 가진 존재였다. 이때에는 죄도 없었고, 악도 존재하지 않았으며 물론 신경증도 없었다. 인간 내면은 내면대폭발을 기점으로 해서 큰 격변을 겪게 되었다. 가장 큰 변화는 하나님의 영이 인간에게서 떨어져 나가게 된 것이다. 또 다른 변화는 하나님과 분리된 자아가 하나님이 떠난 그 빈자리를 대신하게 된 것이다. 전에 없었던 자아가 새롭게 만들어진 것은 아니다. 내면대폭발 이전에 하나님과 깊은 연합으로 인해서 그동안 의식되지 못했던 자아가, 연합이 깨지면서 수면 위로 드러나게 된 것이다. 연합된 의식이 이제는 분리를 경험하는 의식으로 남게 되었다. 하나님과 분리된 자아로 의식되는 것이다. 동시에 자아는 하나님의 빈자리를 정확히 알 수도 없고 이해할 수도 없었다. 즉 무의식이 탄생한 것이다.

이러한 대격변 속에서 자아는 큰 혼란을 겪게 되었으며, 사고와 감정의 불완전으로 인해서 자아의 혼란은 더욱 심했다. 자아는 무의식을 경험하는 어려움 속에서도 선택해야 하는 상황을 맞게 되었다. 두려움이 자아를 엄습해왔기 때문이다. 죽음이라는 두려움 속에서 자아가 선택할 수 있는 곳은 스스로 의식이 되는 영역이었다. 바로 육체적 욕망이었다. 영혼의 갈망은 무의식으로 사라져버렸기 때문에 실제로 자아에게는 선택의 여지란 없었다. 이때부터 자아는 방향성을 가지고 운동하기 시작했으며, 이 상태가 바로 죄이다. 그러므로 자아는 태어나는 순간부터 이미 죄인으로 운명이 결정지어져 있다.

하지만 자아 자신이 죄의 상태를 사고와 감정을 통해서 의식하게 되는 순간부터는 자아(의지)에게 여러 가지 선택의 길들이 주어진다. 이전까지는 자아에게 선택이란 없었다. 그러나 자아가 죄의 상태에 대해 의식하면서부터, 가장 중요한 인간 본질 앞에서 두 가지 선택의 길이 주어진다. 첫 번째 선택은 자아가 감정과 사고를 통해서 의식된 자신의 방향성을 인정하는 것이다. 여기에서 인정한다는 의미는 '내 잘못이다'라고 자아의 방향성을 자신의 잘못으로 시인한다는 의미이다. 두 번째 선택은 자아가 감정과 사고를 통해서 의식된 자신의 방향성을 불인정하는 것이다. 불인정한다는 의미는 '다른 사람의 잘못이다'라고 자아의 방향성을 책임 회피하려는 것이다.

첫 번째와 두 번째 자아가 악한 자아와 분명하게 구별되는 점은 자아의 방향성 자체만큼은 자신의 현실로 인정하고 있다는 점이다. 자신의 잘못으로 시인하고 안하고의 차이는 있지만, 현재 자신이 밖을 향해 나아가고 있다는 사실만큼은 부정하지 않고 있다. 이런 이유로 첫 번째와 두 번째 자아는 신경증을 경험하기 시작한다. 자아가 현실을 인정하지만 그 해결책을 갖고 있지 않기 때문에 어려움을 겪게 된다. 즉 지·정·의의 불일치, 현실과 비현실의 갈등, 채워지지 않는 갈망, 피할 수 없는 죄책감/불안 등으로 인해서 자아는 신경증을 경험한다.

여러분이 이 부분에 와서 좀 의아해 할지도 모르겠다. 죄를 의식한 자아가 자신의 방향성을 사실로 인정하는데, 왜 신경증이 시작되는지 궁금해 할 것이다. 이것은 간단한 문제가 아니다.[1] 인간의 자아는 한두 번의 선택 결과로 인해서 이해될 정도로 간단한 존재가 아니기 때문이다.

1. 조각난 인간 이해

여러분이 심리학 관련 책을 읽어 본 적이 있다면, 셀 수도 없는 전문용어로 인간의 내면, 특히 자아의 본성을 설명하고 있음을 알 것이다. 내가 이해하기로 심리학자들은 인간을 연구의 시작점으로 삼았다. 그들은 인간 안에 일어나는 현상을 깊이 연구했고, 밝혀낸 정보를 종합한 후 이론화시켜서 책으로 쓴 것이다. 이렇게 귀납법적인 방법을 사용했기 때문에 책의 내용이 어려울 수밖에 없다. 쉽게 말하면 인간의 현재의 모습과 관찰 가능한 외적 상태를 연구해서 인간을 종합적으로 이해하려 한 것이 심리학이다. 인간의 조각들 즉 단면들을 연구해서, 그 다음에 전체 그림으로 짜 맞추려 하다 보니 그 과정과 내용이 어려울 수밖에 없는 것이다.

신경증에 대한 현재 심리학의 이해 역시도 너무나 복잡하고 어렵다. 심지어는 각각의 심리학 학파들이 제각기 다른 설명으로 신경증을 해석하고 있는 형편이다. 이렇듯 심리학적 인간 이해에는 너무 현미경적인 (근시안적인) 방법에 기초를 두고 있기 때문에 스스로 오류에 빠져 있다. 우리가 그토록 권위를 부여하고 있는 심리학도 원래는 인간 이해를 위한 방법 중 하나(지류)에 불과하다는 사실을 알아야 한다. 독자 여러분이 보다 근본적이고 정확한 인간 이해를 하기 위해서는 심리학을 포함한

---

[1] 신경증을 보다 정확히 이해하려면, '자아개념'도 우리가 다루어야 하겠지만, 너무 복잡하고 어려워지기 때문에 이 책에서는 언급하지 않도록 하겠다.

더 포괄적인(망원경적인) 방법을 사용해야 한다.

  이를 위해서 잠깐 동안 인간에 대한 연구가 어떻게 진행되어 왔는지 과거부터 현재까지 인간 연구의 역사를 큰 그림으로 한번 살펴보자. 과거에는 어떻게 인간이 이해되어 왔는지, 이러한 인간 이해가 어떻게 변화해 왔는지, 심리학은 어떻게 태동되었는지, 그리고 미래에 보다 정확하게 인간을 이해 할 수 있는 방법은 무엇인지를 살펴보자. 이를 통해 인간이해의 폭이 넓어져서 보다 큰 그림으로 인간을 이해 할 수 있기를 원한다.

1) 게으름에 빠진 교회

  인간을 이해하고자 하는 노력은 인류역사에 있어서 가장 오래되었고, 가장 복잡한 양상을 띠고 있다. 인류는 단 한 순간도 인간 이해를 쉬거나 포기한 적이 없었다. 철학적으로, 신학적으로, 문화적으로, 심리학적으로, 사회학적으로, 윤리학적으로 등등 언제나 인간이해는 중심 주제였다. 이렇듯 수많은 방법으로 인간을 이해하려 했듯이 수많은 시도와 결과들이 있었다.

  가장 멀리 고대시대로 거슬러 올라가면 철학자들만이 인간 이해를 추구했음을 쉽게 알 수 있다. 고대시대의 철학자들은 이름만 철학자였지 실재로는 신학자요, 의사요, 과학자였다. 고대시대에는 모든 영역의 연구가 철학이란 이름 아래에서 이루어졌다. 이런 이유로 현재 대학에서 철학과 상관없는 공부를 한 생명공학도에게도 철학박사를 수여하는 것이다. 고대 철학자들은 철학이란 이름으로 인간을 포함한 모든 영역을 이해하려 했다. 당연히 인간은 하나님과 함께 이해되었고, 과학적으로 이해되었으며, 다양한 각도에서 포괄적으로 이해되었다.

  그러나 중세시대에 들어오면서 인간은 하나님과 분리된 채로 연구되었다. 분리되었다는 의미는 완전히 격리되고 따로 이해되었다는 의미는 아니다. 플라톤(Plato)의 이원론에 영향을 받은 중세시대 초기의 철학자들은 하나님과 인간이 근본적으로 다른 존재라는 이원론에 입각해서 인간을 이해하려 했다. 하나님은 영원하고 완전하며 고차원적이며 존재의 근원이신 반면에, 인간은 제한되고 불완전하며 저급하고 그림자와 같은 존재로 이해되었다. 성 어거스틴(St. Augustine of Hippo)을 비롯한 대부분의 신학자들은 플라톤의 이데아 사상에 근거해서 인간을 이해했고, 그 영향력은 스콜라 철학으로 이어졌다. 11세기말 안셀름(St. Anselm of Canterbury)으로부터 시작된 스콜라 철학은 계시가 이성보다 앞선다는 명제 하에 하나님을 이해하려 했으며, 인간은 항상 두 번째 주제였다. 이들은 신앙(계시)에 대한 분명한 믿음을 기반으로 하고, 그 다음에 이성을 사용해서 신앙을 더 깊이 이해하려 했다. 이렇게 해서 '철학은 신학의 시녀이다'라는 표현이 나오게 된 것이다.

13세기 아리스토텔레스(Aristotle)의 철학이 소개되면서 중세시대의 분위기는 서서히 변화되기 시작했다. 아리스토텔레스의 철학은 플라톤의 것과는 사뭇 달랐다. 이성이 모든 것보다 위에 있었다. 이성은 철학이든 신학이든 그 어떤 것에도 제한 받지 않아야 한다는 것이었다. 그러나 이러한 사상은 교황이 다스리던 서방세계에서는 이단적이었다. 그래서 토마스 아퀴나스(Thomas Aquinas)가 계시와 이성을 조화시키려 노력했으며, 이러한 면에서 그는 뛰어난 신학자요 철학자였다.

그러나 불행하게도 아퀴나스의 손에서부터 하나님과 인간의 이해는 분리되어지기 시작했다. 계시와 이성의 조화를 위해서 아퀴나스는 철학과 신학을 명확하게 구분했기 때문이다. 이성으로 연구할 수 있는 것들은 철학의 영역으로, 그리고 이성의 이해를 넘어서는 영역은 신학으로 구분한 것이다. 이성의 한계 안에 있는 것은 철학이고, 그것을 벗어난 것은 신학이 다룰 진리이었다.[2] 이 구분으로 인해서 인간의 이성은 하나님과 상관없이 자유롭게 사고할 수 있게 되었다. 이성으로 연구 가능한

---

2) 김기홍, 『이야기 교회사』 (서울: 두란노, 1996), 225.

것은 철학이란 이름으로, 그리고 진리라는 이름으로 연구되었다. 그 주된 대상은 당연히 인간과 자연이었다. 이제 인간 이해는 하나님(신앙)과 상관없이도 이해될 수 있는 기초가 아퀴나스라는 위대한 신학자의 손에 의해서 만들어진 것이다. 물론 아퀴나스를 비판하는 것은 아니다. 왜냐하면 역사적 흐름에서 볼 때 어쩔 수 없는 일이었기 때문이다.

중세말기에 일어난 인간과 자연을 새롭게 이해하려는 시도는 자연스럽게 문예부흥(르네상스)으로 이어진다. 신앙과 계시로 부터 자유를 얻게 된 인간의 이성을 통해서 인간과 자연을 새롭게 이해하려는 시도들이 봇물처럼 쏟아져 나왔다. 이전까지의 그림들은 대부분 하나님에 대한 것이었으며, 인간이나 자연은 작고 대충 그려져 있었다. 그리고 항상 성화에 나오는 아기 예수와 성모 마리아의 배경에는 둥그런 광채가 있었다.

그러나 문예부흥의 시대에는 인간과 자연에 대한 묘사가 더욱 자세해지고 중심을 이루게 되었다. 나약했던 인간에 대한 묘사는 더욱 세밀해지고 아름다워졌다. 그 유명한 미켈란젤로(Michelangelo)의 작품들이 이 때의 것이다. 대표적인 예로 '모나리자'는 지금까지 찬사를 받고 있을 정도로 여성의 아름다움을 잘 표현한 작품으로 손꼽히고 있다. 모든 문학작품과 예술작품에서 인간에 대한 관심은 점점 커져갔다. 이제 인간은 하나님에 대한 연구보다는 자신과 자연에 대한 연구로 여념이 없어졌다. 결국에는 아퀴나스가 잠시나마 이룩해 놓았던 철학과 신학, 이성과 신앙의 조화는 깨지고 만다. 그 대표적인 사건이 갈릴레오 갈릴레이(Galileo Galilei)의 주장이었다. 천동설이 틀렸고 지동설이 맞는다는 주장과 함께 중세시대의 세계관은 그 근본뿌리부터 흔들렸다. 이후로 인간과 자연에 대한 학문은 점점 발달되었으며, 신학과는 상관없는 주제로 완전하게 자리 잡아갔다.

점점 시간이 지나면서 근대 철학자들은 하나님보다 인간을 중심에 두고 연구했다. 인간이 세상의 중심이고 인간의 자아를 시작점으로 해서 인간과 하나님을 이해하려 시도했다. 레네 데카르트(Rene Descartes)의 '나는 사고한다. 그러므로 존재한다'가 대표적인 명제이다. 이때만 해도 대부분의 철학자들은 자아의 실존에 대해서 크게 의문을 삼지 않았다. 다시 말하면 자아와 하나님의 존재는 분명한 사실이었고, 중심 주제는 자아와 하나님의 관계를 어떻게 설명하느냐 이었다.

그러나 몇몇 철학자들에게는 하나님의 존재를 확신할 수 없었을지라도, 자아 자신만큼은 인간이해를 위한 분명한 시작점이며 가장 확실한 기초였다. 이들은 자아라는 확실성 위에서 타인을 이해하려 했고, 더 나아가서는 하나님을 이해하려 했다. '나는 생각한다. 그러므로 나는 존재한다'라는 명제는 인간중심적인 철학사상을 가장 잘 나타내주는 말이다. 하나님의 계시로 부터 인간을 이해하는 것이 아니라, 인간의 이성으로부터 인간을 이해하고 그리고 나서 하나님을 이해하겠다는 선전포고와 같은 것이었다.

이후 철학자들은 인간과 자연에 대해서 많은 연구를 한다. 그 결과로 과학은 큰 진보를 보게 된다. 특히 아이삭 뉴턴(Isaac Newton)의 시대 이후로는 많은 이론과 원리들이 발표되면서 자연에 대한 이해가 신앙적인 이해에서 과학적이고 현실적인 이해로 탈바꿈하게 되었다. 인간에 대한 이해 역시 마찬가지이다. 하나님에 종속되고 그림자와 같았던 인간의 이해가 보다 이성적이고 논리적인 이해로 바뀌었다.

특히 인간의 자아가 중심이 되어 하나님을 찾을 수 있다는 인간중심적인 이해가 팽배해지게 된다. 결국 근대철학자들의 선전포고는 괄목할만한 과학의 진보를 힘입고 현실로 일어나게 된다. 즉 과학이 종교의 영향력에서 벗어나게 된다. 종교로부터 과학이 분리되어가는 과정을 아주 재미있게 풍자한 내용이 있어 잠간 언급하고자 한다. 스캇 팩(Scott Peck)은 종교와 과학 상호간에 비밀계약이 이 시점에서 체결되었다고 표현한다. 종교와 과학이 서로의 영역을 존중하면서 서로 침범하지 않기로 암암리에 비밀계약을 체결했다는 것이다. 종교는 과학을 이성의 영역에 있는 진리를 다루는 곳으로 인정하고, 과학은 종교를 이성을 넘어서는 진리를 다루는 곳으로 인정함으로써 서로의 영역을 구분했다는 것이다. 그리고 서로의 영역을 침범하지 않기로 앤 여왕(Queen Ann)과 교황청과 뉴턴 사이에 비밀스런 계약이 채결되었다는 것이다.[3] 나는 이 비밀계약 이라는 표현이 아주 적절하다고 본다. 교회의 태도를 보면 더욱 분명한 것이 이후로 교회는 과학에 대해서 더 이상 연구하지도 않았고, 참견하지도 않았다. 꼭 골칫덩어리 하나를 떼어내듯이 말이다.

이 비밀계약 이후에도 교회는 또 다른 분리를 경험하게 된다. 그것은 신학과 철학의 분리였다. 이 분리의 과정은 굉장히 오랜 기간에 걸쳐서 서서히 이루어졌기 때문에 쉽게 눈치 챌 수 있는 것은 아니었다. 그러나 이미 아퀴나스에서 한번 예견되었었고, 데카르트에 와서는 기초가 완성되었다고 볼 수 있다. 그리고 니체에 와서는 완전히 분리되어 나가게 된다. 물론 프리드리히 빌헬름 니체(Friedrich Wilhelm Nietzsche) 이전의 거의 모든 철학자들은 이성에 기본을 둔 철학자들이었을지라도 종교와 교회를 벗어나지는 않았다. 오히려 이성을 통해 더 깊은 인간이해와 신이해가 그들의 여전한 주제였다.

그럼에도 불구하고 철학은 점점 과학주의의 영향을 받으면서 이성으로 이해하기 힘든 영역 또는 이해할 수 없는 영역들을 무시하며, 그것을 현상적인 것에 불과하다고 해석하기 시작했다. 이런 변화는 이전의 철학자들이 가졌던 하나님과 계시에 대한 분명한 믿음과 대치되는 것이었다. 이렇게 해서 신학(교회)은 시녀로 두고 있던 철학마저 잃어버리게 되었고, 철학의 분리로 인해서 신학은 깊이 있는 인간이해를 하는데 큰 어려움을 겪게 되었다. 물론 이후에도 쇠렌 오뷔에 키에르케고르(Søren Aabye Kierkegaard) 같은 자유 신학자들이 과학적이고 분석적인 인간이해를 종교적인 입장에서 시도하기는 했지만, 이미 신학은 인간에 대한 연

---

3) 스캇 팩, 『끊나지 않은 여행』 (*Further along the road less traveled*), 김영범 역 (서울: 열음사, 2007), 238.

구를 이전처럼 중요시하지 않았다.

이후로 신학은 하나님과 성경에 대한 연구에 집중하게 되었다. 인간에 대한 연구는 철학과 과학에게 넘겨주고 손을 놓는 지경에 이른다. 혹시 여러분이 나의 표현이 너무 극단적이라고 생각할 수 있겠지만, 실제로 키에르케고르 이후로는 이렇다 할만한 신학자가 인간에 대해서 깊이 있게 연구한 적이 없다. 그 결과 현재 대부분의 신학교에서 가르치는 조직신학의 인간론은 수백 년 전의 내용 그대로이다. 반면에 성서신학(성경에 대한 연구학문)은 과도하게 연구되었다. 이미 오래 전에 시작된 문서설을 비롯해서 성경을 하나의 역사책으로서 연구하게 되었다. 심지어 신학계에서는 더 이상 연구할 주제가 없다는 말이 나올 지경에 이르렀다. 그러나 아쉽게도 신학은 인간에 대해서만큼은 깊이 있게 연구하지 않았다. 이렇게 신학이 인간이해에 대해서 소홀해 하는 동안, 철학과 과학의 발달에 힘입어 심리학이 태동하게 되었다. 20세기 초에 이르러서는 프로이드의 것을 시작으로 해서 많은 심리학 이론들이 쏟아져 나왔다. 그리고 불과 한 세기 만에 심리학은 인간 연구에 대한 소유권을 갖게 되었다. 다른 말로 표현하면 신학과 교회는 인간이라는 매우 중요한 주제마저 빼앗기게 된 것이다.

심리학자들은 '하나님도 확실치 않고, 자아도 확실치 않다, 확실한 것 한 가지는 내 육체다'라는 태도로 인간과 하나님을 이해하려 했다. 프로이드 이후의 대부분 심리학자들과 현대 철학자들은 자아가 실제로 존재하는 것이 아니라 뇌의 복잡한 활동 속에서 또는 언어와 사회 속에서 만들어진 현상에 불과한 것으로 보고 있다. 당연히 이들은 영혼의 존재를 부정한다. 육체와 사회관계 속에서 만들어진 2차 현상들이 자아, 영혼, 신이라고 믿고 있다. 이들은 보이고 만져지는 것만이 실제로 존재하는 것이라는 자연주의에 근거를 두고 있다. 자연주의는 인간을 과학적인 방법으로 이해하려는 태도의 기초가 되었다. 그 결과물이 현재의 심리학이다. 또한 이들은 인간이 오랜 시간에 걸쳐서 언어와 문화를 진화시켜 왔다고 믿는다. 물론 인간 자체도 진화를 거쳐 현재의 외적 모습이 되었고, 그리고 자아와 초자아 현상을 점차적으로 만들어 냈다고 본다.

이렇듯 교회와 신학에서 과학이 분리되고, 철학이 분리되고, 다음으로 심리학이 분리되어 나가게 되면서 교회는 큰 위기에 봉착하게 되었다. 분리되어 나간 영역들이 다시 부메랑처럼 되돌아와 현재의 교회를 공격하고 있기 때문이다. 과학의 분리로 만들어진 결과물인 진화론은 교회의 창조론을 공격했고, 결론적으로 창조론은 교회 외의 어떤 곳에서도 받아들여지지 않게 되었다. 그리고 철학과 심리학의 분리로 형성된 인간이해는 교회에 여러 가지 모양으로 유입되면서 교회에 큰 혼란을 불러일으키고 있다. 더욱 심각한 문제는 인간이해에 대한 교회의 입장이 너무 추상적이고 오래된 것이기 때문에 점점 설득력을 잃어가고 있는 형편이다. 현대의 교회가 창조론이라는 분명한 창조이해를 가지고 있기에 진화론의 공격에도 버텨내고 있는 반면, 심리학의 공격에 대해서는 거의 무방비 상태에 놓여 있다. 오히려 심리학의 인간이해가 교회에게 조차도 그럴듯해 보이기까지 한다.

2) 신경증을 앓고 있는 교회

심리학에 대한 현재 교회의 반응을 연구해보면, 아주 재밌는 사실을 발견할 수 있다. 자유주의 계열의 교회들은 심리학을 흔쾌히 받아들이고 있으며, 그들의 신앙색깔로 볼 때 그들의 선택에는 큰 문제가 없어 보인다. 이들에게 있어서 종교의 의미가 영혼의 구원이 아닌 현실의 문제와 인간의 사회적 구원에 있기 때문에 오히려 심리학을 통한 인간이해가 자유주의 교회에 큰 도움이 되고 있다. 그러나 복음주의 계열의 교회들은 심각한 위험 상태에 처해 있다. 심리학을 과학적 진리로 인정한다면, 완전히 부인할 수 없는 영역이지만, 반면에 교회 안으로 받아들이자니 심리학의 기초가 자연주의와 진화론이기 때문에 전적으로 받아들일 수 없는 실정이다. 받아들이지도 못하고 배척하지도 못하는 어정쩡한 태도를 교회가 현대 심리학에 대해서 가지게 되었다.

그래서 교회 안에는 심리학에 대한 다양한 그러나 건강하지 못한 반응들이 형성되어 있는 것을 찾아 볼 수 있다. 교인들이 신앙서적 만큼이나 일반 심리학 서적을 많이 읽고, 자신의 정신건강이나 가정에 문제가 생기면 심리학자나 상담사의 도움을 받으러 간다. 이렇듯 교인들이 영적인 문제를 제외한 거의 모든 문제를 교회 밖, 심리학에 의존하고 있는 형편이다. 하지만 교회는 여기에 대한 책임을 계속 회피하고 있다. 근본적인 대책을 마련하지 않고 있다. 아마도 교회는 예전에 과학에게 했던 것처럼 심리학과도 암암리에 계약을 맺고 싶어 하는 것 같다.

그러나 이번 심리학이 분리해 내고자 하는 내용은, 전과 같이 교회의 게으름으로 대충 해결될 종류의 내용(주제)이 아니다. 심리학이 다루는 인간이해라는 내용 자체가 인간구원이라는 신학의 중심 주제와 서로 깊은 관련이 있기 때문이다. 만약 인간이해라는 주제를 심리학에게 완전히 빼앗기게 된다면, 교회는 인간구원이라는 가장 중요한 주제에 큰 치명상을 입게 된다. 자칫하면 인간의 구원이 영혼육의 인생 전반에 걸친 구원이 아니라, 오직 영적인 것으로만 제한될 수 있다는 말이다. 현세적인 구원은 빠져버린 반쪽자리 영적 구원만이 될 수 있기 때문이다. 교회와 신학이 이 사실을 빨리 파악하고 게으름에서 벗어나야 한다. 더 이상 분리시켜서 회피함으로 해결될 문제가 아니기 때문이다.

심리학은 이러한 현실 회피와 도피 증세를 아주 건강하지 못한 것으로 취급한다. 이러한 책임 회피로 인해서 나타나는 증상도 신경증의 한 가지로 보고 있다. 실제로 현재 교회 안에서는 심리학의 공격으로 인한 신경증 증세가 다수 발생하고 있다. 어떤 목회자들은 심리학을 사탄의 학문이라고 치부하기도 하고, 반대로 어떤 목회자는 무분별하게 설교에 사용하고 있기도 한다. 어떤 신학교에서는 성경만이 유일한 상담 교과서라고 주장하며 모든 심리학을 쓰레기 취급하고, 반면 어떤 신학교에서는 대부분의 심리학 이론을 그대로 받아들여 가르치면서 심리학과 신학의 통합을 주장하고 있다. 어떤 교인들은 심리학적인 문제들마저도 모두 영적인 공격으로 취급하고, 어떤 교인들은 영적구원의 문제와 심리적인 건강의 문제를 전혀 상관이 없는 다른 종류의 것으로 구분하기도 한다. 상황이 이렇다보니, 근래에 심리학에 대한 무분별한 책들과 의견이 쏟아져 나오고 있는 것을 볼 수 있다. 이렇듯 현재의 교회는 심각한 신경증을 앓고 있는 형편이다.

더욱 심각한 우려는 현재 교회가 이러한 상태를 계속 방치한다면, 교회 안에 신경증 증세와 함께 불안이 더욱 심해질 것이다. 그리고 불안을 잠아내지 못하는 교회나 교인들 사이에서 정신병적인 증상이 발생할 수 있다는 점이다. 불안한 현실을 철저하게 부정하고 내세적이고 영적인 내용에만 집착하게 될 수 있다. 가장 쉬운 예로 시한부 종말론이 있다. 근래에 시한부 종말론이 더 자주 발생하는 이유 중의 하나가 불안으로 인해서 모든 사회와 인간 현상을 영적으로만 해석하려는 교회의 극단적 성향 때문이다. 과학도 거부하고, 철학도 거부하고, 심리학도 거부함으로 극도로 고립된 교회가 마지막으로 선택할 수 있는 내용은 오직 영적인 내용뿐이다. 그리고 모든 삶과 인간의 현상을 영적으로만 해석하는 극단주의의 최종 목적지는 시한부 종말론이다. 현실에 접촉점을 두지 못한다는 점에서 시한부 종말론은 정신병적인 증상과 동일하다.

이처럼 심리학의 공격에 교회가 심하게 흔들릴 수밖에 없는 이유가 있다. 앞에서 다루었던 것처럼, 그 이유는 교회와 신학이 인간에 대해서 연구하기를 멈춘 탓이다. 인간에 대한 연구보다 성경과 하나님에 대한 연구만이 최고라는 태도, 또는 성서신학과 조직신학과 관련된 박사학위가 실천신학과 관련된 박사학위보다 우월하다는 플라톤의 이원론적인 태도가 현재의 문제들을 자초했다. (물론 과학과 철학을 잃어버린 신학에게 있어서 당연한 결과이기도 하지만) 이러한 현상은 현재도 여전하다. 목회를 준비하는 많은 목회 후보자들이 교회의 요구에 의해서 박사학위를 취득

하고 있다. 물론 대다수는 실제 목회와 거리가 멀어진, 한참 학문적으로만 앞서간 영역에서 박사학위를 받고 있다. 반면에 인간에 대한 심도 있는 (분석적, 성경적, 과학적, 심리학적) 연구는 기대에 못 미치고 있다. 참으로 놀라운 사실은 과거의 어거스틴, 아퀴나스, 칼빈, 루터, 에드워드, 키에르케고르와 같은 분들이 인간에 대해서 많은 연구를 이미 진척시켜 놓았다는 것이다. 교회는 지난 수세기 동안 이 내용을 방치하고 있었지만, 오히려 심리학자들은 위의 언급된 분들의 연구를 토대로 자신의 심리학이론을 형성해 나갔다. 참으로 아이러니하다.

3) 신경증에서 벗어나기

내가 주장한 것처럼, 과학, 철학, 그리고 심리학이 본래 교회와 신학에 속한 것이었다면, 이제 교회가 태도를 바꿔야 할 때이다. 분리되어 나간 영역들이 오히려 되돌아와 공격을 가하고 있다면, 교회와 신학은 이러한 현실을 정확히 직시하고 인정해야 한다. 직시하고 인정한다는 말은 책임진다는 말과 동일하다. 철저한 회개와 노력을 통해서 분리되어 나간 영역들을 회복시키기 위해 노력해야 한다. 신학이 그 밖의 영역들(철학, 과학, 심리학)과 서로 조화를 이룰 때에야, 즉 재통합을 이룰 때에야 비로소 자아에 대한 이해가 보다 온전하고 분명해질 수 있기 때문이다. 이미 많은 학자들이 이러한 노력을 시작하고 있고, 그 노력의 일환으로 이 책도 집필 되었다.

나는 키에르케고르 이후로 현재까지 거의 중단되었던 인간이해의 공백이 메워지고 회복되기를 기대한다. 멀게는 어거스틴의 인간이해에서부터 가깝게는 키에르케고르의 인간이해를 이어받아 그 공백의 일부분이라도 채우기 원한다. 그렇다고 키에르케고르 이전의 인간에 대한 연구를 종합하여 정리하는 방법을 사용하지는 않았다. 오히려 성경적이고 신학적인 연구에 근거를 둔, 내면대폭발을 가설로 설정을 하고 그 가정하에서 인간에 대한 연구를 시작했다. 이렇듯 가정에 근거한 인간 연구는 현재의 과학적 방법을 충족시킬 것이다. 아무리 신학적인 좋은 내용이 많다고 해도, 연구방법이 과학적이고 논리적이지 못하면 현 시대에서는 큰 의미를 가질 수 없다. 또한 가설로 선택된 이론이 다른 일반 과학적 사실과 조화를 이루어야 한다. 순수과학을 포괄할 수 있는 인간이해가 이루어질 때, 과학과의 분리도 회복할 수 있기 때문이다.

두 번째 방법은 심리학적 진리[4]를 최대한 수용하고 사용하기 위해서, 심리학적인 단어와 내용을 최대한 사용하는 서술방식을 사용 하는 것이다. 물론 이 책에서 보여주는 기본 연구 자세는 신학적이기 때문에 많은 영적 내용과 단어들도 포함 하고 있다. 하지만 영적 내용이라 할지라도, 심리학적으로 설명 가능하다면, 최대한 심리학적인 서술방법을 사용할 것이다. 이렇게 함으로써 신학과 심리학적 진리와의 분리를 극복할 것이다. 나는 내면대폭발 가설을 가지고서, 신학적이고, 심리학적이고, 과학적이고, 철학적인, 다른 말로 표현하면 종합적인 인간이해를 시도하고 있다.

2. 자아의 양면성(ambivalence): 두 마음

다시 주제를 신경증으로 돌려보자. 앞에서 나는 자아가 죄를 의식함으로 신경증을 경험하기 시작한다고 언급했다. 자아가 자신의 방향성을 의식했다는 말은 곧, 자아의 의지가 선택할 순간이 왔다는 것이다. 그 선택의 순간이란, 자아가 자신의 방향성을 인정할지 인정하지 않을지를 선택해야 하는 갈림길이다. 일단 의식되면 그 다음부터는 빠져나갈

---

[4] 심리학적 진리와 심리학적 이론에는 큰 차이가 있다. 심리학적 진리라 함은 과학적인 연구를 통해서 입증된 자료들을 의미한다. 심리학적 이론은 인간이해를 위해 심리학자들이 주장하는 가설을 의미하는 것이다. 따라서 모든 이론이 진리의 내용을 포함하고 있는 것은 아니다.

곳이 없다. 방향성을 의식한 자아는 계속 떠밀리듯 한 길을 따라 내려가게 된다. 그리고 그 길은 머지않아 두 갈래로 나누어지게 된다. 자아는 그 둘 중에 하나를 선택해야만 한다. 첫째, 자아가 본질적으로 죄의 상태에 빠져 있다는 사실을 고스란히 인정하든지, 둘째, 자아가 의식한 현 상태를 불인정(부인) 하든지 말이다. 실제로 이 두 가지 선택은 자아에게 결코 쉬운 일이 아니다. 자아가 어떤 선택을 하던 앞으로 펼쳐질 일들은 자아를 괴롭힐 것이기 때문이다. 그리고 자아는 이 선택의 상황에서, 괴로움 속에서 신경증을 경험하게 된다.

1) 두 마음 그리고 두 선택

먼저 자아가 자신의 방향성을 인정하기로 마음을 정할 때, 즉 첫 번째 선택에 대해서 살펴보자. 자아는 방향성을 인정하는 순간부터 두려움/죄책감/불안을 경험하게 된다. 이것은 피할 수 없는 감정들이다. 이 감정들은 자아가 제 기능을 하고 있다는 증거이며, 악한 자아가 아니라는 반증이기도 하다. 악한 자아라면 느끼기 어려운 감정들이 바로 두려움/죄책감/불안이기 때문이다. (이 부분에서는 세 단어 중에 죄책감과 불안을 주로 사용할 것이다.)

자아의 의지적 선택으로 인해서 불러일으켜진 감정들, 특히 죄책감은 자아가 본인의 죄 된 상태를 이전보다 심각하게 인식(지)할 수 있도록 돕는 역할을 한다. 이전까지는 죄 된 방향성이 그저 막연하게 의식되는 정도의 지식수준이었을 것이다. "내가 너무 이기적으로 살았구나! 또는 "나는 좋은 아내/남편이 아니었구나!"하는 정도의 깨달음이었을 것이다. 그러나 이 깨달음을 의지적으로 인정하게 됨으로 인해서 경험하게 되는 죄책감은 한 차원 더 현실적으로 자신의 방향성을 경험하도록 한다. 어찌 보면 자신의 실체를 직면하는 순간이다. 그 전까지는 자신의 욕심에 붙잡혀서 한 번도 자신의 실제 모습을 객관적으로 볼 수가 없었을 것이다. 그러나 쓰디쓴 죄책감을 한껏 경험한 자아는, 자신이 현재 어디에 서 있고 어느 곳을 향해서 살아가고 있는지 체험할 수 있게 된다. 자신이 얼마나 자신의 욕구 충족만을 위해서 살아왔는지를, 얼마나 요구하며 살아왔는지를, 얼마나 외부 상황에 집착하며 살아왔는지를 현실(reality)로 경험할 수 있게 된다.

그러므로 희미했던 깨달음은 다음과 같이 좀 더 현실적으로 바뀌게 된다. "내가 내 욕심만을 채우기 위해서 나에게 너무 집착하며 살았구나!" 또는 "내 아내/남편을 사랑하기 보다는 나의 기대에 맞도록 그들에게 끊임없이 요구하며 살았구나!"가 얼핏 보기에는 별 차이가 없어 보이지만, 좀 더 객관적이고 관계적으로 자신의 방향성을 깨닫게 되었음을 발견할 수 있다. 다른 말로하면 자신을 좀 더 객관적으로 판단할 수 있게 되었고, 다른 사람의 입장에서 자신을 바라볼 수 있게 되었다. 이 변화의 결정적 이유는 바로 쓰디쓴 죄책감에 있다. 마치 죄책감이 자아의 볼을 세게 꼬집어서 졸고 있던 자아를 깨우는 것과 같다.

우리가 지·정·의의 관계를 앞에서 이미 살펴보았듯이, '의지의 선택은 사고와 감정의 내용을 수정할 수 있다'는 사실을 여러분이 기억해내기를 바란다. 또한 반대로 '사고와 감정이 선택(의지)의 순간에 영향을 주며, 선택의 영역을 한계지어 준다.'는 사실도 잊지 않기를 바란다.

우리는 바로 위 단락에서 의지가 자아의 방향성을 인정하기로 선택함으로써 감정이 영향을 받아 죄책감이 불러 일으켜지게 된 것을 보았고, 동시에 죄책감으로 인해서 사고의 내용도 보다 현실적으로 수정됨을 보았다. 그리고 사고 또는 감정의 변화된 내용은 다시 의지에게로 되돌아가서, 보다 정확한 판단을 내릴 수 있는 정보와 내용이 되어 줄 것이다.

다시 한 번 지·정·의의 순환 시스템을 정리하면, 자신의 방향성을 인정한 의지는 커다란 죄책감을 (감정을 통해서) 경험하게 되고, 선택의 결과로 죄책감을 체험한 자아는 자신의 방향성을 보다 현실적이고 진지하게 인식할 수 있게 된다. 이렇게 함으로써 방향성 인식이라는 의지의 선택이 자아의 감정과 사고를 수정하고 변화시키게 된다. 감정은 죄책감을 얻게 되고 사고는 보다 현실적인 지식을 얻게 된다. 그리고는 지·정·의 순환시스템에 따라서, 수정된 사고와 감정은 또 다시 새로운 선택의 가능성을 열어놓게 된다.

두 번째 선택, 자아가 자신의 방향성을 인정하지 않기로 마음먹을 때(책임회피)에 대해서도 살펴보자. 시인하지 않는다고 해서 불안(죄를 부인하기 때문에 '불안'을 사용하자)을 느끼지 않는 건 아니다. 하지만 이 자아는 인정했을 때보다도 훨씬 적은 양의 불안을 체험하게 된다. 자아의 의지가 죄를 인정하지 않기로 결정함에 따라서 사고와 감정은 더 진실과 멀어진 정보와 감정으로 수정 된다. 사고는 혼란을 겪을 것이다. 자아 방향성을 사고(지)가 의식했음에도 불구하고 의지가 그것을 부인하였기에 그 방향성에 대한 의식내용 또한 수정되어야 하기 때문이다. 감정도 역시 혼란을 겪게 된다. 정직한 감정을 표현했는데도 불구하고 의지가 부인했기 때문에 감정은 억제되고 숨겨지게 된다.

이와 같이 수정되고 억제된 사고와 감정의 정보는 고스란히 자아의 일부분이 되게 된다. 그리고 이처럼 현실로 부터 멀어진 사고와 감정의 내용들은 다음번 의지가 선택의 상황에 처하게 될 때 선택을 위한 밑거름이 된다. 이와 같은 상태가 반복될수록 사고와 감정의 기능은 약화되고 의지는 비대해지게 된다. 사고와 감정은 점점 현실과 멀어지게 되고 자아 안에서의 영향력은 점점 작아질 것이다. 반면 의지는 적은 양의 불안으로 인해서 좀 더 쉬운 선택을 하게 된다.

이제까지 두 가지의 선택방향을 살펴보았지만, 우리가 알아야 할 점은 모든 자아가 위의 두 가지 방법에 따라서만 움직이지 않는다는 사실이다. 중간 중간에 수도 없이 많은 변화와 변수들이 있기 때문이다. 다시 말하면 수없이 많은 선택방법과 순서에 따라서 각각의 자아는 자신만의 독특한 자아를 형성하게 된다. 그러나 동시에 모든 자아가 경험하는 한 가지가 있다. 그것은 양면성(ambivalence)이다. 쉽게 말하면 두 가지 방향성을 항상 가지고 있다는 것이다. 바깥으로 향하는 방향과 내면으로 향하는 방향이다. 두 방향은 자아의 상태와 상관없이 항상 존재한다. 아무리 밖으로 향하는 방향성이 큰 자아라 할지라도 내면으로 향하고자 하는 방향성도 언제나 가지고 있으며, 반대로 수십 년간 내면을 향해서 살아왔던 자아라 할지라도 밖으로 향할 개연성은 언제나 남아 있다. 실제로 모든 자아는 두 마음을 동시에 품고 살아간다. 자아의 양면성, 즉 두 마음과 그에 따른 잦은 방향 바꾸기가 신경증을 일으킨다. 두 마음으로 인해서 자아의 지·정·의가 약해지고 불일치를 경험하게 된다. 이처럼 자아가 제 기능을 하지 못하게 될 때 발생하는 정신적 문제가 바로 신경증이다.

3. 신경증적 우울증(Neurotic Depression)

위에서 언급한 첫 번째 자아 즉 자아가 죄를 인정(시인)하기로 선택하여 결국에는 감정이 비대해진 자아를 좀 더 깊이 살펴보자. 자신이 철저한 죄인임을 깨닫게 된 자아의 결국은 무자비한 죄책감에 눌린 무능력한 자아이다.

과도한 죄책감은 자아의 건강에 부정적 영향을 미친다. 먼저 감정을 비대하게 한다. 그것도 기분 나쁜 감정에 지배되기 때문에 결코 좋지 않다. 죄책감은 자아의 영역 중 의지에게도 강력한 영향력을 행사한다. 의지가 선택할 때마다 자아는 반복된 죄책감을 경험하게 되고, 그 결과로 의지는 자신의 선택에 자신감을 점차 잃어버린다. 이후 의지는 선택의 상황에서 주저하게 된다. 또 몰려올 죄책감에 미리 겁먹어 버린다. 그 결과 선택 상황 자체를 회피하게 된다. 그리고 어느 순간에 가서는, 더 이상 의지는 선택 상황에서 흥미를 갖지 못하게 된다. 선택하려 하지 않는 것이다. 다른 말로 표현하면 자아가 밖으로도 움직이지 않고, 내면으로도 움직이려 하지 않는 정체 현상을 경험하게 된다. 바로 이것이 우울증이다. 육체적 정욕에도 관심이 없어지고, 삶의 어떠한 기쁨도 추구하지 않게 된다. 음식, 직장, 심지어 성욕에도 관심이 없다. 신앙생활이나 사람과의 관계에도 흥미를 잃는다.

수영씨는 25세의 대학생이다. 남들이 가고 싶어 하는 아이비리그의 한 대학교에 다니고 있고, 외모도 전혀 빠지지 않는 매력적인 여성이다. 수영씨가 나에게 상담을 요청한 이유는 우울증세가 심하다는 이유였다. 학교도 중퇴하고 부모가 살고 있는 댈러스로 휴양 차 내려온 상태였다.
"저는 한 번도 우울 증세를 겪지 않았었고요. 항상 친구들이 주위에 많은 발랄한 학생이었습니다. 왜 이리 무기력하고 생기를 잃어버렸는지 정말 모르겠습니다." 내가 보기에도 수영씨에게는 그다지 큰 문제가 없어보였다. 나는 수영씨의 가족관계가 궁금해서 부모와의 관계는 어떤지 물어봤다.
"음…, 큰 문제는 없어요. 엄마는 좀 엄하지만 잘해주셨고, 아빠는 항상 내편이었어요." 수영이는 이 말을 하면서도 손을 계속 만지작거리고 있었다. 특히 엄마 얘기를 할 때는 더 불안해하는 기색이 있었고, 손도 더 만지작거렸다.
"엄마가 많이 엄하셨나 봐요. 엄마 얘기를 할 때마다 좀 불안해하는 것 같은데요?"
소파에 살짝 뛰듯이 자리를 고쳐 앉으면서 살짝 놀라 했다.
"제가 그랬나요? 사실은 엄마 때문에 댈러스에 올까 말까 고민 많이 했어요. 엄마하고 같이 있는 게 저는 좀 어색하고 불안하거든요."
"불안하다고요?"
"네. 어렸을 때부터 하도 많이 혼나서 엄마랑 같이 있으면 늘 불안하거든요. 엄마는 항상 내 잘못을 지적하면서 '이렇게 해! 저렇게 해야지!' 하면서 핀잔을 주거든요. 시집갈 나이가 다 된 지금도 그러는걸요, 뭐."
어려서부터 수영씨는 엄마로부터 자주 혼나면서 잦은 죄책감에 시달렸다. 심지어 대학에 가서까지도 성적이 떨어지면 어떡하나, 만약 졸업하지 못하면 엄마가 뭐라 하실까 걱정했다고 말했다. 그리고 우울증이 심해지는 시점에는 친한 친구들과 다투면서 심한 죄책감에 시달렸다고 말했다.

"어느 순간부터는 모든 게 귀찮아 지더라고요."

"점점 친구 만나는 횟수도 줄어들고, 사람들이 많은 곳을 피하게 되고 그랬어요. 집에 있는 시간이 점점 많아지고 나중에는 거의 방안에서만 살다시피 했거든요."

나는 수영씨와 어머니가 함께 하는 가족 상담을 진행했고, 두 사람 간에 깊은 대화를 갖게 했다. 심지어 어머니가 수영이를 심하게 때렸던 일들과 그로 인해서 수영씨가 받은 상처까지 얘기했다. 이러한 상담 과정에서 두 사람은 눈물로 자신의 잘못을 뉘우치며 용서를 구했고 서로를 진심으로 용서하고 하나 되는 경험을 할 수 있었다. 특히 당시의 감정과 현재의 감정을 서로에게 깊이 있게 표현하며 나누었다. 약 6개월간의 상담을 마치고 난 후에는 수영씨는 더 이상 우울 증세를 호소하지 않았고, 다시 학교로 돌아갈 수 있었다.

나는 수영씨를 보면서, 어렸을 때부터 받은 잦은 죄책감이 얼마나 수영이를 짓눌렀을까 생각해 보았다. 매일 불안해했을 것이다. 실제로 수영씨는 우울증과 함께 불안증세가 심했다. 특이한 점은 우울증을 앓기 전에는 감정이 풍부하고 기복이 심했다는 점이다. 그리고 우울증이 어느 순간 자신에게로 엄습해 왔다고 했다. 나는 수영씨의 우울증의 근본 원인은 과도한 죄책감과 그로 인한 자아정체현상(선택회피)이라 생각한다.

죄책감은 사람을 심하게 억누르는 반면에 또 감정적으로 예민하게 만든다. 감정 기복이 심하고, 실수에 민감하게 만드는 것이 죄책감이다. 실수하거나 잘못을 저지를 때마다 심한 감정의 변화를 느끼게 되고 그럴수록 더 불안해지고 소심해지게 된다. 우울한 자아가 느끼는 주된 감정은 죄책감과 불안이다. 그러다가 어느 순간에 한 사건에 의해서 (때로는 아주 사소한 문제도) 그것이 기폭제가 되어 자아가 움직임을 멈춰버리려 한다. 자아가 더 이상은 현재의 상태(문제)를 견뎌 낼 수 없다 판단하고 움직임을 멈추고 심하게 위축되는 신경증세이다. 우울증이 독일어로는 슈베르무트(schwermut)인데, 그 의미가 무거운 마음이다. 감정이 비대해지고, 죄책감에 눌려 움직이지 못하는 자아의 상태를 잘 표현하고 있는 단어이다.[5]

우울증을 정의하면, 감정(죄책감과 불안)의 횡포를 더 이상 견뎌내지 못하고 자아가 스스로를 방어하기 위해서 몸을 낮추고 숨죽여 지내려 하는 소심한 상태가 바로 우울증이라 말할 수 있다. 그러나 우울증이 갖는 더 큰 문제는 여기에 있다. 자아의 의지(의)가 자발적으로 움츠리는 것이 아니라, 수동적으로 움츠려 드는 것이다. 감정의 공격에 다른 두 영역인 의지와 사고, 특히 의지가 심하게 상처 받고 훼손된다. 결국에는 감정에 자아가 압도되고, 의지가 감정을 다스릴 수 없게 되어 수동적이 되었다고 표현할 수 있다. 이처럼 의지가 극심한 수동성을 갖게 되면, 우울증은 심해지고 더 긴 시간동안 지속된다. 일단 한번 의지가 극심한 수동 상태에 빠져들게 되면, 자아 스스로 헤어 나올 수 없게 된다. 우울증을 겪는 사람들의 특징은 심한 죄책감, 무기력감 그리고 절망감이다. 이것이 우울증의 무서운 점이다.

지·정·의 관계를 통해서 우울증을 더 깊이 있게 살펴보자. 우울증 환자는 앞에서 살펴본 것과 같이 감정이 심하게 비대해진 상태에 처해 있다. 그리고 비대해진 감정(정)의 에너지는 적절한 말이나 행동을 통해서 발산되어야 한다. 그러나 문제는 우울증을 격고 있는 자아는 그 감정을 건강하게 표현하지 못한다는데 있다. 왜냐하면 행동을 주관하는 의지(의)가 심하게 움츠려있기 때문이다. 그래서 대부분의 에너지는 무의식 속에 쌓이게 되고, 일부분은 사고(지)를 통해서 발산되게 된다. 즉 수많은 생각과 고민이 우울한 자아의 머릿속을 차지하게 된다. 꼬리에 꼬리

---

5) 폴 틸리히, 『존재의 용기』 (*The courage to be*), 차성구 역 (서울: 예영커뮤니케이션, 2006), 38.

를 물듯이 이어지는 끊임없는 부정적인 생각들은 부정적인 감정들을 불러일으키게 되고, 결국에는 의지를 더욱 소심하게 만든다. 이러한 현상이 자아 안에서, 특히 우울한 자아 안에서 순환하는 패턴으로 형성되는 경우가 대부분이다. 이 상태는 매우 비관적인 상태로서, 꼭 자아가 스스로 자학하며 막다른 골목에 갇혀 있는 것과 같다. 무지막지한 죄책감과 불안의 공격을 받으면서도 어찌할 수 없어 자포자기하고 당하고만 있는 상태가 바로 우울증이다. 이런 이유로 많은 우울증환자가 자살을 생각하고 적지 않은 숫자가 실제로 자살을 시도한다.

4. 강박증(Obsessive Compulsive Disorder)

두 번째 선택, 자아가 자신의 방향성을 인정하지 않기로 선택하여 결국에는 의지가 비대해진 자아를 좀 더 살펴보자. 자아는 죄 의식을 부인함으로 인해서, 사고와 감정이 심하게 훼손된다. 왜냐하면 의지의 선택은 사고와 감정을 변화시킬 수 있기 때문이다. 일단 부인하기로 결정하게 되면, 감정이 표현한 불안은 무시되고 억제된다. 그리고 사고가 의식한 죄의 정보도 무시되거나 적어도 왜곡된 수정과정을 거치게 된다. 이렇듯 의지가 분명한 죄의 현실을 인정하지 않으면서 지·정(사고와 감정)은 더욱 혼란에 빠지고, 반대로 의지는 더욱 강화된다. 이처럼 의지가 필요 이상으로 비대해지는 반면에 감정과 사고가 왜곡되고 축소되면, 자아는 강박증 증세를 갖기 쉬워진다. 죄를 부인하는 자아의 종착점은 강박증이다.

> 45세의 태완씨를 만난 건 약 2년 전의 일이다. 태완씨는 본인이 미친 것 같다며, 상담소를 찾아왔다.
> "선생님 제가 좀 이상해요. 문을 금방 닫고 나왔는데, 자꾸 문을 열고 나온 것 같은 기분이 들어서 몇 번이고 가서 확인하고 또 확인하고 그러네요. 제가 좀

이상한 거죠?"

여전히 태완씨의 눈빛과 얼굴표정은 어울리지 않았다.

"저에게 좀 더 자세하게 느낌을 설명해 주세요."

"분명히 문 닫고 나왔거든요. 기억이 나요. 근데 자꾸 문이 열린 것 같은 느낌이 드는 거예요. 무시하려고 해도 그런 느낌이 드니까, 불안한 거예요. 그러면 그때부터 문이 열렸나 보다 생각이 들어요. 그 생각을 떨쳐 버릴 수가 없어요. 하여튼 굉장히 이상해요. 헷갈리고요. 어떻게 해야 하나요? 고칠 수 있나요?"

나는 태완씨가 어떤 환경에서 자랐고, 커왔는지 궁금했다. 왜냐하면 신경증은 오랜 과정을 통해서 점차적으로 발전하기 때문이다.

"학교생활에 대해서 말씀 좀 해주세요."

"저는 정말 공부를 열심히 했어요. 저희 집이 가난했고, 미국에서 살아남기 위해서는 정말 많이 노력을 해야 했거든요. 남이 뭐라고 하든, 체면도 따지지 않고 열심히 돈을 벌었습니다. 결혼도 하고 그럭저럭 살았는데, 이혼하면서부터 지금 증세가 나타나기 시작했어요."

"이혼하고 난 이후로요?"

"네. 전 처가 항상 하던 말이 있어요. 제가 '자신밖에 모르는 이기적인 사람이다. 돈밖에 모른다.' 이런 말이었어요. 그러더니 어느 순간 이혼하자고 하더라고요."

"이혼을 예상하지 못하고 있었나보군요?"

"전혀요. 순식간에 이혼 당한 거죠. 그리고 나서부터 제가 이상해지기 시작했어요. 이상한 느낌이 들면서요. 이혼하고 관련이 있는 것 같기는 한데, 저는 잘 모르겠네요."

태완씨의 경우는 전형적으로 의지가 크고 상대적으로 사고와 감정이 작고 억눌린 자아를 가진 사람이다. 태완씨의 말처럼, 그는 부지런한 사람이다. 가난을 벗어나보려고 부단히 노력한 40대의 남성이다. 문제는 그가 감정이 느끼는 죄책감을 평생 부인하며 살아왔다는 점이다. 돈이라면 체면도 따지지 않았다는 그의 말처럼, 사회생활 속에서도 불안을 회피한 채 살았고, 그의 가정생활 속에서도 동일했다. 전 부인에게 그가 이기적인 사람으로 보인 것은 당연한 결과이다. 부인과의 관계가 위태로워지자, 태완씨의 감정이 그것을 불안으로 느끼고 경고 사인(sign)을 보냈지만, 그의 태도는 동일했다. 무시와 묵살이었다. 이런 그가 가정 안에서 감정을 표현하고 사랑을 표현하는 남편이었을 리 없다. 오직 돈을 위해서만 살아가는 이기적인 사람이었다.

좀 더 깊이있게 태완씨의 자아를 들여다보자. 그의 자아 중에서 의지가 가장 큰 비중을 차지하고 있었고, 감정은 가장 작았다. 그리고 표출되었던 감정들(불안, 수치심 등)은 계속해서 억제되어서 한쪽 편에 감춰져 있었다. 사고도 역시 의지의 횡포에 많이 왜곡되고 훼손되었다. 이러한 태완씨에게 이혼이라는 예상치 못한 큰 사건이 발생하게 되었고, 그 사건에 큰 충격을 받은 태완씨는 순간적으로 의지가 위축되고 결국에는 감정과 사고에 대한 통제권을 상실하게 된 것이다. 이러한 혼란을 틈타서, 그동안 의지의 독재로 억눌려 있던 감정이 이제는 불쑥불쑥 표현되기 시작했다. 오랜 동안 억눌렸던 감정이기 때문에 정확하지 않고 혼란스럽게 표출되었다. 이럴 때 사고가 건강해서 왜곡된 감정표현을 바로잡아줄 수 있으면 좋겠지만, 태완씨의 사고 역시 심하게 훼손된 상태이기 때문에, 감정의 횡포에 혼란스런 생각만 많아졌다.

태완씨가 겪은 혼란을 예를 들어 설명해 보자. 태완씨는 본인이(의지가) 문을 잠그는 행동을 했음에도 불구하고, 부정확하고 혼란스런 감정이 그를 앞도하게 되어, 문을 잠그지 않은 것처럼 느끼게 되었다. 여기에 사고마저 정확한 정보를 주지 못하기 때문에 태완씨가 문을 잠그지 않았다고 반복해서 생각하게 되었다. 결국 혼란에 빠진 의지는 자꾸 문 닫는 행동을 반복하게 되는 것이다. 부정확한 감정과 사고의 표출이 의지와 심하게 부딪히면서 강박증이라는 신경증 현상을 유발하는 것이다.

심리학에서 강박증을 진단할 때, 두 가지 문제를 가장 중요시 한다.

첫 째는 강박관념으로서 통제되지 않는 생각에 사로잡히는 상태이며, 두 번째는 강박행위로서 통제되지 않는 행동을 반복 표현하는 것이다. 이처럼 강박증의 두 가지 요소가 강박관념(지)과 강박행위(의)로 알려져 있지만, 무시할 수 없는 또 다른 요소는 감정(정)의 혼란과 절제되지 않는 강박표출이다. 결론적으로 강박증을 정의하면 자아가 본인의 방향성을 부인함으로 인해서 나타나는 지·정·의의 불일치이며, 특히 감정과 사고의 혼란과 비대해진 의지의 결과로부터 오는 신경증의 한 형태이다.

만약에 태완씨가 이혼을 경험하지 않고, 계속해서 의지가 사고와 감정보다 우위를 점하는 상태를 유지할 수 있었다면, 태완씨의 자아는 완벽주의적 성향을 띠게 되었을 것이다. 완벽주의는 의지가 비대하게 커지는 자아의 극단적인 성향이다. 사고와 감정으로부터 더 자유로워진 의지는 자아를 더욱 더 육체적이고 바깥쪽으로 끌고 나간다. 더 사물에 집착하게 되고, 더 육체를 탐욕하게 된다.

아무리 자아가 자신의 방향성을 부인하려해도 또 아무리 사고와 감정이 약해졌다 해도, 불안/죄책감은 끊임없이 형성되어 표출된다. 그리고 불안/죄책감이 크면 클수록, 의지는 자신의 주위에 있는 사물을 더 통제하려는 경향을 갖게 된다. 다른 말로 표현하면 의지는 더 완벽성을 추구한다. 더 깨끗이 쓸고, 닦고, 정렬하고, 집착한다. 조금만 불완전한 상황을 보거나 경험하게 되면, 의지는 밀려오는 불안을 거부(해결)하기 위해서 더욱 더 표면적인 행위에 집착한다.

완벽주의는 계속해서 밀려오는 불안을 해결하기 위해서, 불안의 대상을 감정적인 불안에서 자아의 주위에 있는 사물 또는 사람에게로 전이(transference)시킨다. 왜냐하면 불안은 해결하기 어려운 반면, 주위의 환경은 자신의 의지를 발동해 보다 쉽게 해결할 수 있는 만져지는 물체이기 때문이다. 사실 보이지 않는 불안을 보이는 환경에 전이시키는 행위는 자아의 처절한 그러나 건강하지 못한 노력에 불과하다. 완벽주의자는 다음의 말을 쉴 새 없이 되풀이 한다. "이것은 행해졌고, 저것은

행해지지 않았다." 먼지 하나 용납되지 않고, 남의 실수 하나 용납하지 않는다.[6]

 자아의 방향성을 부인하는 자아가 도착하게 될 최종 목적지는 강박증이거나 완벽주의이다. 어떤 면에서 이 둘은 종이 한 장의 차이와 같다고 할 수 있다. 자아의 의지가 독재자의 역할을 지속하느냐, 하지 못하느냐의 차이일 뿐이다. 강력한 독재행세를 계속할 때는 완벽주의 성향으로 나타나며, 감정의 공격으로 독재체제가 위협을 받고 급기야 혼란이 발생할 때는 강박 증세로 발전한다. 그래도 둘이 가지는 공통분모는 강력한 의지가 어떠한 모양으로든 현재의 독재체제를 유지하기 위해서 극심한 노력으로 몸부림을 친다는 점이다.

5. 중독(Addiction)

 내면대폭발(Deep Bang)을 통해 구분하면, 중독도 신경증으로 분류된다.[7] 중독을 자아의 방향성으로 이해하면, 참 독특한 신경증임을 깨닫게 되는데, 자아의 양면성을 지속적으로 반복하면서 순환하기 때문이다. 꼭 다람쥐가 쳇바퀴를 돌리듯이 자아가 방향성을 내면에서 외부로, 반대로 외부에서 내부로 바꾸는 행위를 반복한다. 그리고 일단 이 순환 고리에 깊이 빠진 자아가 그 순환 고리를 혼자 힘으로 끊어버리기란 결코 쉽지 않은 일이다.

---

6) 완벽주의는 죄를 인정하기로 한 자아에게도 나타난다. 이 완벽주의는 종교성을 띤 종류의 것으로서 많은 죄책감에 시달리고, 이로 인해서 자아가 행위와 외모에 집착하게 된다. 종교적 완벽주의의 특성은 비대해진 감정으로 인해서 많은 죄책감을 느낀다는 점과 동시에 교만한 자아가 죄책감과 힘겹게 싸운다는 점이다. 종교성을 띤 완벽주의는 더 고통스럽고 신경증적인 성향을 갖는다.
7) Lacan과 같은 심리학자는 정신질환을 신경증, 정신병, 그리고 중독 세 가지로 구분하기도 한다.

1) 공통된 특성들

 나는 개인과 그룹 상담 안에서 다양한 성중독자들을 만나보았다. 여러 인종의 사람도 만났고, 나이도 20대에서 60대에 이르기까지 만났다. 그러나 내가 남자인 관계로 아직까지 여성 성중독자를 만나보지는 못했다. 비교적 다양한 성중독자들을 만나보았지만, 그들이 보여주는 신경증은 거의 동일했다. 신기할 정도로 똑같은 패턴에 순서까지, 그리고 파생되는 문제들에서도 공통점을 많이 발견할 수 있었다.
 첫째, 이들은 지독한 죄책감을 경험한다. 분명한 것은 불안이라기보다는 죄책감으로 경험한다는 점이다. 이런 면에서 이들은 종교성이 많은 사람들이다. 상담에 찾아오는 대부분의 성중독자들은 죄책감을 해결받기 위해서 온다. 물론 아내나 부모에게 현장에서 발견된 후에 그들의 강압에 떠밀려 찾아오는 사람들도 더러 있지만, 동일하게 이들도 심한 죄책감에 시달린다. 어느 정도의 죄책감이냐면, 다시는 성에 중독되지 않겠다는 맹세를 수도 없이 하게 되고, 어떤 사람은 소장하고 있던 음란서적과 비디오테이프를 불사르기까지 한다. 그리고 훨훨 타오르는 책과 테이프를 바라보면서 다짐한다. 다시는 유혹되지 않으리라. 하나님께 맹세코 음란사이트에 들어가지 않으리라 맹세하고 또 맹세한다. 성중독자들이 느끼는 죄책감의 무게는 우리의 상상을 넘어선다.
 둘째, 성중독자들은 공통적으로 심한 성적 유혹을 경험한다. 일반인보다 예민하게 발달된 감각을 통해서 성적 유혹에 민감하게 반응한다.

> 마이클은 45세의 성중독 백인 남성이다. 마이클은 출석하고 있는 교회에서 중직을 맡고 있는 충직한 교인이다.
> 성중독 그룹에 처음 오게 되면, 보통 소개를 부탁 받는다.
> "오늘 처음 오셨는데, 본인 소개를 부탁드리겠습니다."
> "이름은 마이클이고요. 올해 45세이고, 인터넷 성중독이 되어서 도움 받고자

왔습니다."

마이클은 비교적 점잖은 말투로 본인소개를 해나갔다. 하지만 마이클은 소개하는 줄곧 마루만 쳐다볼 뿐 나나 다른 멤버와 눈 마주치길 피하고 있었다.

"새벽 2시 즈음에 몰래 거실에 나와서 포르노 사이트를 보고 있다가 제 아내에게 들켰습니다. 그리고서 한참을 고민하다가 이곳을 찾아왔습니다."

보통의 경우처럼 마이클도 한 사건을 통해서 충격을 받고, 상담소를 찾아온 것이다. 나는 언제부터 성중독과 관련된 행동들을 했는지 조심스럽게 물어봤다.

"음…, 한참 되었지요. 아마 결혼 전부터였을 겁니다. 맨 처음에는 음란서적을 보기 시작했어요. 그러다가 비디오도 사서보고 요즘은 음란 사이트에 들어갑니다. 저도 놀랐습니다. 꽤 오랫동안 그러고 있었네요?" 머리를 살짝 긁으며 마이클은 얘기했다.

"제가 자주 들어가는 사이트 이름이 엔조이:ENJOY(가명)인데요. 길거리를 가다가 엔조이라는 이름만 봐도 심한 유혹을 경험합니다. 그렇게 한번 발동되면, 제 머리 속에서 그 유혹을 떨쳐 버릴 수가 없습니다. 집에서도 컴퓨터 옆에만 지나가도 예전의 느낌이 살아 올라오는 듯하거든요. 그럴 때마다 큰 수치심을 느낍니다."

"혹시 어렸을 때, 성적인 접촉이나 좋지 않은 경험은 없었나요?"

"이 얘기는 단 한 번도 남에게 해본 적이 없습니다. 오늘이 정말 처음입니다만, 초등학생 때, 옆집 형이 저에게 성적인 장난을 좀 쳤습니다. 하지만 뭐 그리 큰일도 아니었고요. 저는 별로 신경 쓰지도 않습니다."

마이클이 말한 것처럼 대부분의 성중독자들은 충동적이고 강한 성적 욕구를 경험한다. 특히 시각과 청각과 관련 되서 비슷한 색깔이나 이름이나 상황에 처하게 되면, 심한 성적욕구가 치솟아 오르는 것을 경험한다.

셋째, 그들은 과거의 즐겁지 못한 성적 경험(성적 비밀)있다. 모든 성중독자들이 가지고 있는 것은 아니다, 하지만 상당수의 성중독자들이 누구에게도 털어 놓지 못한 성적 비밀을 가지고 있는 것은 사실이다. 마이클의 경우도 마찬가지이다. 그는 대수롭지 않게 여긴다고 했지만, 나에게 자세한 내용을 얘기하지 않았고, 그 의미는 그에게 대수롭지 않은 일은 아니다 라는 것을 반증하는 것이다. 이 비밀은 성중독자들의 죄책감과 깊은 관련이 있는데, 이 부분은 나중에 더 알아보자.

넷째, 그들은 반복되는 패턴 속에서 벗어나지 못한다는 것이다. 성적 방출, 죄책감, 유혹 경험, 계획 짜기, 그리고 다시 성적 방출을 지속적으로 반복한다. 그리고 이 패턴은 짧게는 매주, 길게는 수년에 한 번씩 다시 찾아온다. 공통점은 반복되는 패턴을 경험하지만 벗어나지 못한다는 점이다. 이 외의 성중독자들이 동일하게 경험하는 패턴이나 동일하게 느끼는 감정들을 다 적게 되면 책 한 권은 거뜬히 나올 것이다. 그만큼 성중독은 동일한 신경 증세를 많이 가지고 있다.

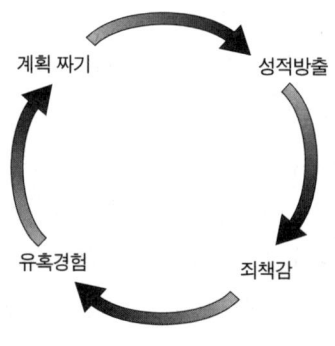

[그림 9] 성중독자의 패턴

2) 순환 반복되는 두 마음

위의 내용이면, 여러분이 성중독을 보다 잘 이해하기 위한 충분한 밑거름이 되었으리라 생각한다. 맨 처음에 언급했듯이 성중독을 이해하는 핵심은 자아가 양면성을 계속해서 반복한다는 점이다. 자아의 방향성이 밖으로 향했다가 다시 내면으로 향하고 또 다시 밖으로 향하는 순환을 반복한다. 이러한 종류의 신경증은 중독이 유일하다. 자아가 성적 욕구에 집착하게 되고 그것을 행동으로 표출하게 되면, 그 순간의 쾌락은 다른 모든 것을 잊을 수 있게 한다. 심지어는 자아가 느끼는 내적갈망이 어느 정도 충족되는 듯 한 착각이 들 정도이다. 이러한 착각의 극단적 방법은 마약 중독이다.

그러나 문제는 그 다음부터이다. 자아는 그 쾌락의 절정만큼이나 죄책감에 시달리게 된다. 내면 중심에서 멀리 나간 만큼 자아는 많은 양의 죄책감을 느낀다. 죄책감의 양을 결정하는 또 다른 원인은 중독자의 종교성에 있고, 다른 하나는 얼마나 비밀스런 의식이었느냐에 있다. 종교성이 큰 사람일수록 죄책감은 클 것이며, 앞에서 언급했듯이 하나님이 벌할지도 모른다는 두려움으로까지 느낄 수 있다. 그리고 아무도 모르게 행하는 현재의 비밀의식이 과거의 경험한 기분 좋지 않은 성적 비밀과 뒤섞이면서 묘한 죄책감을 형성하게 되는데, 이로 인해 죄책감은 배가 된다. 마이클의 예에서 볼 수 있듯이, 과거의 부적절한 성적 경험 때문에, 현재의 성적 비밀의식이 더 비밀스러워지고, 더 감정적으로 예민하게 하고, 더 큰 죄책감을 불러일으킨다.

이때 중독자들은 자신이 내면으로 다시 되돌아가겠다는 의식을 거행한다. 하나님께 대한 맹세나 극단적인 행동들이 예이다. 이때만 해도 자아의 의지는 마지막 남은 힘까지 다 쏟아내면서 내면으로 향하고자 한다. 그러나 동시에 가장 멀리까지 나가서 쾌락을 경험한 적이 있는 감정은 예민할 대로 예민해져 있기 때문에, 민감한 감각들을 더듬이 삼아 다시 쾌락을 찾아 나선다. 시간이 지나면 지날수록 감정은 더욱 예민해지고, 아주 작은 정보라 할지라도 결국은 잡아내고야 만다. 일단 감정이 다시 쾌락의 정보와 연결이 되면, 그때부터는 자아의 의지와 상관없이 내면을 등지고 쾌락의식을 준비하기 시작한다. 감정에 지배당한 의지는 갈등하면서 끌려가는 듯 하지만, 어느 순간부터는 의지가 적극적으로 준비 작업에 열중한다. 그리고 결정의 순간에는 또 다시 성적 표출을 단행하고 만다. 중독은 감정과 의지의 밀고 당기는 끝없는 싸움으로 표현할 수 있다. 그러나 항상 감정이 승리하게 되는 이유는, 의지가 비밀스럽게 쾌락을 즐기고 있기 때문이다. 중독의 과정을 면밀히 지켜보면, 철저하게 회심하지 못한 종교인들을 보는 듯하다. 한쪽 발은 하나님께 걸쳐 놓고 다른 발은 쾌락에 걸쳐 놓고서는, 그 사이를 왔다 갔다 하면서 쾌락을 즐기고 있다. 자아의 교활한 양면성을 너무나 적나라하게 드러내주는 예가 중독이다. 너무 직설적인 표현이지만, 중독자는 자신의 종교성을 이용해서 쾌락을 더욱 극대화 시킨다.

솔직히 중독자는 내면으로 향하고 싶은 마음보다 육체를 탐하고 싶은 마음이 훨씬 더 많은 사람이다. 중독자는 이 세상의 어떤 사람보다도 가장 큰 쾌락을 즐기며 살고 있다. 반면에 종교성이 적은 사람에게서는 중독성향이 보다 적게 나타난다. 그 이유는 죄책감을 비교적 적게 느끼기 때문이다. 다른 말로 하면, 자아가 육체적이고 현실적인 것을 추구하면서 불안함을 크게 느끼지 않는다. 그러므로 순환하는 패턴이 만들어지지 않는다. 그리고 정신분석 심리학이 추구하는 목적 가운데 하나는 자아가 느끼는 죄책감을 덜어주는 것이다. 자아가 죄책감을 덜 느낄수록 자아가 신경 증세를 덜 겪게 되기 때문이다. 만약에 당신이 결혼 안에서 성적 충족을 경험하지 못한다고 가정하자. 그리고 자꾸 외도를 할까 고민하면서 죄책감에 시달려서 정신과 의사에게 찾아간다면, 많은 정신과 의사는 다음과 같이 처방 할 것이라 예상된다. "나가서 외도를 하세요. 그리고 죄책감을 겪지 마세요. 외도보다 죄책감이 당신 정신건강에 더 치명적입니다." 사실 이 방법은 하나님을 믿지 않는 사람들에게는 납득할만한 것이며, 실제로 죄책감을 줄일 수 있는 방법이기도 하다.

그러나 내면대폭발에 의하면, 자아를 죄책감으로부터 해방시키는 정신분석학적 치료의 최종 목적지는 악한 자아이다. 죄책감에서 해방된, 교만하고 교활한 이기주의자이다.

6. 중간지대: 불안증(Anxiety Disorder)

약 2년 전에 막내아들 인호가 갑자기 이상한 행동을 하기 시작한 적이 있었다. 잘 때마다 아랫입술을 지그시 물고 빠는 버릇이 생겼고, 기회만 있으면 손을 넣어서 엄마 가슴을 만지작거렸고, 엄마로부터 일순간도 떨어져 있지 않으려고 했다. 잠깐만 엄마가 안보여도 울고불고 하며 불안해했다. 누가 봐도 그것은 초기 불안 증세였다. 한국에 방문하기 전까지만 해도 그토록 순하고 안정적이었던 인호가, 한국에 있던 3개월 동안 너무 많이 변해서 온 것이다. 아내의 이야기를 듣고 난 후에 알게 된 사실은 인호가 엄마와 떨어진 채 홀로 할아버지 댁에 약 2개월 동안 머물렀었고, 그 이후로 불안해하며 엄마에게 집착한다는 것이었다. 그리고 할머니 말씀이 인호가 머물었던 2개월 동안 엄마 사진을 들고 다니며 엄마를 찾았었고, 인호가 혼자 놀다가 가끔씩 먼 산을 바라보며 우울한 기색을 보였었다는 것이다.

한 살배기 아기가 두 달 동안이나 엄마와 분리되어 지냈으니, 어찌 보면 당연한 결과이다. 젖 뗀지 몇 개월도 안 된 상태였으니, 인호에게는 엄마가 세상 전부와 같은 존재였을 것이다. 그런 엄마와 분리되었으니, 얼마나 무섭고 불안했을까 상상해 보라. 점점 커지는 불안 속에서 인호가 선택할 수 있는 해결책은 자신의 아랫입술을 빠는 것이었다. 잃어버린 엄마의 젖에 대한 욕구를 대신해서, 자신의 육체 중에서 가장 쉽고 가까이에 있는 아랫입술을 빠는 것이었다. 쉽게 표현하면 엄마의 빈자리를 스스로 해결해보려는 자아의 처절한 노력인 것이다.

1) 불안의 특성들

나에게 그리 즐거운 일은 아니지만, 인호가 보여준 불안 증세를 자세히 살펴보자. 그렇게 함으로써 불안에 대한 몇 가지 중요한 사실을 발견할 수 있을 것이다.

　인호가 선택한 행동들은 이미 형성되어 있는 자아의 내면상태를 해결하기 위해서 선택된 행동에 불과하다는 것을 알 수 있다. 인호의 내면이 이미 불안을 느꼈기 때문에, 그 해결책으로 아랫입술을 빨고, 엄마의 젖을 만지고, 엄마와 떨어지는 것을 싫어하는 것이다. 즉 감정이 불안을 느낀 것이 먼저이고, 그 다음에 의지의 선택이 뒤따른 것이다. 따라서 불안을 깊이 이해하기 위해서는 겉으로 드러난 행동보다는 이미 형성된 내면의 불안이 어떤 이유로 발생하고, 어떻게 형성되는지 알아볼 필요가 있다.

　'왜 인호의 감정은 불안을 느꼈을까?'
　'불안의 원인은 무엇인가?'
　물론 가장 쉽고 분명한 대답은 엄마와의 분리이다. 그 분리 사건으로 인해서 인호는 불안을 느꼈다. 하지만 이 대답은 너무 뻔하다. 그저 원인과 결과를 말한 것에 불과하다. 시작과 끝 부분만 설명하고 중간 부분은 쏙 빼놓고 설명한 것이다. 뻔히 보이는 현상만으로는 복잡한 불안을 설명할 수 없을 뿐더러, 이해하는데 별로 도움이 되지 않는다.

　그렇다면 숨겨진 중간부분을 살펴보자.
　분리 사건이 어떤 과정을 거쳐서 감정에 불안을 일으키는 것일까?
　분리가 발생하고 난 후에, 인호가 그 사건을 어떻게 받아들이고 또 어떤 과정을 거쳐 가며 불안을 형성해 내는 것일까? 사실 여기에 불안의 가장 기초적인 특징들이 숨겨져 있다.

　인호가 엄마와 분리된 후에, 그 사실을 처음으로 인식한 순간에 인호가 느낀 감정은 불안이 아니었다. 가장 처음 느끼는 감정은 순간적인 놀라움, 두려움, 무서움 등 이었을 것이다. 이와 같은 두려움의 감정을 느끼는 가운데에서 인호는 엄마를 기다렸을 것이다. 엄마가 언제나 올까? 한 시간이 지나도 오지 않고, 두 시간, 세 시간, 하루, 이틀… 점점 인호는 미래의 일들을 걱정하면서 불안한 감정을 키워갔을 것이다. 그리고 마침내 엄마를 다시 만났을 지라도, 인호는 여전히 다시 엄마와 분리될 것을 미리 걱정함으로써 불안해했다. 이와 같이 불안의 가장 큰 특징은 미래 지향적이라는 점이다.[8] 미래에도 자신의 욕망이 채워지지 않으면 어떻게 하나하며 걱정하는 것이다. 어떤 사람도 과거에 발생한 일을 불안해하지 않는다. 그러나 미래에 발생할 지도 모르는 것을 불안해하는 것이다. 결론적으로 불안은 내일 일을 미리 걱정하는 것이다.

엄마와 분리된 그 순간에는, 인호가 엄마라는 존재를 찾았을 것이고, 다시 만나고 싶어 했을 것이다. 길을 잃어버린 아이가 엄마, 아빠를 찾아 헤매는 것과 같은 이치이다. 그러나 시간이 지나면서, 인호에게는 아주 특별한 현상이 발생하게 된다. 그것은 인호(자아)가 잃어버린 엄마라는 존재의 자리를 채우기 위해서 스스로 노력하는 현상이다.[9]

맨 처음에는 엄마 자체를 찾았었지만, 자아의 방향성(외부로 향하려는 자아의 성향)으로 인해서 엄마의 자리를 다른 비슷한 것으로 대체하기(replace) 시작한다. 인호의 경우에는, 엄마 대신에 엄마의 젖을 욕구하는 것이다. 엄마가 생각나고 보고 싶을 때면 엄마의 젖을 욕구하면서 엄마의 빈자리를 채우려고 노력하는 것이다. 이런 이유로 인호가 젖 대신에 아랫입술을 빨아대는 것이다. 이것은 자아가 만들어내는 매우 특이한 현상으로서, 관계적 갈망을 육체적 욕망으로 대체하는 것이다. 이러한 대체현상[10]은 너무나도 당연한 것으로서, 아무리 어린 아이라 할지라도 아주 능숙하게 해낸다. 이것이 불안의 두 번째 특징이다.

본래부터 타고난 죄성(방향성)으로 인해서, 자아는 엄마의 빈자리를 보다 쉽게 해결할 수 있는 만져지는 육체로 대신 채우려 한다.[11] 이런 이유로 인호는 엄마의 젖을 만지는데 집착하게 되고, 동시에 자신의 아랫입술을 빨아대는 것이다. 이 대체현상으로 인해서 많은 사람들은 자신

---

8) 폴 틸리히, 『존재의 용기』, 72.
9) Ernest Becker, *The Birth and Death of Meaning* (New York: The Free Press, 1971), 50.
10) Frued는 이것을 고착(fixation)이라는 개념으로 설명하고 있다.
11) 폴 틸리히, 『존재의 용기』, 73.

이 왜 불안해하는지 정확한 이유를 모른다. 단지 앞에 놓인 욕구를 채우지 못하면 어떻게 하나 하며 불안해하는 자신을 인식할 뿐, 그 이면에 숨겨진 진정한 불안의 이유는 잘 모른다. 대체욕구에 집착하기 때문에 자아는 그 이면에 숨겨진 본래 빈자리를 쉽게 잊어버린다. 이런 이유로 불안은 해결받기 어려운 것이다.

언제나 그렇듯이 불안은 근본적인 대상이나 문제를 향해서 형성되는 것이 아니라, 항상 2차적인 대상을 향해서 발생한다. 이것이 세 번째 특징이다. 자세히 관찰해 보면, 인호가 불안해하는 진정한 이유는 엄마라는 존재와 분리되는 것이 아니라, 자아가 집착하고 있는 욕망(젖)을 채우지 못할까봐 불안해하는 것이다. 엄마의 빈자리를 욕망으로 대신하려 하다가, 엉뚱하게도 욕망을 채우지 못하면 어쩌나 하고 걱정하는 것이다. 이것은 마치 밥상을 차리던 주부가 부족한 접시를 빌리러 이웃집에 갔다가, 돌아오는 길에 접시가 깨질 것이 어쩌나 걱정이 되는지, 차마 집에 돌아오지 못하고 접시만 붙잡고 불안해하는 것과 같다.

얼마나 불쌍한 여인인가? 그러나 슬픈 현실은, 이것이 우리의 실제모습이라는데 있다. 불안의 원래 이유는 잊어버리고, 2차, 3차… 대상을 향해서 불안이 형성되는 것이다. 이런 이유로 두려움은 뚜렷한 대상이 있는 반면에, 불안은 분명한 대상 없이 발생하는 감정이라고 말한다.[12]

앞에서 살펴본 바와 같이 불안은 매우 독특한 감정이다. 미래 지향적이고, 대체된 욕망에 집착하는 것이고, 2차적인 대상을 향해서 발생한다는 점에서 다른 감정과 구분된다. 또한 이러한 이유로 불안은 자아 자신에게 매우 부정적인 영향을 끼친다. 실제로 일어나지 않은 상태를 미리 걱정하기 때문에 부정적이고, 육체적 욕망에 집착하게 되니 부정적이고, 그리고 해결 가능하지 않은 허상(2차적 대상)에 적용되는 감정이기 때문에 보다 더 부정적이다.

불안은 단 한 순간도 자아에게 긍정적일 수 없다. 불안을 느낄 때마다

---

12) 폴 틸리히, 『존재의 용기』, 71.

자아는 내면과 반대되는 방향, 욕망을 향해서 점점 바깥으로 나가게 되기 때문이다. 키에르케고르는 불안이 인간을 발전시키는 동력과 같은 역할도 해왔다고 평가하지만,[13] 불안으로 인해 인류가 나아간 방향은 언제나 하나님과 멀었다. 불안은 인간의 영혼을 좀 먹는 벌레와 같다.

2) 불안의 근본적인 이유는 하나님과의 분리에 있다.

'불안을 너무 부정적으로 평가하는 건 아닌가?' 하고 질문할 수도 있겠지만, 아직 끝나지 않았다. 불안이 자아에게 치명적일 수밖에 없는 이유가 한 가지 더 있다. 그것은 불안이 발생하는 가장 원초적인 이유가 하나님에게 있는데, 인간이 하나님을 잊어버린 것이다.[14] 여러분도 앞선 '두려움·죄책감·불안' 장에서, 하나님과 분리된 자아가 최초로 느낀 감정이 두려움이었다는 사실을 기억할 것이다.

그러나 자아가 내면으로 향할 수 없는 운명적 상태로 인해서 육체와 외부에 집착하게 되었고, 세대를 거쳐 가면서 하나님을 잊게 된 자아는 점점 불안을 경험하게 되었다. 두려움의 원래 대상이었던 하나님을 잊어버림으로 인해서 그 두려움이 불안으로 바뀐 것이다. 이처럼 불안의 원초적인 이유가 하나님과 관련된 것이었음에도 불구하고, 인간들은 대체현상을 계속 반복하면서, 하나님이 아닌 수많은 다른 대상과 환경들로 인해서 불안을 경험하기 시작한 것이다. 인호의 예와 같이 엄마와 분리가 가장 빈번한 것이고, 이 외에도 학업, 일, 실패, 사고, 거절 등과 같은 것들에도 불안을 경험하게 되었다.

그러나 우리가 분명히 기억해야 할 것은 불안의 근본적인 이유는

---

13) 보르빈 반델로브, 『불안, 그 두 얼굴의 심리학』 (*Das Angstbuch*), 한경희 역 (서울: 뿌리와 이파리, 2008), 27.
14) "사람들은 하나님을 잊어버렸어(Men have forgotten God.)" 1983년 Alexander Solzhenitsyn이 템플턴상 수상 연설에서 한 대목으로서, 이후에 유명해진 말이다.

하나님과의 분리로 인해 형성된 텅 빈 공간에 있다는 점이다.[15] 자아가 그 공간을 다른 것들로 채우려 하지만 그 채워지지 않는 욕구로 인해서 불안을 경험하는 것이고, 불안이 심할수록 자아는 더욱 배고파하며 밖에 놓인 욕구대상들을 향해 움직인다. 꼭 자아가 불안해하며 어찌할 바 몰라서 이곳저곳을 향해서 헤맨다고 표현할 수 있다.

이러한 불안 증세가 정도를 넘어서 심해졌을 때, 우리는 이것을 불안증이라고 부르며, 좀 더 전문적인 용어로 구분한다면 범불안증이다. 비록 심리학에서는 범불안증에 특별한 원인이 없다고 말하지만 거기에는 분명한 이유가 있다. 그것은 하나님과의 분리이다.

3) 불안증 치료

따라서 불안증을 치료하기 위해서는 영혼의 빈 공간을 본래의 주인으로 메워야만 한다. 하나님 외에 그 어떤 것으로도 인간의 불안을 근본적으로 해결할 수 없다. 하나님을 자아의 텅 빈 공간, 즉 무의식 안으로 모셔 들이는 것이 가장 확실한 방법이다.

이러한 과정에 대해서는 이 책의 후반부 '갈망'에서 자세히 다루겠지만, 간략하게 설명하면, 다음과 같다. 자아가 해왔던 대체 현상들을 하나씩 원상복귀 시키는 것이다. 마치 여러 겹으로 둘러 싸여진 양파껍질을 하나씩 벗겨나가듯이 2, 3차적인 욕망을 벗겨내고, 점점 핵심(갈망)을 향해서 다가가야 한다. 이럴 때 불안이 점점 사라지고, 결국에 가서는 하나님을 두려워하는 상황에 다다르게 된다. 바로 그때 불안의 근본 문제를 해결할 수 있다. 막연한 불안을 진정한 두려움으로 가져갈 줄 알아야 한다.

인호의 경우에는 엄마의 젖에 집착하는 행위를 포기하고, 엄마 존재 그 자체에 관심 갖도록 도와주어야 한다. 이러한 방법 중에 좋은 예는,

---

15) 폴 틸리히, 『존재의 용기』, 72-73.

엄마와 하나 되는 좋은 경험을 하도록 도와주는 것이다. 인호로 하여금 엄마와 즐거운 놀이를 하도록 하고, 엄마와 함께 맛있는 식사 준비도 하는 것이다. 이처럼 엄마와 하나 되는 좋은 경험을 하게 되면, 젖에 집착하는 대체현상이 점차 줄어들게 된다. 즉 양파껍질을 하나씩 벗겨내는 것이다. 동시에 엄마와 하나(connected) 되어 있다는 느낌은 보다 커지게 된다. 이 과정을 지속 반복 경험하게 되면, 이후에 인호가 엄마와 분리되는 상황에 접하게 되더라도, 인호는 불안의 감정을 느끼기 보다는 원래의 감정이었던 두려움을 경험하게 된다.

엄마와의 분리를 두려워하는 것이야 말로 인호에게 있어서 희소식이다. 왜냐하면 인호가 현실 상황을 있는 그대로 경험한다는 감정의 신호이기 때문이다. 따라서 불안을 두려움으로 바꾸는 일은 매우 중요한 일이다.

4) 특수공포증

불안을 두려움으로 바꾸는 일이야 말로 불안을 해결하는 매우 중요한 방법[16]임에도 불구하고, 많은 자아는 이 사실을 잘못 사용한다. 불안이라는 양파껍질을 자꾸 벗겨냄으로써 근본 문제로 다가가 두려움을 느끼려하기 보다는, 오히려 주변에 있는 또 다른 대체물에 두려움을 투사[17]하는 것이다. 간단히 말해서 또 다른 양파껍질을 하나 더 씌우는 것이다. 이것 역시 자아의 방향성이 만들어내는 또 하나의 신경증 증세로서 심리학에서는 특수공포증이라고 부른다.

자아가 스스로 느끼는 불안을 두려움으로 바꿀 때, 내면으로 향하거나 또는 밖으로 향하거나 둘 중에 하나를 선택할 수 있다. 그 가능성을 비교해 볼 때, 숫자상으로만 계산해보면 반반이다. 그러나 밖으로 향하

---

16) 폴 틸리히, 『존재의 용기』, 74, 114.
17) Ernest Becker, *The Birth and Death of Meaning*, 42.

려는 자아의 방향성으로 인해서, 50대 50이라는 균형은 한쪽으로 심하게 기울어진다. 즉 대다수의 자아는 두려움을 내면으로 가져오지 못하고, 외부로 끌고 나가 만져지는 대상에 옮겨 놓는다.

이와 같이 엉뚱한 사물과 대상에 두려움을 적용하게 되면, 자아는 심각한 두려움 증상을 겪게 된다. 이것이 공포증이다. 증상의 종류는 자아가 어떠한 대상에 두려움을 적용하느냐에 따라서, 천차만별로 나타난다. 다음은 대표적인 예로서, 대화공포, 적면공포, 식사공포, 서필공포, 공중화장실공포, 동물공포, 밀폐공포, 고소공포, 물공포, 첨단공포, 질병공포, 불결공포, 지하철공포, 비행기공포… 등이 있다.

특수공포증의 치료는 범불안증보다 쉽다. 그 이유는 특수공포증이야말로 자아가 만들어낸 거짓 공포이기 때문이다. 이 거짓된 공포를 치료하는 방법은 공포증의 종류에 따라 다양하며, 접근방법에 따라서도 다양하다. 인터넷이나 책을 통해서 쉽게 찾아볼 수 있으므로 여기에서 굳이 다루지는 않겠다.

5) 인간은 위험한 놀이를 즐긴다

특수공포증 말고도, 두려움을 잘못 사용하는 예가 또 있다. 이것은 사람들이 위험한 놀이를 통해서 두려움을 의도적으로 만들어 내는 경우이다. 정도의 차이는 있지만, 모든 사람은 위험한 놀이를 즐긴다. 번지점프, 자동차경주, 암벽등반, 바이킹과 같은 놀이기구 등이 그 예로서, 사람들은 자신을 위험에 빠트려서 두려운 감정을 유발시키는 일을 좋아한다. 바이킹과 같이 스릴 넘치는 놀이기구를 타면서, 사람들은 무서운 감정을 만들어 낸다. 그리고는 그 짜릿함에 소리를 지르며 어쩔 줄 몰라 한다. 엄습해오는 두려운 감정에 순간적으로 압도 되었다가, 곧 바로 뒤따라오는 안도감을 경험하는 놀이에 큰 매력을 느낀다.

그 이유는 위험한 놀이를 함으로써 사람들은 원시적 감정(두려움)을 불러일으킬 수 있기 때문이다. 바로 하나님과 분리되었을 때 느꼈던 그 처음 감정, 두려움 말이다. 물론 위험한 놀이 속에서 만들어진 두려움이라, 원시감정과 질적인 차이는 있겠지만, 순간적으로 밀려왔던 두려움의 감정이 사라져가는 것을 경험하면서 자아는 큰 착각에 빠지게 된다. 꼭 자아의 근본적/존재적 감정(두려움)을 해결하는 듯한 쾌감을 느끼는 것이다. 하나님과의 분리를 스스로 해결했다는 착각, 또는 엄마와의 분리를 해결했다는 착각에 큰 환희를 느끼는 것이다. 이것은 죄를 가진 인간의 모습을 보여주는 단면으로, "두려움을 극복하는 일이 즐거움을 주기 때문이다."[18]

위와 같이 자아가 두려움을 극복함으로 스스로 즐거워하는 경향은 아주 어렸을 때부터 찾아 볼 수 있다. 엄마와 아기가 하는 '까꿍 놀이'가 그것이다. 엄마는 수건으로 자기의 얼굴을 가렸다가 잠시 후 다시 아이에게 얼굴을 보이면서 '까꿍'이라고 외친다. 그러면 아기는 두려움과 안도감을 번갈아 경험하게 된다. 엄마가 자신의 시야에서 사라졌을 때는, 아기가 엄마와 분리된 것으로 착각하게 되며, 순간 불안한 감정과 두려움에 압도되면서 아기는 주위를 두리번거리며 울려고 한다.

이때 엄마가 자신의 얼굴을 가렸던 수건을 치우면서 아기에게 까꿍 하며 나타나면, 아기는 직전에 느꼈던 불안과 두려움의 양과 비례되는 안도감을 즉시 경험하게 된다. 그러면서 아기는 그 긴장감의 해소와 안도감에 까르르 웃게 된다. 간단히 말해서 두려움이 해소되는 가운데에서 쾌감을 느끼는 것이다. 이런 까꿍 놀이가 나중에 성인이 되면서 바이킹과 같이 더 극적인 놀이들로 바뀌게 된다.

6) 범불안증의 원인들

그러나 어떤 사람들은 불안을 두려움으로 바꾸는 능력이 부족하다.

---
18) 보르빈 반델로브, 『불안, 그 두 얼굴의 심리학』, 25.

자아의 갈망을 다른 대체물로 욕구할 수 있는 능력이 현저히 부족한 사람들이 있다. 이유는 두 가지인데, 유전적인 이유와 환경적인 이유이다. 보통의 자아는, 인호처럼 가르쳐주지 않아도 어머니의 자리를 젖으로 대체할 줄 안다. 그런데 태어날 때부터 갈망을 욕망으로 대체하는데 어려움을 겪는 자아들이 있다. 이렇게 자아가 어느 한곳에 집착하지 못하고 뿌리내리지 못하면, 그때부터 자아는 방황하기 시작한다. 이때 심한 불안과 함께 미래의 일들을 걱정하는데, 특별한 이유 없이 모든 일들을 걱정하게 된다. 이처럼 유전적인 이유로 범불안증을 겪는 자아는 나중에 정신병을 앓을 수도 있다.

또 어떤 사람은 환경적 원인으로 범불안증을 갖게 된다. 예를 들어 인호가 엄마의 젖에 집착하려 할 때에, 만약 엄마가 심하게 꾸짖으며 이 대체현상을 못하게 방해하면, 인호는 엄마의 빈자리를 젖으로 대체하는데 어려움을 겪게 된다. 이러한 질책과 거부를 지속적으로 경험하게 되면, 나중에 자아가 갈망을 욕망으로 대체해야 하는 또 다른 상황에서도 의심하며 주저하게 된다. 혼나면 어떻게 하나?, 거절 받으면 어떻게 하나? 걱정하며 육체를 배외하게 된다. 이러한 자아에게 범불안증이 보다 쉽게 발생한다.

불안과 범불안증에는 분명한 차이점이 있다. 불안은 엄마의 젖(이미 대체된 욕망)을 욕구하지 못하면 어쩌나 하고 걱정하는 것이라면, 범불안증은 엄마의 젖을 욕구하지 못해서 걱정하는 것이다. 인호는 엄마의 젖을 향해서 이미 집착한 상태이고, 젖을 만지작거리면서 젖을 잃어버릴까봐 걱정하는 것인 반면에, 범불안증을 가진 사람은 엄마 젖을 만질까 말까, 과연 젖이 믿을 만한 대상인지 아닌지, 확신을 갖지 못한 채 의심하며 불안해하는 것이 범불안증이다. 이러한 이유로 범불안증이 병적인 불안으로 분류 되는 것이다.

7) 불안의 치료제

이런 의미에서 불안의 반대는 믿음이고, 불안의 치료제는 믿음이다. 믿음이 어떤 종류의 것이든 상관없이 자아가 믿음을 소유하게 된다면, 범불안증은 치료될 수 있다.

'내가 엄마 젖을 만질 수만 있다면, 나는 괜찮을 것이다'와 같은 믿음, 비록 이 믿음이 거짓이라 할지라도 범불안증에서 만큼은 해방될 수 있다. '나에게 돈 1억만 있다면, 나는 좋을 텐데'하는 믿음만 있어도, 자아는 돈이라는 대체물에 자신의 갈망을 투사할 수 있게 된다. 그리고 돈을 향해서 집착하며 살게 되면, 범불안증은 사그라진다. 물론 돈이나 젖으로 자아의 본래 빈자리를 채울 수 없기 때문에 불안이라는 감정은 피할 수는 없겠지만, 범불안증세 만큼은 사라진다. 이처럼 믿음은 불안을 해결하기 위해서 없어서는 안 되는 가장 중요한 치료제이다.

한 가지 더 우리가 기억할 것은, 믿음의 대상이 인간의 내면에 보다 가까운 것일수록, 불안이 현저히 줄어든다는 점이다. 돈을 믿는 사람보다는 가정을 믿는 사람이 더 적은 불안을 경험하며 살게 되고, 하나님을 믿는 사람은 더 적은 불안을 경험한다. 물론 하나님을 믿는 사람들 가운데에서도 그 믿음이 얼마나 순수하냐에 따라서 불안의 양도 천차만별일 것이다. 만약 자아의 믿음이 오로지 하나님께 기초를 둘 수 있다면, 불안은 완전히 사라질 수 있다.[19] 그리고 불안 대신에 기쁨과 평안을 소유하게 될 것이다. 보다 자세한 설명은 제3부에서 다루어질 것이다.

제이슨은 40대 후반의 백인 남성이다. 불안증세가 심해서 일상생활에 어려움을 겪게 되자, 상담소를 찾아왔다. 매번 그를 만날 때마다 느낀 것은, 그가 항상 피곤에 지쳐 있다는 점이다. 그것은 단순한 육체적 피곤이 아니었다. 제이슨의 영혼육 전체에 걸쳐서 피곤이 깊숙이 배어 있다는 느낌을

---

19) 폴 틸리히, 『존재의 용기』, 200.

받았었다. 긴장감에 머리카락 하나하나까지도 곤두 서 있는 것 같았고, 그의 얼굴은 걱정으로 치쳐 보였다. 그의 양쪽 어깨는 무거운 짐이 한 짐 얹혀 있는 것처럼 항상 축- 쳐져 있었다. 제이슨이 상담소에 좀 일찍 들어와서 기다릴 때면, 그는 어김없이 한숨을 길게 내쉬면서 소파에 조심스럽게 앉았다. 그리고는 눈을 지그시 감은 채, 불안과 긴장감에 지친 마음을 달랬다.

"지난 한 주간 동안 어떻게 지내셨어요?" 라고 제이슨에게 인사 겸 질문을 했다.

"특별히 변한 건 없습니다. 새로운 직장을 찾기 위해서 해야 할 것들이 있는데, 지난주에 잘 하지 못해서 걱정입니다." 팔짱을 끼면서, 힘없이 말을 이어갔다.

"신청서를 낸 회사에서 요구하는 시험을 쳐야 하는데, 시험 준비를 거의 못했습니다. 시험 준비를 해야 한다는 생각이 머리를 계속 맴도는데도, 걱정만 되지 실제로 한건 하나도 없습니다."

"지금 준비 중인 회사에 취직이 되지 않을 것을 대비해서, 다른 회사도 찾아봐야 하는데, 아직 안했습니다. 인터넷으로 하자니, 많은 사람들도 쉽게 찾을 수 있는 곳이라 경쟁이 심할 거고, 가장 좋은 방법은 아는 사람을 통해서 오프라인으로 찾는 것인데, 쉽지가 않네요."

"그나저나 약혼녀와 내일 전화 통화를 하기로 했는데, 약혼녀한테 뭐라고 말해야 할지 걱정입니다. 약혼녀는 매우 정확한 사람이라, 계획한 것들을 차근차근 순서대로 잘 해내는 사람이거든요. 그래서 지금도 좋은 직장에 좋은 대우를 받고 일하고 있고요. 이런 저한테 실망이나 하지 않을지 그것도 걱정입니다."

"그리고 현재 직장의 상사가 저의 이주 계획을 알기라도 하면 어쩌나 하고, 이번 주 내내 걱정이 많이 되었습니다. 이런 저런 생각에 잠을 설친 날이 많았습니다."

제이슨은 텍사스에 살고 있었지만, 캘리포니아에 살고 있는 약혼녀와 결혼을 준비하고 있었다. 제이슨에게 있어서 가장 큰 불안요소는 그가 약혼녀와 결혼하기 위해서는 캘리포니아로 이사 가야만 하고, 또 그곳에서 새로운 직장을 잡고, 아내와 적응하며 잘 살 수 있을까 이었다. 얼핏 보기에는 누구에게나 있을 법한 변화이며, 걱정거리겠지만, 제이슨의 불안 증세는 정도를 넘어선 상태였다. 제이슨은 말 그대로 24시간 동안 불안한 상태에 처해 있었다. 단 한 순간도 편안한 마음으로 쉬지 못하고 계속해서 다음 일어날 일들, 해야 할 일들을 걱정했다.

"저를 더 힘들게 하는 것은, 제가 지난 일주일동안 걱정한 것 외에 실제로 한일이 거의 없다는 점입니다. (작은 한숨을 조심스럽게 내쉰 후에) 뭘 어떻게 해야 할지 모르겠습니다." "자신에 대한 실망감이 무척 크겠습니다." 내가 말했다.

"절망감이죠! 도대체 내가 할 수 있는 게 뭐가 있을까 싶을 정도입니다. 또 다시 예전처럼 우울증에 빠지지 않을까 걱정됩니다."

제이슨은 약 10여 년 전에 심한 우울증으로 5-6년 동안이나 고생했었다. 비록 그가 우울증에서 벗어났지만, 불안 증세는 더욱 심해진 것이다.

"불안한 마음은 예전부터 죽 있어왔습니다. 우울증을 겪을 때도 있었고요. 그런데 요 1-2년 전부터 더욱 심해지더니, 이제는 견딜 수 없을 지경입니다. 특히 결혼을 앞두고 갑작스런 큰 변화들이 생겨나니까, 팽팽한 긴장감이 저를 계속 끌어당기는 듯한 느낌이 들고, 걱정은 끝없이 고리에 고리를 이어서 계속되고요. 말하는 지금도 가슴이 두근두근 뛰네요."

제이슨이 찾아왔을 때, 이미 그의 상태는 약을 처방받아야 할 정도로 심각한 수준에 이르렀었다. 약 3개월 동안 매주 그를 만났지만, 그의 상태는 호전되지 않았다. 지금도 가끔 그를 생각하면 잔뜩 겁먹은 그의 영혼이 얼마나 불쌍한지 모른다. 내면에 형성된 빈 공간을 채우기 위해서 자아가 이곳저곳 기웃거려보지만, 안주할 곳을 찾지 못하고 헤매는 그의 영혼이 너무 측은했다.

제인슨은 약혼녀라는 대상에 안주하지 못하고 불안해했다. 약혼녀의 외모나 매력에 몰입하지 못했으며, 심지어 성적인 욕구에도 집착하지 못하고 있었다. 자신의 갈망을 직장과 같은 사회생활로도 대체하지 못하고 있었으며, 하다못해 시험에도 몰입하지 못했다. 만약에 제이슨이 어느 것 한 가지 만이라도 집착할(믿을) 수 있었다면, 그의 범불안증세는 현저하게 낮아졌을 것이다.

제이슨은 유전적 요인이 더 크게 작용한 경우이다. 그의 부모는 사랑이 많은 사람들이었고, 건강한 기독교 가정에서 제이슨을 양육했음에도 불구하고, 태어날 때부터 그는 항상 소심했고 자신감이 없었다. 제이슨은 선천적으로 매우 민감한 양심을 소유하고 나약한 의지를 가지고 태어난 사람이다. 어찌 보면 부모의 사랑 덕분에 제이슨이 더 심각한 상태에 빠지지 않았을 것이다. 만약에 부모로부터 거절되고 상처받으며 컸다면, 그의 정신 상태는 현재보다 훨씬 더 심각한 상태가 되었을 것이 분명하다.

불안증으로 인해서 자아가 뚜렷한 방향성을 가지지 못한 채 표류하게 된다면, 점점 현실감각을 잃어버리게 될 위험이 있다. 제이슨의 경우에서 볼 수 있듯이, 결혼을 위해서는 새로운 직장도 찾아야 하고 시험 준비도 해야 한다. 그러나 불안증세가 심해지다 보니 제이슨이 시험 준비를 미루고 회피하게 되는 경향을 갖게 되었다. 즉 심한 불안 증세는 자아가 현실인식을 하지 못하도록 부정적 영향을 끼친다.

만약 제이슨의 불안정도가 지금보다 더욱 심각해진다면, 현실을 기피하고 상상의 세계로 자신을 숨기려는 경향은 더욱 커질 것이다. 바로 이것이 정신병의 시작이다. 그렇다고 모든 불안증이 발전하여 정신병으로 발전한다는 것은 아니다. 다만 불안과 정신병이 매우 밀접하게 관련되어 있다는 사실이다. 특히 심각한 불안이 현실을 회피하도록 이끈다는 점에서 불안은 정신병으로 들어가는 길목, 또는 신경증과 정신병의 중간지대라고 표현될 수 있겠다.

신경증 지수 평가서

우울증 지수(/16)
강박증 지수(/16)
중독 지수(/16)
불안증 지수(/16)

우울증 지수가 9점 이상이거나,
강박증 지수가 9점 이상이거나,
중독 지수가 9점 이상이거나,
불안증 지수가 9점 이상일 경우에는 주의를 요하는 수준의 수치입니다.
전문가에게 정밀진단을 받아 보세요.

우울증 지수가 12점 이상이거나,
강박증 지수가 12점 이상이거나,
중독 지수가 12점 이상이거나,
불안증 지수가 12점 이상일 경우에는, 즉각적인 전문가의 도움이 필요합니다.

제4장
정신병(Psychosis)

나는 정신병에 대해서 임상경험이 많지 않다. 그럼에도 불구하고 정신병이라는 어려운 주제를 이 책에 포함시키는 이유는 다음과 같다. 내면대폭발을 통해서도, 그 어떤 심리학 이론 못지않게 인간을 정확하고 깊이 있게 이해할 수 있음을 증명해 보이기 위해서이다. 내면대폭발이 인간 내면을 이해하기 위한 중요한 기초원리라면, 아무리 복잡한 인간 내면의 현상이라 할지라도 쉽게 설명이 가능할 것이다. 따라서 이번 주제는 나의 임상경험을 통해서 확인되었다기 보다는 내면대폭발에 근거해서 설명하는 것이다. 물론 그 많은 정신병 모두를 하나하나 알아보지는 못한다. 따라서 가장 극단적인 몇몇 예들을 살펴보길 원한다. 이렇게 함으로써 증상이 덜 심하거나 중간 단계에 있는 것들은 자연스럽게 설명 가능한 것으로 판명될 것이다.

1. 신경증과 정신병의 구분

신경증과 정신병에 대한 현재의 심리학적인 구분방법은 '증상이 현실과 관련이 있느냐? 또는 없느냐?'이다. 따라서 자아가 겪는 증상이 현실적이거나 현실적인 사건에 기반을 둔 것을 우리는 신경증이라 하고, 비현실적이거나 현실에 기반을 두지 않은 증상을 우리는 정신병이라고 한다.

> 신경증과 정신병의 이해를 쉽게 해주는 유명한 예화가 있다. 정신병원에서 두 남자가 화장실에서 낚시를 하고 있다. 둘 다 똑같은 행동을 보이고 있다. 낚시바늘을 변기에 넣고 앉아 있는 것이다. 이를 본 정신과의사가 똑같은 질문을 했다.
> "지금 뭐하십니까?"
> 한 사람은 "미친놈, 보면 몰라 낚시하고 있잖아."라고 말했고,
> 다른 사람은 "화장실에서 낚시하고 있습니다."라고 대답했다.
> 첫 번째 사람은 정신병 환자이고, 두 번째 환자는 신경증 환자이다. 똑같은 증세를 보이고 있지만, 한 사람은 현실을 벗어나 있고, 다른 사람은 현실을 인식하고 있기 때문에 각기 다른 병명을 갖게 된다.

이제 내면대폭발로 신경증과 정신병을 구분해 보자. 그것은 '자아가 자신의 방향성을 감정과 사고를 통해서 의식하는지 또는 의식하지 못하는지'에 있다. 신경증의 첫 부분을 설명하면서 똑같은 언급을 이미 했었다. 자아는 감정을 통해서 죄책감을 느끼고 동시에 사고도 자신의 자아가 바깥으로 향해 있음을 의식하게 된다. 이때에 의지는 현실감을 갖고 있기(방향성을 의식하고 있기) 때문에 신경증을 경험하게 된다. 그러나 자아가 사고와 감정을 통해서 자신의 방향성 자체를 제대로 의식하지 못할 경우에는, 자아가 현실로부터 동떨어진 채로 살아가게 되며, 이때 발

생하는 증상들은 정신병으로 분류가 된다.

2. 정신병으로의 발전

왜 정신병자들은 감정과 사고를 통해서 현실을 제대로 의식하지 못하게 되었는지는 정확히 알 수는 없지만, 지나친 불안을 이겨내지 못한 의지와 관련이 있어 보인다. 엄습해오는 불안을 이겨내지 못한 자아가 지속적으로 현실 도피를 선택하게 되면, 사고와 감정은 의지의 선택에 의해서 수정되게 된다. 그러나 문제는 선택자체가 현실도피이기 때문에 사고와 감정이 비현실적인 내용으로 수정된다는 점이다. 이 과정이 지속적으로 반복되면, 사고와 감정은 비현실적인 내용으로 점차 심하게 훼손되어 간다. 나중에는 반대로 사고와 감정의 비현실적인 내용들이 의지의 선택을 비현실적인 영역으로 제한시키는 지경에 이르게 된다. 우리는 이 상태에 빠진 자아를 정신병에 걸렸다고 말한다. 심각한 불안으로 인해서 현실도피를 의지적이고 반복적으로 경험한 자아가 결국에는 지·정·의의 모든 영역이 현실과 동떨어진 상태에 처하게 된다. 이것이 정신병이다.

> 인숙씨는 30대 초반의 여성으로, 정신병을 앓고 있다. 정신병을 더 깊이 이해하기 위해서 인숙씨의 과거, 특히 그녀의 정신병과 관련된 내력을 알아보자. 인숙씨는 결혼한 지 6개월 만에 이혼했다. 남편의 신체적 폭력을 견딜 수 없었던 것이다. 이혼 후에 인숙씨는 임신 사실을 알게 되었고, 심한 우울증 증세와 경제적 어려움 속에서 아이를 낳게 되었다. 이혼녀로서 아들을 키웠고, 그녀에게 있어서 아들 성훈은 세상 전부와 같았다. 성훈이 4세 때 일어난 교통사고 소식과 죽음은 인숙씨에게는 믿기 힘든 일이었다.
> 인숙씨에게 심각한 우울 증세와 함께 불안 증세까지 겹쳐왔다. 성훈의

죽음을 생각만 하면, 인숙씨는 눈앞이 캄캄해졌다. 더 이상 삶의 의미를 찾을 수 없었고, 미래에 대한 걱정과 불안이 엄습해왔다. 특히 성훈의 죽음이 자신의 책임이라 생각하고 있던 인숙씨는 견디기 어려운 죄책감이 엄습해왔다. 인숙에게 있어서 죄책감과 불안을 스스로 해결할 수 있는 방법은 과거에 성훈과 함께 했던 즐거운 기억들을 공상하는 것이었다. 그때만큼은 모든 걱정과 고통에서 벗어날 수 있었기 때문이다.

그래서 인숙씨는 힘들 때마다, 그녀만의 비현실의 세계로 도피했다. 그것이 옳지 못한 일인 줄 알았지만, 애써 그 사실을 무시하고 지속적으로 공상의 세계로 도망갔다. 시간이 지날수록 인숙씨는 평상 생활 속에서도 어렵지 않게 공상 가운데 살 수 있었다. 예를 들면 성훈이가 옆방에서 자고 있다고 상상하면서, 인숙씨는 밀린 집안일들을 마무리 할 수 있었다. 어떨 때는 인숙 자신도 어느 것이 현실이고 어느 것이 비현실인지 헷갈릴 정도가 되었다. 그리고 어느 순간에 가서는 인숙이 감정적으로 죄책감과 불안을 느끼게 되면, 자연스럽게 공상의 세계로 빠져들게 되었다. 전처럼 의지적인 노력도 필요 없어졌다. 아주 자연스럽게 비현실 속으로 빨려 들어가게 되었다. 그러나 현실로 다시 돌아왔을 때, 방안에 잠자고 있는 성훈이 더 이상 없다는 사실은 더욱 그녀를 힘들게 했다.

또한 감당할 수 없는 현실로부터 밀려오는 불안은 더욱 커져만 갔다. 마침내 인숙씨의 자아는 공상의 세계에만 머물기로 결심하게 되었고, 성훈이 죽지 않았다고 믿게 되었다. 이제는 다른 사람들이 성훈이 죽었다고 말하면 인숙씨는 그들이 미쳤다고 소리치며, 안고 있는 성훈의 인형을 신경질적으로 끌어안았다. 인숙씨는 인형에게 밥도 먹이고, 목욕도 시키고, 말하기도 했다.

인숙씨의 경우는 가장 전형적인 정신병의 발달과정이다. 심한 불안을 견디지 못하고, 자아의 의지가 지속적으로 비현실적인 공상을 선택함으로 인해 사고와 감정이 혼란을 겪게 되었고, 나중에 가서는 의지가 어느 것이 현실이고 비현실인지 분간할 수 없을 정도로 사고와 감정이 심하게 훼손 되었다. 이때부터는 인숙씨의 선택과 행동이 이상하고 현실적이지 않게 되고, 인숙씨의 의지와 상관없이 점점 현실과 멀어지게 된다. 즉 정신병 증세가 심해지는 것이다. 물론 이런 점차적인 과정 없이 급속하게 정신병이 발생하기도 한다. 그렇다고 위의 일련의 과정을 생략했다고 보기보다는, 충격이 너무 컸거나 불안이 극도로 심해서 단 시간 내에 정신병으로 발전했다고 보는 것이 바람직하다.

내면대폭발을 깊이 이해하지 못하게 되면, 잘못된 오해가 생길 수 있어 한 가지 사실을 함께 확인해 보자. 왜냐하면 내면대폭발을 구상하던 초기 단계에는 나도 오해했던 부분이기 때문이다. 나는 생각하기를, 신경증이 심해지면, 그 다음에 정신병으로 발전하는 줄로만 생각했었다. 물론 그러한 경우도 많이 있다. 자아가 점점 신경증에 사로잡히고, 발전하면서 인간 내면의 중심에서 점차 멀어지는 것은 사실이다. 더 육체에 특히 말초신경에 집착하게 되고, 사물(대상)에 집착하거나, 또는 명예와 같은 실존하지 않는 현상에 몰두하게 된다. 그러나 정신병을 그보다 더 심해진 신경증 정도로 이해하는 것은 큰 오해이다. 다시 말하면 신경증이 아무리 심해져도 자아가 현실로 인해서 고통 받는 증상이라면, 심한 정도와 상관없이 그것은 단지 신경증일 뿐이다. 이번엔 반대로 설명해 보자. 아무리 자아가 겪는 증상이 사소하고 심각하지 않다 하더라도, 비현실인 증상이라면 그것은 정신병증세이다.

1) 정신분열증(Schizophrenia)

정신분열증은 전체 인구의 약 1% 정도가 앓고 있는 병이다. 숨기고 드러내지 않아서 그렇지, 100중 1명은 정신분열증 증세를 가지고 있다. 정신분열증은 많은 정신병 중에서도 가장 현실과 동떨어진 자아가 나타내는 증상이다. 그렇다 보니 과거부터 정신분열증은 많은 오해를 불러일으켰다. 중세시대 때에는 귀신들림으로 오해를 받아 많은 정신분열중 환자들이 불에 타죽었다. 아무도 없는데, 목소리를 듣고, 보기도 하고, 괴상한 생각에 사로잡히기도 하고, 이상한 믿음을 갖게 되기도 한다. 지식이 없던 오래 전에는 환자들 스스로도 자신이 귀신들렸다고 생각했었다.

다른 정신병과 가장 구별되는 정신분열증의 증상은 환청과 환시 그리고 망상이다. 환청은 주위에 아무도 없는데, 또는 주위 사람들이 자기에 대해서 말하고 있지 않는데, 말소리가 귀에 들리는 현상이다. 어떤 경우는 말소리가 환자의 행동을 일일이 간섭하고 지시하기도 하고, 두개 이상의 말소리가 환자에 대해서 얘기하는 것으로 들린다. 존재하지 않는 사물이 보이는 것이 환시이다. 근거 없이 누군가 나를 쫓아온다거나 죽이려 한다거나, 또는 밥에 독약을 넣었다와 같은 생각 등은 망상이다.

환청과 환시와 망상을 내면대폭발을 통해서 다음과 같이 이해해 볼 수 있다. 자아가 하나님의 영과 분리됨으로 자의식을 갖게 되는데, 이때 지·정·의가 분리된 자아가 스스로를 정확히 의식하지 못함으로 인해서 오는 현상으로 본다. 보통의 자아는 감정(정)을 통해서 죄책감을 경험하고, 사고(지)를 통해서 하나님과 분리를 의식하고, 동시에 자아가 육체를 향한 방향성을 가지고 있음을 의식한다. 그리고 자아는 의식된 자신의 방향성(육체와 현실적인 사물)을 인정하거나 불인정하게 된다. 인정하든 부정하든 중요한 것은, 자아가 자신의 방향성을 정확히 의식하고 있다는 점이다. 자아의 방향성을 의식하고 있다는 말은, 곧 정확한 현실의식을 가지고 있다는 증거이다.

그러나 정신분열증 환자는 하나님과 분리된 자신을 그리고 자아의 방향성 자체를 의식하는데 큰 어려움을 겪는다. 악한 자아는 방향성을 애써 무시하는 것인 반면에, 정신분열증 환자는 방향성을 정확히 의식하지 못한다. 꼭 자아가 병에 걸려서 기능의 일부를 잃어버린 것과 같다. 신경증 환자는 사고와 감정의 내용이 훼손된 것이라면, 정신분열증 환자는 사고와 감정이 심각한 병에 걸려 제 기능을 하지 못하는 것이다.

그 결과로 현실을 있는 그대로 의식하지 못하는 것이다. 그래서 다른 사람이 말하는 내용이 꼭 나에 대해서 말하는 것과 같이 들리고, 없는 사물이 눈에 보이기도 하고, 논리적이고 현실적이지 못한 이상한 생각들에 붙잡히기도 한다. 이런 비현실적인 감정과 사고 속에서, 의지가 선택하는 행동들이 얼마나 이상해 보이겠는가? 이들은 눈빛부터 시작해서 풍겨지는 느낌에 이르기까지 이상한 기운을 가지고 있기 때문에, 정상인으로부터 쉽게 구별이 된다.

나는 얼마 전 아주 흥미로운 꿈을 꾸었다. 유리벽으로 사방이 둘러싸인 엘리베이터와 같이 생긴 상자 안에 있었다. 그 상자 안에는 수많은 버튼과 조작 장치들이 붙어 있었다. 내가 움직이기 위해서 또는 뭔가 하기 위해서는 꼭 그 버튼들을 눌러서만 할 수 있었다. 길가를 걸어갈 때도 나는 버튼 하나를 누름으로 미끄러지듯이 길가를 지나갈 수 있었고, 위험한 상황이 닥쳐오면, 버튼을 누름으로써 그 위험을 건너뛰어 갈 수도 있었다. 심지어는 그 상자 안에서 하늘을 날 수도 있었다.

그러던 어느 순간 깨닫게 된 사실은 유리상자 안에 갇혀있는 나는 다른 사람들과 직접적으로 접촉할 수 없다는 것이었다. 길가에서 사람들과 살짝 부딪히는 일이 생겨도 나의 직접적인 육체가 아닌 투명한 유리상자였고 손을 내밀어도 직접 만질 수 있는 것은 없었다. 오직 내가 느끼고 만질 수 있는 부분은 상자의 내부뿐이었다. 사실 나는 꿈속에서 꽤나 흥분해 있었다. 상자를 통해서 미끄러지듯이 길을 가고, 버튼을 누를 때마다 신기한 일들을 해낼 수 있었기 때문이다. 심지어 나는 날수도 있었다. 그러나 동시에 현실과 철저히 분리된 상태로 인해서 굉장히 이상한 느낌을 나는 느낄 수 있었다. 허공에 붕 떠 있는 듯 한 느낌 그리고 유리상자 밖의 소리도 약간 울리듯이 변형되어 들렸다. 그래서 그 주위 환경에 내가 꽉 맞아떨어지는 느낌이 아니라, 시종일관 뭔가 이상한 느낌이 지속되었다. 지금도 꿈속에서 느꼈던 그 당시의 괴상한 느낌을 기억할 수 있을 정도이다.

위의 이상한 꿈이 정확하게 정신분열증 환자의 경험을 설명해주지는 못한다. 그러나 내가 실제로 경험한(꿈속이지만) 증세 중에 가장 정신분열증과 흡사하다는 생각이 든다. 정신분열증 환자는 현실과 접촉하지 못하는 가운데, 꼭 유리 상자 안에 살고 있는 사람과 같다고 하겠다. 이들은 유전적으로 이미 자아에, 특히 감정과 사고에 결함(유리 상자)을 가지고 태어난 사람들이다. 이 결함은 평생에 걸쳐 자아의 방향성 의식과 현실의식에 방해를 준다. 그래서 지·정·의가 발달하는 초기에는 증세를 찾아보기 힘들지만, 자아의 조화와 통합이 가장 절실한 청소년기(15세) 이후에 증세가 급격히 발생하게 된다. 즉 지·정·의의 조화가 일정수준 이상으로 깨어지게 되면, 정신분열증 증세가 발생하게 되는 것이다. 결론적으로 정신분열증 증세는 그 근본원인이 사고와 감정의 결함에 있기 때문에 한번 발생한 증세를 고치기란 거의 불가능하다.

정신분열증 지수 평가서

정신분열증 지수 (/16)

0-4점은 정상인이 소유하고 있는 정도의 미약한 증세입니다.
5-8점은 주의를 요하는 정도의 정신병적인 증세입니다.
9-12점은 당신은 정신병적 증세를 가지고 있습니다. 전문가에게 정밀진단을 받아 보세요.
13-16점은 심각한 정신병적 증세를 소유하고 있습니다. 즉각적인 전문가의 도움이 필요합니다.

2) 해리성 정체감 장애 (다중인격 장애: Dissociative Identity Disorder)

　해리성 정체감 장애는 아직도 의견이 분분한 정신병이다. 주된 의견 충돌은 '환자가 경험하는 두개 또는 이상의 인격들이 실제로 존재하는 것인지?, 아니면 하나의 자아가 여러 개의 인격들로 경험되는 것인지?' 에 대한 것이다. 임상적 보고에 의하면, 수십 개의 인격이 한 사람 속에서 발견된 적도 있다고 한다. 해리성 정체감 장애는 아직도 연구되어야 할 정신병이고, 확실한 자료가 많지 않은 심각한 정신병 중의 하나이다. 이런 이유로 해리성 정체감 장애를 선택했다. 추측이 난무하는 정신병이기에 부담 없이 내면대폭발에 근거해 설명하도록 하겠다.

　해리성 정체감 장애는 자아의 두 방향성을 근거로 해서 이해될 수 있다. 앞에서 밝힌 바와 같이 모든 자아는 양면성을 가지고 있다. 양면성은 자아가 건강하든 건강하지 못하든 상관없이 존재한다. 왜냐하면 자아가 하나님의 영과 분리되면서 육체를 향한 방향성을 갖게 되었고, 동시에 내면과 멀어지는 방향성도 동시에 소유하게 되었기 때문이다. 따라서 정신병 환자들도 의심의 여지없이 양면성을 소유하고 있다. 물론 이들이 양면성 자체를 의식하지 못하는 상태 속에 처해 있지만 말이다. (정신병의 시작부분에서 이미 설명했다.) 바로 이것이다. 정신병 환자가 양면성을 의식하지 못한다는 점, 이것이 해리성 정체감 장애를 이해할 수 있는 핵심이다.

　여러분이 정신병 환자가 아니라면, 여러분은 자신의 자아가 하나이고 한 곳을 향해서 방향성을 가지고 있다는 사실을 의식할 수 있다. 내 자아가 그 방향성을 따라 쫓아가면 내 육체가 만져지고 실재하는 사물이 만져진다. 그리고 더 자세히 고민해 보면, 내면을 향한 방향성도 지.정 (사고와 감정)을 통해서 의식할 수 있다. 그러나 정신병 환자는 자아가 현실(육체)에 뿌리를 두고 있지 않기 때문에 자아의 양면성(밖으로 향하는 방향성과 내면을 향하는 방향성)을 두 개의 인격으로 착각하여 의식하게 된다. 나 역시 왜 모든 정신병 환자가 해리성 정체감 장애로 발전하지 않는지는 모른다. 분명한 것은 현실 감각과 사고가 부족한 정신병 환자 중 일부는 자신의 자아가 가지고 있는 두 가지 방향을 두 가지 인격들로 오해한다는 것이다. 결국 자아의 양면성으로 인해서 형성된 두 방향을 각각 다른 두개의 인격으로 경험하게 된다.

  나는 이 설명이 훌륭하다고 생각한다. 왜냐하면 해리성 정체감 장애를 겪고 있지 않는 자아조차도 힘든 내적 고민 속에서 자아의 양면성을 두 개의 인격처럼 경험할 때가 종종 있기 때문이다.[1] 각주의 내용을 예로 들어보자. 신약성경의 많은 부분을 기록한 바울이라는 사람이 있다. 바울은 일생을 하나님을 위해서 헌신한 사람이었지만, 어느 순간 욕망을 좇아 달려가고 있는 자신을 발견하게 될 때 얼마나 고통스러워했는지를 기록한 글이 있다. 이 글을 자세히 보면, 꼭 바울 안에 두 가지의 인격이 존재하는 것처럼 기록되어 있다. 심지어 두 인격이 서로 싸우고 있다고 표현하고 있다. 물론 실제로는 두 방향성에 불과하며, 바울이 해리성 정체감 장애를 앓고 있는 정신병자가 아닌 것도 분명하다. 가끔은 우리도 바울처럼 자아의 양면성을 꼭 두 인격이 서로 싸우는 것처럼 경험할 때가 있다. 이점을 고려해본다면 현실과 단절된 정신병 환자가 자신의 양면성을 두 인격으로 잘못 인식할 가능성이 얼마나 높겠는가? 그리고 한번 잘못 경험된 인식(내 안에 두 인격이 존재한다)을 올바로 수정할 지·정·의의 능력이 그들에게 현저히 부족하다는 점은 나의 설명을 더욱 설득력 있게 해준다.

  위의 설명과 같이 두 개의 인격이 존재한다고 인식한 해리성 정체감 장애 환자는 핵심 인격과 부차적 인격, 즉 두 인격이 존재하고 있는 것으로 경험하게 된다. 이러한 과정을 통해서 형성된 부차적 인격은 시간이 지남에 따라 독특한 성격을 스스로 만들어가게 된다. 보통의 경우에

---

1) "내 지체 속에서 한 다른 법이 내 마음의 법과 싸워 내 지체 속에 있는 죄의 법으로 나를 사로잡는 것을 보는도다" (롬 7:23).

는 핵심인격(실제 인격)이 되었으면 하는 그런 종류의 부차적 인격으로 형성되어 간다. 예를 들면 과거에 성폭행을 경험한 여자가 엄습해오는 수치심, 죄책감, 그리고 고통에서 벗어나기 위해서 매우 성개방적이고 남자에게 가혹한 부차적 인격을 형성할 수 있다. 또는 반대로 수녀와 같이 금욕적이고 단아한 부차적 인격을 형성할 수도 있겠다.

중요한 사실은 해리성 정체감 장애의 시작은 사고(지)의 인식기능이 제 기능을 하지 못함으로 인해서 '한 자아 안에 두 개의 인격이 존재한다'는 잘못된 정보에서 시작된다. 현실감이 부족한 자아(정신병 증세를 가진)는 부차적 인격을 실재하는 것으로 믿게 되고 반응하며 살아가게 된다. 즉 잘못 인식된 부차적 인격을 향해서 감정(정)과 의지(의)가 반응하면서 독특한 성격을 형성해 나가게 된다. 영화 가운데 레오나르도 디카프리오(Leonardo DiCaprio)가 주연한 셔터 아일랜드(Shutter Island)가 해리성 정체감 장애 환자의 삶을 설명해 주는 좋은 예다.

한번 부차적 인격을 만들어낸 경험이 있는 자아는 나중에 다시 자아의 양면성을 잘못 인식해서 세 번째 부차적 인격을 만들어낼 가능성은 더욱 높아진다. 이미 존재하는 두 가지 인격 중 하나가, 보통의 경우는 핵심인격이, 전과 똑같은 과정을 반복함으로써 또 다른 인격(방향성)을 만들어낸다. 이제는 한 자아 안에 세 개의 인격으로 늘어나게 된다. 이런 과정을 반복하면서 해리성 정체감 장애 환자는 자신의 인격의 숫자를 늘려 갈 수 있다. 물론 모든 해리성 정체감 장애 환자가 두 개 이상의 부차적 인격을 만들어 내는 것은 아니지만 말이다.

 DEEP BANG

제❺장
귀신들림(Demon Possession)

　내면대폭발의 구분에 의하면, 귀신들림은 죄, 악, 신경증, 또는 정신병 중 그 어디에도 포함되지 않는다. 왜냐하면 귀신들림의 원인이 어디에도 적용되지 않기 때문이다. 물론 증상 면에서 정신병이나 악과 많은 부분이 관련되어 있지만, 원인으로 분리해 볼 때는 따로 구분되어야 한다. 예를 들어 귀신들림이 해리성 정체감 장애와 분명히 구분되는 이유는 다음과 같다. 귀신들림은 다른 인격이 밖에서부터 인간의 내면 안으로 침입해 들어온 것이기 때문에, 하나의 자아 안에 두개 이상의 인격이 실제로 존재하는 것이다. 안에서 만들어진 것이 아니라, 밖에 존재하던 외부 인격이 인간의 내면 속으로 들어온 것이다. 귀신들림은 생각만 해도 섬뜩한 일이다.
　정말 귀신들림이 가능한 일인가? 많은 사람들이 의문을 제기할 수 있을 것이다. "세상에 귀신이 어디 있어?" 또는 "지식과 과학이 한참 뒤쳐져 있던 옛날에나 먹힐만한 얘기지, 최첨단 21세기를 살아가는 현재에는 말도 안 되는 일이지." 그리고 대다수의 사람들이 귀신(악한 영)에 대한 얘기를 꼭 옛날 동화 속의 얘기처럼 허무맹랑한 내용으로 치부해 버리려 한다.

　그러나 귀신들림은 현재에도 계속해서 일어나고 있고, 확인 가능한 사실이다. 오랜 경험 있는 정신과의사, 심리학자, 또는 상담가는 적어도 한두 번 정도는 귀신들린 환자를 만나본 경험이 있을 것이다. 맨 처음에는 정신병 환자와 다른 점을 거의 발견하지 못했거나, 발견했다 해도 매우 미세한 차이를 발견했을 것이다. 물론 대부분의 경우에는 이를 무시하고 정신병 환자에게 하듯이 똑같이 처방하고 치료했을 것이다. 그러나 시간이 지나면 지날수록 이들이 정신병 환자와는 전혀 다른 차원의 문제를 가지고 있다는 사실을 발견했을 것이다. 만약 유능한 의사였다면 말이다. 이런 이유로 인해서, 점점 많은 정신과의사와 정신건강을 위한 학회들이 귀신들림이나 영적 문제에 대해서 관심을 갖고 연구하고 있다. 이러한 움직임들을 고려할 때, 귀신들림이 더 이상 근거 없는 말이 아니며, 오히려 그 어느 때보다도 더 많은 연구가 필요한 부분이 되었다.

1. 귀신들림의 실체와 방법들

　내면대폭발에 의하면, 인간 안에 한 사건으로 인해서 텅 빈 공간이 형성 되었으며, 그 빈 공간 안에는 원래 하나님의 영이 존재해 있었다. 이제 인간은 하나님의 영이 떠난 웅덩이를 메우기 위해서 선택하며 살아가는 존재가 되었다. 돈, 명예, 권력, 섹스, 성공 등 수많은 것들로 그 공간을 채우려 한다. 그러나 문제는 하나님의 영외에는 그 어떠한 것(욕망)도 자아의 갈망을 근본적으로 채워주지 못한다는 사실이다. 그래서 자아는 욕구불만을 경험하게 되며, 더 구체적으로 자아는 두려움/죄책감/불안으로 경험하게 된다. 이때부터 지·정·의의 밸런스가 무너지게 되고, 신경증과 정신병을 앓게 된다.

같은 맥락에서 귀신들림을 이해해보면, 귀신들림은 자아의 텅 빈 그 공간에 하나님의 영이 아닌, 또 다른 영이 들어가는 것을 의미한다. 그 웅덩이는 본래 영적 존재를 위한 곳이었기 때문에, 악한 영(귀신) 역시도 침범할 수 있는 곳이다. 귀신이 인간의 영혼의 가장 중심에 자리 잡고 서, 하나님의 영이나 자아를 대신해서 주인 행세 하는 것이 바로 귀신들림의 실체이다.

귀신들림에는 여러 방법이 있다. 첫 번째 방법은 자아가 자신의 영혼 안으로 귀신이 들어오도록 의지적으로 허락하는 방법이다. 사람들은 이것을 '자신의 영혼을 판다' 또는 '영혼을 거래한다'라고 표현한다. 이 경우는 자아가 원하는 무엇인가를 얻는 대신에 자신의 영혼을 귀신에게 파는 것이다. 어떤 사람은 돈이나 명성을 얻기 위해서, 어떤 사람은 복수를 위해서, 어떤 사람은 신비한 능력을 소유하기 위해서, 심지어는 단순한 호기심에 영혼을 팔기도 한다.

이와 같은 영혼 거래 행위는 아주 오랜 역사를 가지고 있다. 지역의 문화와 배경에 따라서 각기 다양한 모습들을 보여주고 있지만, 공통적인 부분은 영혼 거래 행위가 특별한 의식을 통해서 이루어진다는 점이다. 물론 의식의 내용이나 방법은 다르겠지만, 비밀스런(때로는 그룹으로) 의식행위를 행함으로써 자아가 자신의 영혼을 귀신에게 판다. 예를 들어 피를 흘리는 행위나, 제단 위에 자신을 드리는 행위나, 특정 문구를 반복해서 읽는 행위 등이 있다. 그리고 대부분의 경우 자아의 기능을 마비시키는 노력이 함께 이루어진다. 특수한 약물을 복용하거나 격한 신체의 움직임을 통해서 자아가 제 기능을 할 수 없는 상태로 스스로를 이끌어간다. 다시 말하면 자아의 기능(특히 사고와 의지)을 최소로 약화시킴으로써 엑스터시(Ecstacy)[1]의 상태까지 다다르게 한다. 그 이유는 자아의

---

1) 일반적으로 종교적 신비체험의 최고 상태를 의미한다. 본래 그리스어 εκ(~의 밖으로)와 ηιστανσι(놓다, 서다)의 복합어인 엑스터시스(έχστασις)에서 나온 것으로, 문자적 의미는 '밖에 서다'이다. 이는 영혼이 육체를 떠나 있는 상태를 가리킨다.

기능이 약한 그때에 귀신이 자아의 중심에, 즉 그 텅 빈 웅덩이에 쉽게 자리 잡을 수 있기 때문이다.

이러한 영혼 판매자로서 가장 대표적인 예는 무당이다. 사람들은 정말 용한 또는 신통한 능력을 가지고 있는 무당을 이렇게 부른다. "신이 내린 무당이다." 말 그대로 귀신이 무당 안에 내려앉은 상태를 의미한다. 귀신이 자아 안에 자리 잡고 있는 무당은 인간 이상의 능력들을 보여주곤 한다. 과거나 미래의 일들을 맞추기도 한다. 흥미로운 사실은 무당이 점을 치거나 귀신을 불러내는 일을 할 때는, 자기 자신을 엑스터시의 상태로 몰아가기 위해서 자신만의 의식을 행한다. 특별한 의식 행위를 통해서 자아의 기능이 약해지면, 무의식(하나님의 영이 빠져 나감으로 형성된 것이 무의식이라 했다. 그 무의식에 귀신이 숨어들어가게 된다.)에 숨어 있던 귀신이 활동할 수 있게 된다.

영혼거래자들의 특징은 다음과 같다. 먼저 자아 안에 두 개의 인격이 존재함에도 불구하고, 자아가 일정 수준에 있어서는 제 기능을 할 수 있다는 점이다. 다른 말로 표현하면 자아가 지·정·의에 심각한 피해를 받지 않은 채로, 귀신과 함께 공존해 살아갈 수 있다는 것이다. 그 이유는 자아가 의지적(의)으로 귀신을 받아들였기 때문이고, 영혼거래자는 자신 안에 귀신이 존재하고 있음을 알고(지) 있으며, 여러 사건들을 통해서 자아 안에 있는 귀신을 경험(정)했기 때문이다. 즉 자아의 지·정·의 전체를 통해서 귀신을 받아들이고 있는 것이다. 영혼거래자의 자아는 귀신(악한 영)과 조화를 이루며 살아갈 수 있기 때문에, 지·정·의에 큰 문제없이 꼭 평상인과 같이 기능하며 살아간다. 굳이 영혼거래자와 보통 인간의 차이점을 밝혀본다면, 보통 자아의 중심은 무의식 상태로 텅 비어 있지만, 영혼거래자의 자아 중심에는 귀신이 거주하고 있다는 것이다.

두 번째 방법은 귀신이 자아 안으로 무단 침입하는 것이다. 자아의 의지와 상관없이 귀신이 자아의 지·정·의를 파괴하면서 침입해 들어오는 것이다. 이때는 자아가 엄청난 고통을 호소하게 되는데, 그 이유는 자아의 영혼이 파괴되는 경험을 하게 되기 때문이다. 상상해 보라. 자아의 허락 없이 악한 영적 인격체가 자아 안으로 침입해 들어오는 상황을. 자아가 아무리 저항하려 해도 악한 영의 강력한 힘에 압도되는 상황을. 그리고 자아 안에서 강력하게 몸부림치는 악한 영을 경험할 때 느끼는 감정과 사고의 혼란과 고통을 상상해 보라.

이와 같은 자아와 악한 영 사이의 싸움으로 인해서 상처받는 쪽은 언제나 자아이다. 자아가 싸움에서 이겨낸다 할지라도 지·정·의가 제 기능을 하지 못할 정도로 훼손되는 경우가 대부분이며, 언제든 2차, 3차의 공격에 노출되게 된다. 만약에 자아가 싸움에서 패배하고 귀신이 승리하게 된 경우에는, 자아가 완전히 망가지는 상태에 처하게 된다. 지·정·의 뿐 아니라, 인격과 영혼이 파괴되었다고 표현할 수 있다. 이 경우에는 자아가 기능을 거의 할 수 없게 되기 때문에, 누가 봐도 귀신들렸다는 사실을 쉽게 알아차릴 수 있게 된다. 옷차림이나 외모에서도 명백히 드러나며, 괴상한 행동과 소리를 내고, 심한 공격성을 갖기도 하고, 백치 수순의 생활능력을 보이기도 한다.

귀신의 침입은 다음과 같은 상태에 처한 자아에게 자주 발생한다. 자아의 지·정·의의 밸런스가 심각하게 무너져 있거나, 기능이 심하게 훼손되었을 때이다. 중요한 사람의 죽음이나 불행과 같은 갑작스런 사건을 경험한 자아는 순간적으로 큰 혼란을 겪게 된다. 대부분의 경우는 엄청난 감정의 소용돌이와 폭발로 인해서 사고와 의지의 기능을 순간적으로 잃어버리게 되는데, 이렇게 한번 조화가 깨지게 되면, 그 후유증은 심각하다. 많은 경우가 오랜 시간을 거치면서 점차 회복되지만, 어떤 경우는 심한 우울증과 같은 신경증을 앓기 시작하기도 하고, 더 심한 경우에는 정신병을 갖게 되기도 한다.(앞의 인숙의 예처럼) 그리고 더러는 귀신들림을 당하기도 한다.

그러나 감정 폭발이나 불행한 사건이 귀신들림의 직접적인 원인이 되지는 못한다. 감정 폭발은 일종의 자아 표현에 불과하고, 불행한 사건은 아무리 크고 심각하다 할지라도 외부 사건에 불과하기 때문이다. 지·정·의의 기능 약화 역시도 직접적인 원인이 되지 못한다. 자아의 기능 약화가 약점으로 작용 될 수 있을지는 모르지만, 원인은 되지 못한다.

 귀신의 침입을 발생시키는 직접적인 이유는 자아의 부정적이고 악한 생각(사고)에 있다. 불행한 사건을 경험한 자아가 이후에 악한 생각들로 가득 채워질 때가 있다.

"나는 죽어 마땅해"
"나는 쓰레기야"
"무슨 짓을 해서라도 꼭 복수하겠어"
"죽일 거야"
"나는 하나님을 저주해"

"나는 저주받아 마땅해" 등과 같은 수없이 많은 부정적이고 악한 생각들로 자아 내면이 가득해지면, 동시에 자아 안에 악한 감정이 불러 일으켜지고 악한 의지가 형성되게 된다. 이와 같이 자아의 지·정·의 전체가 악으로 가득 차게 되면, 그 인격 자체가 악하게 변한다. 이때 귀신이 악한 자아 안으로 침입할 수 있게 된다. 그러므로 침입의 직접적 통로는 사고이다. 악한 생각을 틈타서 귀신이 침입해 들어온다.

 또는 순서만 바뀌어서, 평소에 부정적이고 악한 생각에 사로 잡혀 있던 자아가 어떤 사건으로 인해서 자아의 기능이 약해졌을 때, 바로 그때에 귀신의 공격을 받을 수 있다. 순서야 어찌되었건, 자아의 부정적이고 악한 사고가 귀신들림의 직접적 원인이라는 사실은 분명하다. 아무리 끔찍하고 견디기 어려운 사건이 발생한다 하더라도, 외부 사건은 귀신들림의 직접원인이 되지 못한다. 그러나 비록 작고 별일이 아니어도, 부정적이고 악한 생각에 자아가 사로잡히게 되면, 귀신에게 문을 활짝 열어주는 샘이다.

 세 번째 방법은 어렸을 때 귀신에게 바쳐지는 것이다. 이것은 앞선 두 가지 방법의 중간 정도에 위치한 방법이다. 자신의 의지로 귀신들림을 선택한 것도 아니고, 그렇다고 두 번째 방법처럼, 부정적이고 악한 사고를 품음으로 인해서 귀신에게 침범 당한 것도 아니기 때문이다. 대부분의 경우는, 부모에 의해서 어린 자녀가 귀신에게 바쳐진다. 세상에 이런 부모가 어디 있을까 싶겠지만, 실제로 이런 일들을 주위에서 종종 접할 수 있다. 일단 의식을 통해서 어린 자녀가 귀신에게 바쳐지게 되면, 이후로 귀신은 그 바쳐진 자아의 주위를 계속 배회하게 된다. 아직 어린 나이이기 때문에, (심지어는 신생아가 바쳐지기도 한다) 나중에 자아가 자라나서, 귀신들림을 선택하거나 아니면, 악한 생각으로 침입의 원인을 제공할 때까지 귀신은 미성숙한 자아 옆에서 때를 기다려야 한다.

실제로 귀신의 영향력은 그렇게 강력하지 않다. 많은 사람들은 '언제든 귀신은 사람을 헤치기도 하고, 죽일 수도 있는 강력한 영적 존재다'라고 생각하지만 자아가 믿고 인정하는 데까지만 귀신이 영향력을 행사할 수 있다. 즉 귀신을 믿지 않거나 인정하지 않는 자아에게는, 귀신이 어떤 능력이나 힘도 행사할 수 없다. 그러나 어린 시절 귀신에게 바쳐진 자아는 아주 어려서부터 자신의 의지와 상관없이 귀신의 존재를 경험하며 살아간다는 것이 문제이다. 미성숙한 어린 자아의 주위에 머물도록, 그리고 나중에는 그 자아의 주인이 될 수 있도록 부모로부터 권위를 부여받은 귀신이 어린 자아에게 쉽게 접촉해 오기 때문이다.

이렇게 귀신이 삶의 일부가 되어 버리고, 믿음의 일부가 되어버린 자아는 끊임없는 귀신의 회유와 공격을 동시에 받게 된다. 귀신은 자아에게 영혼을 팔 것을 계속 요구하고, 때로는 악한 생각으로 약해진 자아를 침범하기도 한다. 그래서 결국은 귀신의 요구와 협박에 스스로 자신의 영혼을 팔아버리거나, 그렇지 않으면 귀신의 공격에 자아가 심하게 훼손되어서 나중에는 미쳐버려 귀신들리게 된다. 세 번째 종류의 귀신들림을 경험하는 사람들이 가장 불쌍하고 비참하다. 어린 시절 귀신에게 바쳐진 자아가 평생에 걸쳐 겪게 되는 고민과 고통을 설명하기란 그리 쉽지 않다.

그러나 어릴 적 귀신에게 바쳐진 자아가 귀신들림을 피할 수 있는 유일한 방법이 있다. 그것은 자아의 빈 공간을 본래 주인, 즉 하나님의 영으로 채우는 것이다. 하나님의 영이 자아 안으로 들어오게 되면, 더 이상 빈공간이 존재하지 않기 때문에 귀신이 비집고 들어올 수 없게 된다. 또한 이미 자신의 영혼을 판매한 경우나, 침범당하여 귀신이 자아의 주인이 되어 버린 경우에는 축사의 방법이 있다. 다시 말하면 하나님의 영을 가진 자아가 하나님의 능력을 힘입어 귀신을 몰아내는 것이다. 축사 이후에 더욱 중요한 것은 귀신이 나간 그 공간에 하나님의 영이 들어올 수 있도록 초청해야 한다는 점이다. 그렇지 않으면 귀신이 그 터진 웅덩이를 다시 차지하러 올 수 있기 때문이다.

2. 정신질환에 대한 편견

마지막으로 우리가 조심해야 할 한 가지가 있다. 그것은 신경증이나 정신병을 앓고 있는 모든 사람을 나쁜 사람으로 간주하려는 경향이다. 대부분 정신질환의 이유가 자아의 악함에 있지 않고, 오히려 자아의 연약함에 있다. 악한 사람은 신경증이나 정신병을 겪는 경우가 드문 반면에, 자아가 연약하여 민감한 사람들한테서 정신질환이 자주 발생한다. 그 이유는 자신 안에 형성된 죄(방향성)에 자아가 잘 적응하지 못하기 때문이다. 죄에 자아가 고통받다보면 자아의 지·정·의에 심한 불균형이 형성된다. 이러한 불균형이 어떠한 형태로 발전하느냐에 따라서 다양한 신경증으로 나타나게 되며, 극심한 불균형으로 인해서 자아가 현실과 동떨어진 상태로 치닫게 되면 그것이 바로 정신병이다.

보통 사람들은 자신의 죄에 잘 적응하며, 그것을 적절하게 요리해서 자기 자신의 일부로 만들어 버린다. 그리고는 탐욕하고 즐기기까지 한다. 그러나 자아가 지나칠 정도로 순수한 사람들은 죄를 견디지 못하고 여러 가지 정신질환을 겪게 된다. 어떤 사람들은 유전적으로 영혼이 너무 민감하거나, 너무 둔감하게 태어나서 정신질환을 앓게 되기도 한다. 그러므로 정신질환을 앓고 있는 자아들은 도움이 필요한 연약한 사람들이다. 이들을 이상한 눈으로 바라보거나 정죄하는 태도를 가져서는 안 될 것이며, 오히려 돕고자 하는 사랑의 마음으로 이들을 대해야 할 것이다.

나는 제2부를 마무리하게 되어, 개인적으로 매우 속 시원한 마음이다. 위의 내용들을 써 내려가는 일이 쉽지 않았기 때문이다. 어느 조용한 기도원에서 혼자 묵상하며 초안을 작성할 때였다. 제2부의 밑그림을 그리는데 약 3-4일정도의 시간이 걸렸는데, 그 기간 동안 마음이 답답하고 우울한 기분을 경험했고, 영적으로도 무엇엔가 지긋이 눌려있는 듯했다. 그때 생각하기를, 잘 자지 못하고 힘들게 책을 쓰다 보니 그런가보다 했다. 그러나 다음 장인 '갈망'을 시작하자마자, 나의 마음이 갑자기 가벼워졌고 즐거운 기분으로 가득해졌던 경험을 했다. 분명히 육체적으로는 더 힘들고 피곤한 가운에 있었는데도 불구하고 말이다. 만약 독자 여러분 중에 위의 내용을 읽어내려 오다가 이와 비슷한 경험을 한 사람이 있다면, 그것은 당신이 책의 내용을 깊이 있게 이해했다는 증거이다. 제2부의 내용 전체가 죄와 죄에서 파생된 문제들이다 보니, 글을 쓴 저자나 읽는 독자들의 마음이 무거울 수밖에 없다.

귀신들림 지수 평가서

귀신들림 지수 (/16)

0-4점은 일반인이 소유하고 있는 정도의 미약한 귀신들림과 같은 증세입니다.
5-9점은 주의를 요하는 정도의 귀신들림과 같은 증세입니다.
10-16점은 당신은 귀신들림 증세를 가지고 있습니다. 전문가에게 정밀진단을 받아 보세요.

제3부

내면대폭발
DEEP BANG

 DEEP BANG

우리는 앞의 제2부에서 인간이 근본적으로 죄의 상태에 빠져 있다는 사실을 자세히 알아보았다. 또한 죄가 모든 악과 신경증과 정신병의 뿌리인 것도 알아보았다. 바라기는 여러분이 스스로 얼마나 절박한 상황에 처해 있는지를 깊이 있게 이해하는 기회가 되었기를 바란다. 철저한 자기 이해가 전제되지 않으면, 여러분이 제3부의 '갈망' 내용을 제대로 이해하기 어렵기 때문이다. 제3부에서는 타락했던 자아가 내면대폭발 이전의 상태로 회복되는 과정에 대해서 살펴보도록 하자. 여기서 의미하는 '이전의 상태로 회복'은 꼭 과거 상태 그대로의 회귀가 아니다. 오히려 하나님의 영과 분리되었던 자아가 하나님과 새로운 연합의식을 되찾게 되고, 이로 인해서 원래 자아가 가지고 있던 모습과 기능들을 되찾는 것을 의미한다.

1. 회복으로의 초대

'갈망'에 대한 직접적인 언급을 하기 전에 여러분과 확인해야 할 세 가지가 있다. 첫째는 이번 장에서 다루게 될 '갈망'은 회복의 후반부에 초점 맞추고 있다는 점이다. 회복은 평생에 걸쳐서 일어나는 매우 긴 과정이다. 긴 시간만큼이나 회복의 내용도 다양하다. 각 사람의 형편과 사정에 따라서 회복은 각기 다르게 진행된다. 그러나 내면대폭발에 의하면, 회복의 근본 이슈는 자아의 방향성(죄) 전환에 있다. 진정한 회복을 위해서는 형편과 상관없이 모든 사람이 자아의 죄를 꼭 해결해야만 한다. 그래서 아래의 그림처럼 회복을 도식화 해 본다면, 회복을 크게 두 단계로 나눌 수 있다. ① 방향성 전환을 향해서 나아가는 회복과정과 ② 방향성 전환 이후에 발생하는 회복과정으로 나눌 수 있다. 대부분의 기독교상담 서적은 앞의 전반부 회복에 대해서 다루고 있다. 어떻게 하면 자아가 자신의 근본문제(죄: 방향성)로 접근할 수 있는지를 돕는다. 자아가 겪고 있는 상처와 문제의 해결을 도와줌으로써, 자아가 자신의 근본문제에 다가가서 해결할 수 있도록 돕는 것이다. 그러나 이 책은 자아가 죄의 문제를 해결하는 방법, 그리고 방향성 전환 이후에 발생하는 자아의 변화를 이론화시켜 설명하고 있다. 자아의 방향성이 내면으로 바뀌고, 그로 인해서 일어나는 내면의 변화를 심리학적인 방법으로 설명하고 있다. 그러므로 '갈망'부분은 회복의 후반부를 설명하는데 렌즈 초점이 맞추어져 있다.

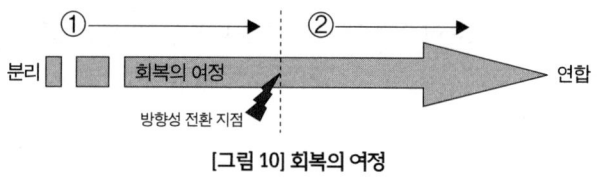

[그림 10] 회복의 여정

얼마 전 한 여성이 저자와 토론 중에, 회복을 이론화시키는 것은 불가능한 일이며 불필요하다고 강력하게 주장한 적이 있었다. 그렇다. 회복의 과정을 논리적 사고와 순서에 맞춰서 이론화시키는 것은 매우 힘든 일이다. 회복이 각 개인에 따라서 매우 다양하게 진행된 다는 점이 설명을 어렵게 할 뿐 아니라, 더욱이 하나님이 직접 주도하는 회복의 영역들이 존재하기 때문이다. 회복은 매우 신비로운 과정의 연속임에는 분명하다. 그럼에도 불구하고 이 책이 회복의 과정을 이론화시키려고 노력하는 이유는 이렇다. 회복에 대한 청사진을 우리가 가질 수 있다면, 회복의 길을 걷는 독자들이 불필요하게 잘못된 길로 헤매는 일을 줄일 수 있기 때문이다. 얼마나 많은 사람들이 회복의 과정 속에서 돌아가고, 넘어지고, 더러는 더디 가고 있는가? 또한 청사진의 도움으로 우리는 회복을 더 깊이 맛 볼 수 있을 것이다. 따라서 이후에 설명되어지는 회복의 원리와 과정을 독자 여러분이 정형화된 도식처럼 받아들이지 않기를 바란다. 오히려 모범적인 회복의 한 과정으로 이해하기 바란다. 가장 이상적이고 완벽한 회복이 가능하다면, 이후에 설명되어질 회복과정과 같을 것이라고 생각한다.

둘째는 현재 인간의 상태에서 완벽한 회복이란 불가능하다는 점이다. 앞으로 보게 될 내용은 자아가 회복되어가는 과정이지, 회복된 상태가 아니다. 사실상 완벽한 회복은 불가능하다. 만약 자신이 완벽한 회복을 경험해서 더 이상 회복이 필요 없는 사람이라고 주장한다면, 분명히 그 사람은 거짓말하고 있는 것이다. 인간이라면 어느 누구나 방향성(죄)을 가지고 있기 때문에 완벽한 회복상태를 지속적으로 유지할 수는 없다.

그러나 어느 한 시점에서 완전한 회복상태를 경험하는 것은 가능하다. 회복된 자아가 매순간 완벽할 수는 없겠지만, 순간적으로 완전한 상태를 경험하는 것은 가능하다. 시침과 분침이 있는 시계를 예로 들어 이해해보자.[1] 12시 정각 시간을 완벽한 상태라 가정을 해보자. 시계가 가장 완벽해지는 때와 장소가 12시라고 가정해보는 것이다. 시계는 끊임없이 움직인다. 어떤 때는 1시, 또는 6시를 가리킨다. 그러다 어느 한 순간에는 시침과 분침이 동시에 합쳐지면서 12시 정각을 만들어낼 때가 있다. 항상은 아니지만, 하루 두 번 시계가 가장 완벽해 지는 순간을 경험한다.

---

[1] 내가 대학시절 손택구 교수께서 성결의 개념을 설명할 때 사용한 예다. 교수의 설명으로는 John Wesley가 먼저 사용한 방법이라 했다.

이처럼 자아도 자신의 양면성 때문에, 회복과 타락 사이를 왔다 갔다 한다. 대부분의 자아는 평생 동안 단 한 번도 완벽한 상태를 경험하지 못하지만 몇몇 자아는 그 행운의 상태를 경험하기도 한다. 그리고서 이 행복한 자아는 이전의 완벽한 상태를 다시 경험하기 위해서, 최대한 12시 정각 주위에 머물며 살아간다. 우리는 이들을 존경하며, 몇몇을 성인이라고 부른다. 이와 같이 타락한 자아가 100% 회복되어서 더 이상 회복이 필요하지 않은 상태로 복귀되지는 못하지만 때때로 100% 완벽한 상태를 경험할 가능성은 가지고 있다. 따라서 완벽하지 못한 자신의 모습에 실망하거나 절망할 필요는 없다. 우리는 완벽할 수 없기 때문이다. 오히려 우리가 완벽을 향해 노력할 수 있는 기회를 가지고 있으며, 또 우리 가운데 몇은 이미 그 과정 가운데 있다는 사실에 기뻐해야 한다.
　셋째는 책의 서술 방법과 관련된 내용이다. 이전까지는 자아의 현 상태를 설명하는 부분이었기 때문에, 자세한 심리학적 기술이 가능했다. 인간 자아의 현재 상태를 있는 그대로 써 내려가면 되었고, 더군다나 일반 자연과학 원리와 일치하는 상태이기 때문에 과학적이고 심리학적인 서술이 비교적 쉬웠다. 우리는 그런 장점을 최대한 사용해서 신경증과 정신병의 몇몇 증상들을 자세히 알아보았다. 심지어 죄와 악이라는 형이상학적인 상태까지도 심리학적으로 서술할 수 있었다. 이것은 뜻밖의 큰 행운이라 할 수 있겠다.
　그러나 앞으로 살펴볼 갈망은 현재 인간의 상태를 거스르고 뛰어넘어야 하는 과정이다. 다른 말로하면 자연과학 원리를 역행하는 신비한 과정이다. 그렇기 때문에 영적이고 미래지향적인 서술이 이번 과에서는 많이 첨가될 것이다. 그렇지 않고서는 자아의 회복과정을 충분히 설명할 수 없다. 그래도 이 책의 서술목적[2]을 만족시키기 위해서 최대한 심리학적인 서술을 위해 노력 하겠다.

---

[2] 인간 영혼(영과 자아)의 상태와 변화를 이해할 수 있는 심리학적 원리(이론)를 만든다.

제1장
영혼의 선물

하나님의 영과 분리된 자아가 본질적으로 밖을 향해서 움직이고 있다는 사실은 이제까지 우리가 살펴본 제2부의 중심 주제였다. 그렇다면 왜 인간은 모두 다 점점 더 악해지지 않고, 신경증이 심해지지 않고, 또는 정신병에 걸리지 않는 것일까? 우리가 인간의 방향성을 단순하게 이해한다면, 인간은 내면에서 점점 멀어져서 결국에는 모두 심각한 신경증 환자가 되거나 정신병자가 되어야 한다. 인간은 내면으로 향하고 싶어도 무의식 속에 숨겨진 내면의 중심을 찾을 수 없을 뿐 아니라, 밖에서 유혹하는 욕망이 너무 강력하기 때문이다.

그런데 이상하게도 일부의 인간들이 만족스럽고 건강한 가정을 이루면서 사는 경우를 종종 볼 수 있다. 상대적이기는 하지만 심한 신경증이나 정신병 증세도 없이 무난하게 사는 사람이 많으며, 심지어 소수의 사람은 도덕적이고 희생적인 삶을 살기도 한다. 우리가 주목해야 할 부분은 이 사람들에게는 회복된 하나님의 영이 없다는 사실이다. 그럼에도 불구하고, 내면의 갈망이 어느 정도 채워진 행복한 삶을 살아갈 수 있다. 이를 어떻게 설명할 수 있겠는가?

"어떻게 하나님 없이도 인간이 서로 사랑하며 살아가는가?"
"자신과 상관없는 사람에게도 선을 행할 수 있는가?"
"또는 행복을 경험하며 살 수 있단 말인가?"

1. 직관

영혼의 첫 번째 기능은 직관이다. 인간의 영혼이 직관을 통해서, 때때로 하나님의 존재를 자아에게 알려주기 때문이다. 여기서 말하는 영혼이라 함은 무의식 가운데 숨겨져 있는 인간내면의 가장 중요한 부분을 의미한다. 하나님의 영이 자아의 내면에서부터 떠남으로 인해서 인간 영혼의 가장 중요한 부분이 미지의 영역으로 숨겨져 버렸지만, 모든 기능을 다 잃어버린 것은 아니다. 분리로 인해서 인간의 영혼이 심하게 훼손된 것이지, 인간의 영혼이 완전히 없어지거나 죽은 것은 아니다. 무의식으로 남게 된 이 영혼의 핵심부분은 너무나 중요한 역할을 했던 영역이었기 때문에, 제한적이지만 몇몇 기능[1]이 여전히 작동하고 있다. 그것이 영혼의 두 기능, 직관과 양심이다.[2] 다시 말하면 자아의 영혼에게는 아직도 직관과 양심이라는 제한적인 기능이 남아 있어서 자아 스스로를 돕는 역할을 하고 있다.

직관은 자아의 지·정·의 작용과 상관없이, 인간의 무의식에서부터 불쑥 올라오는 지식이다. 다시 말하면 무의식 속에 숨겨진 인간의 영혼이

---

[1] Carl Jung은 집단무의식(Collective Unconsciousness)이라는 개념으로 무의식 속에 숨겨진 영혼의 기능(직관)을 깊이 있게 연구했다.
[2] 탐 마샬, 『자유케 된 자아』, 122. Marshall은 인간 영의 세 가지 기능을 직관(지), 양심(정), 그리고 의사소통(의)으로 보고 있다. 나도 역시 Marshall과 같이 세 가지로 본다. 하지만 마지막 의지는 다르다. 직관과 양심 부분에서는 동일하지만, 의지는 자의식의 주체인 바로 인간의 자아 자체로 본다. 이 부분은 너무 복잡해서 솔직히 현재는 더 자세하게 설명할 수 없다. 단지 하나님의 영이 분리되면서 인간영혼의 일부가 돌출되어 나온 부분이 현재 자의식의 주체인 자아라는 점 외에는 설명 할 길이 없다.

자아에게 알려주는 특별한 지식이다. 지식과 관련되어 있다는 점에서 직관과 사고가 공통점을 가지고 있지만, 사고는 자아의 한 기능이고, 직관은 자아의 영역을 넘어선 영적인 기능이라는 점에서 분명한 차이가 있다. 직관은 인간 자아의 사고(지)와 근본적으로 다르다.

　재미있는 사실은 정말 중요한 발견이나 원리들 대다수는 직관을 통해서 인간에게 알려졌다는 사실이다. 뉴턴이 사과나무에서 사과가 땅으로 떨어지는 것을 보면서 만유인력을, 아르키메데스가 목욕탕에서 물이 넘쳐흐르는 것을 보면서 '유레카'를 외쳤던 순간들 모두가, 직관이 섬광과 같이 작동한 사건들이다. 또한 인간에게 중요한 영적 깨달음도 내면에 숨겨진 영혼의 직관을 통해서 알게 된다. 한 예로 하나님의 존재를 들 수 있다. 하늘을 찌를 듯이 높게 서 있는 웅장한 산이나, 어두운 밤하늘에 셀 수 없이 수놓인 별이나 끝도 없이 펼쳐져 있는 광활한 바다를 바라볼 때, 우리는 순간적인 깨달음을 얻게 된다. "아하! 하나님은 존재하는구나." 이것은 우리가 깊이 생각해서 깨닫는 사실이 아니라, 직관을 통해서 우리에게 순식간에 전달되는 지식이다. 무의식에 숨겨져 있던 지식이 불현듯 자아의 의식으로 떠오르는 영적 지식이다. 어떠한 때는 꼭 하나님의 존재를 실재로 체험하는 것과 같은 순간도 있다. 직관은 영혼의 깨달음이다.

　인간이 하나님의 존재에 대한 깨달음을 얻는 순간 자아는 내면의 방향성도 동시에 의식하게 된다. 즉 자아에게 영혼의 갈망이 존재함을 의식하게 된다. 자아는 순식간에 하나님의 존재에 대해 깨닫게 되고 자신의 내면을 힐긋 바라보게 된다. 이러한 상황이 아무리 순간적이고 짧다 하더라도, 자아의 방향성에 브레이크가 걸리기에 충분하다. 밖으로만 전진해 가던 자아가 순간 멈칫하게 되며, 많은 경우에는 내면으로 방향을 전환하기까지 한다. 보통의 경우에는 하나님에 대해서 깊이 생각해 보기도 하고, 또는 신앙생활을 진지하게 시작하기도 한다.

　어떤 경우에는 하나님에 대한 것이 아니다 할지라도, 전정한 삶의 의미나 사랑 또는 그 동안 자신이 유지해 왔던 중요한 인간관계에 대해서 고민하게 된다. 사실은 이 모든 것들이 내면의 갈망과 밀접하게 관련된 것들로 자아의 내면에서 일어나는 일들이다. 자아가 위와 같은 내용들로 고민하고 노력할수록 자아는 조금이나마 근본적인 문제들을 다룰 수 있는 기회를 얻게 된다. 즉 외부로만 질주하던 자아의 방향성에 제동이 걸리고, 그토록 이기적이고 요구 적이기만 했던 자아가 변하여 다른 사람을 배려하게 되고, 자신의 내면의 것들에 관심을 갖게 된다. 직관은 과학적으로나 심리학적으로 잘 설명되지 않는 숨겨진 영혼의 한 가지 기능이지만, 인간 입장에서 볼 때는 참으로 감사하고 축복된 것임에 틀림없다. 만에 하나 인간이 직관을 가지고 있지 않다면, 모든 인간은 정신병에 걸려 고통 받다가 결국엔 비참하게 죽게 될 것이다.

2. 양심

영혼의 두 번째 기능은 양심이다. 바로 앞에서 보았듯이, 직관이 영혼의 사고와 같은 기능을 한다면, 양심은 영혼의 감정과 같은 역할을 한다. 자아가 사고와 감정을 가지고 있듯이, 영혼에게도 사고와 감정의 기능을 가지고 있는데, 양심이 바로 영혼의 감정이다. 그리고 양심이 가장 먼저 영향을 끼치는 곳이 자아의 감정이다. 영혼이 느끼는 감정(양심)이 자아의 감정을 통해서 표현되는 것이다. 양심은 일차적으로 자아의 감정에 두려움·죄책감·불안을 일으키는 기능을 감당하고 있다. 자아가 양심을 통해서 죄책감을 느끼는 이유는 양심이 순수하고 직설적이기 때문이다. 양심도 감정이 그러는 것처럼, 항상 현재 상황에 대해서 직설적으로 표현한다. 자아가 내면이 아닌 바깥쪽을 향하고 있기 때문에 그것을 경고하는 것이다.

양심을 통해서 느끼는 감정이 왜 하필이면, 그 많은 종류의 감정 중에서 죄책감일까? 그 이유는 매우 간단하다. 인간의 영혼은 하나님과의 분리를 정확히 느끼고 있기 때문이다. 자아는 잘 모를 수도 있다. 무의식의 깊은 영역 속에서 영혼이 작동하고 있기 때문에, 자아는 양심이 어떻게 작용하는지 정확히 알지 못한다. 그러나 영혼은 자신의 빈자리의 주인이 누구인지 너무나 잘 알고 있다. 그래서 자아가 방향성을 따라서 살아갈 때면 또는 잘못을 저지르면, 양심이 발동하면서 분명하게 죄책감으로 경고한다. 하나님 아닌 다른 무엇으로 그 빈 웅덩이를 채우려는 노력이 잘못된 것이라고 표현하는 것이 바로 양심의 가책이다.

일단 자아가 양심의 가책을 받게 되어 죄책감을 느끼게 되면, 자아는 급속도로 움츠러들게 된다. 지·정·의 세 가지 모든 영역에서 민감한 반응을 보이면서 위축되게 된다. 이런 이유로 죄책감이 신경증의 원인이 되기도 한다. 그러나 동시에 한쪽 방향으로만 치우쳐 있던 자아의 방향성을 조정해주는 강력한 역할을 하기도 한다. 자아의 방향성에 제동을 거는 데는 양심보다 더 효과적인 것은 없다. 꼭 움직이는 자동차에게 급브레이크를 밟는 것과 같은 것이다. 삐…익 하는 소리와 함께 자동차가 예기치 않은 상황에서 멈춰서거나 속도가 급속도로 줄어든다고 상상해 보라. 이것이 바로 양심에 의한 죄책감의 역할이다.

1) 웃음 vs 죄책감

죄책감이 자아를 움츠리게 한다면, 반대로 웃음(유머)은 긴장되어 있고, 위축되어 있는 자아를 상하좌우로 흔들어서 유연하게 만들어주는 기능을 한다. 지·정·의 사이에 형성된 긴장감과 불안을 완화시키는 역할을 한다. 인간이 신나게 웃고 난 후에 느끼는 머리의 상쾌함과 가슴이 시원해지는 감정은 그 이유 때문이다. 따라서 하나님의 말씀이 자아에게 주입될 때에나, 회복과정 가운데에 웃음이 첨가 될 때, 회복을 보다 효과적으로 진행시키며 가속화 시킬 수 있다. 자칫 양심의 죄책감으로 인해서 너무 경직되기 쉬운 자아에게 있어서, 웃음은 꼭 필요한 회복 영양제와 같은 것이다.

이런 의미에서 설교자나 상담가에게 유머감각은 꼭 필요한 것이다. 설교가 심각한 내용으로 너무 일관되면, 청중들은 무의식적으로 방어적인 태도를 취하게 된다. 이때 유머와 웃음을 통해서 청중의 위축된 자아를 유연하게 풀어 놓을 필요가 있다. 한바탕 웃음으로 자아가 상쾌한 상태로 변했을 때, 설교의 내용이 훨씬 효과적으로 자아의 깊은 곳까지 다다를 수 있게 된다.

다시 주제로 돌아가서, 양심의 솔직하고 직설적인 성격을 감안해 본다면, 근본적으로 양심은 자아에게 유익한 것이다. 문제는 자아가 양심을 거부하거나 억압한다는데 있다. 시험 중에 옆 사람의 답안지를 훔쳐보려 할 때, 양심은 작용한다. 부모에게 거짓말을 할 때, 부부가 심하게 싸웠을 때, 자녀에게 한 약속을 지키지 못했을 때, 외도를 할 때, 사기 행각을 한 뒤에도, 살인을 하거나 심각한 죄를 짓게 되었을 때, 양심은 어김없이 우리 감정을 통해서 직설적으로 표현한다. 사실 이때가 자아에게 있어서는 방향성을 내면으로 바꿀 수 있는 절호의 찬스이다. 정말 유익하고 축복된 영혼의 신호라 할 수 있다. 그러나 아쉽게도 대부분은 묵살되거나 숨겨져 버린다는 것이 문제이다.

더욱 큰 문제는 대부분의 심리학자와 정신건강 전문가들이 양심이 불러일으키는 죄책감이 정신건강에 해롭다고 생각한다는 점이다. 그러나 우리가 분명히 기억할 점은, 근본적인 치료와 정신건강을 위해서는 양심의 기능에 주의를 기울여야 하며, 정직하게 반응할 필요가 있다. 그냥 무시해 버리거나 없애 버려야 할 종류의 것은 절대로 아니다.

3. 직관과 양심의 역할

　직관과 양심은 일관된 자아의 방향성에 제동을 거는 역할을 한다. 그래서 자아는 완전한 타락이나 정신병과 같은 증상을 경험하지 않고 육체(대상을 포함하여)와 내면사이를 방황하게 되는 것이다. 때로 직관과 양심에 정직하게 반응하고 귀 기울이는 자아들이 있는데, 이들은 매우 놀라운 일들도 해낸다. 자아의 본질적인 요구, 즉 갈망을 의식하게 된다. 다른 말로 표현하면 자아가 본질적으로는 욕구지향적(Pleasure-Oriented)이 아니라, 대상지향적(Object-Oriented)이라는 놀라운 진리를 깨닫게 된다.[3] 자아가 욕구충족을 위해서 집착하는 이유가 욕구 자체에 있는 것이 아니라, 대상을 만남으로 관계형성을 갈망하기 때문이라는 사실을 직관과 양심을 통해서 깨닫게 된다.
　그래서 현명한 이들은 욕구 만족시키기를 그만두고, 의미 있는 관계를 형성하는데 중점을 두게 된다. 자녀에게 더욱 관심을 보이고 시간을 같이 보냄으로써 자녀와 부모 사이에 관계를 형성한다. 부부 사이에도 신뢰와 친밀감을 높임으로 유익한 관계를 형성한다.
　자아가 욕구 지향적이기를 포기하고 대상지향적이 되었을 때, 그들은 놀라운 일들을 경험하게 된다. 깊이 형성된 관계를 통해서 전에 느끼던 욕구불만이 점점 사라지는 것을 경험하고 새로운 만족감을 경험한다. 우리는 이런 사람들을 주위에서 종종 보게 되는데, 자아가 내면을 향해 있음으로 인해서 행복하고 만족스런 삶을 사는 사람들이다. 이들은 하나님과의 인격적 관계를 통해서 근본적인 갈망을 해결하지는 못했다. 그러나 자아가 내면을 향하고 또 주위의 중요한 관계를 통해서 2차적인 갈망을 채우고 있기 때문에, 상대적이지만 만족스런 삶을 살 수 있다.
　소수의 몇몇 사람들은 자아의 갈망이 외적욕구에 있지 않으며, 또 다른 자아와의 관계에도 있지 않고, 바로 하나님과의 관계에 있다는 진리

---

[3] Ernest Becker, *The Birth and Death of Meaning*, 50.

를 깨닫기도 한다.[4] 이들은 여러 가지 방법들을 통해서 하나님에게로 나아가려고 노력한다. 끊임없는 자아의 노력으로 내면의 무의식 속에 숨겨져 있는 영혼의 중심에 이르고자 한다. 명상을 사용하기도 하고, 요가를 사용하기도 하고, 고행이란 극단적인 방법을 사용하기도 한다. 우리는 이들을 종교인 또는 수도사라 부른다. 그러나 이들의 자아는 절대로 영혼의 중심에 이를 수도 없고, 근본적인 갈망을 해갈하지도 못한다. 왜냐하면 자아의 노력으로는 이미 떠나버린 하나님의 영을 되찾을 수 없기 때문이다.

극히 드문 일이지만, 자아의 노력으로 영혼의 중심부에 다가간 사람도 있다. 이들의 대답은 항상 똑같다. "인생은 허무하다" 또는 "공허하다"이다. 나는 여기에서 특정 종교를 비판하고 싶은 생각은 없다. 그러나 자력 구원을 주장하는 동양종교 지도자들의 명언을 자세히 연구해보면, 하나같이 허무와 공허를 표현하고 있는 것을 발견할 수 있다. 그 이유는 이들이 무의식 속에 숨겨진 영혼의 중심에 다가갔지만, 거기에는 터진 웅덩이만이 존재한다는 사실을 깨달았기 때문이다. 그들이 평생을 바쳐 깨닫게 된 사실이란 바로 하나님의 영이 떠난 빈자리를 확인한 것뿐이다. 굉장히 어렵고 힘든 수련을 거쳐서 발견한 사실이긴 하지만 하나님의 떠남으로 형성된 빈 공간의 존재를 이미 알고 있는 사람에게는 그다지 도움이 되지 않는다.

---

4) 키에르케고르, 『죽음에 이르는 병』, 232.

제❷장
특별은혜

 자아는 스스로 근본적인 갈망을 해결할 수 있는 존재가 아니다. 아무리 자아가 위대한 일을 해내고 내면을 깊이 성찰한다고 해도, 없는 것을 만들어 낼 수는 없는 것이 자아의 한계이다. 다르게 표현하면 아무리 내면을 여러 번 들여다 볼 수 있다 해도, 인간이 가지고 있는 죄의 상태를 스스로 바꿀 수는 없다. 여기에서 우리는 한 가지 결론에 도달하게 된다. 그것은 외부로부터의 도움이 자아에게 유입되지 않는 한, 자아는 표적을 맞출 수 없다는 사실이다.
 신앙적인 용어로 '특별은혜'이라는 단어가 있다. 특별은혜라 함은 문자 그대로 '특별한 은혜' 또는 '특별하게 베풀어진 은혜'라는 뜻이다. 기독교에서는 인간이 구원받기 위해서는 특별은혜가 필수적이라고 주장한다. 인간의 절대적인 타락으로 인해서 하나님으로부터 오는 은혜가 선행되어야만 인간에게 구원의 가능성이 생길 수 있다는 것이다. 내면대폭발 역시도 특별은혜의 필요성을 인정한다. 완벽했던 인간에게서 하나님의 영이 떠난 후에 인간의 자아가 필연적으로 갖게 된 상태를 죄로 보고 있기 때문에, 인간 스스로 죄의 문제를 해결할 수 없다고 본다. 그러므로 인간의 현 자아 상태를 바꾸기 위해서는 외부로부터의 도움만이 유일한 희망이다. 앞에서 보았듯이 인간의 자아가 직관과 양심이라는 기능을 이용하여 아무리 노력한다 해도 근본적인 갈등을 해소할 수 없으며, 자아가 가지고 있는 죄의 문제를 해결 할 수는 없다.

1. 특별은혜의 필요성

이 책의 앞부분에서 자아의 방향성을 설명하기 위해서 열역학 제1, 2법칙이 사용되었다. 제1법칙은 하나님이 떠남으로써 자아 안에 결핍 에너지가 형성되었고, 그 부족한 에너지를 채우기 위해서 자아가 끊임없이 욕구충족을 위한 움직임을 갖게 되었다고 설명했다. 그리고 제2법칙을 통해서는 자아의 운동방향이 인간 내면이 아니라, 밖으로 향한 운동방향이라고 설명했다. 질서도가 높은 데에서 낮은 곳으로의 방향이고, 무질서도가 적은 곳에서 많은 곳으로의 방향이다. 쉽게 표현하면 하나님의 영과 분리된 자아는 본질적으로 고차원적이고 의미 있는 내면에서, 저차원적이고 욕구충족적인 육체로 향하는 방향성을 가지게 되었다. 자아의 상태가 현재 이렇기 때문에 무의식 안에 숨겨진 영혼이 직관과 양심을 통해서 은혜를 베푼다하더라도, 자아의 방향성이 근본적으로 해결될 수는 없다. 큰 호수에 돌멩이 몇 개 던지는 정도의 효과 밖에 되지 않는다.

그렇다고 자아에게 전혀 희망이 없는 것은 아니다. 열역학법칙에 따르면, 특정한 조건과 방법이 선행된다면, 열역학 제2법칙과 반대되는 에너지 이동이 발생할 수 있다고 한다. 그 조건은 외부에서 에너지가 유입되는 것이고, 방법은 안에 내재된 특별한 장치가 있어서, 유입된 에너지가 효과적으로 작용하도록 도와야 한다는 것이다. 이 두 가지가 충족되는 상황 하에서만, 질서도가 낮은 곳에서 높은 곳으로 역행할 수 있다고 한다. 즉 자아의 방향이 외부에서 내면으로 바뀔 수 있다.

열역학 제2법칙과 반대되는 일이 일어나기 위해서는 위의 조건과 방법 두 가지가 꼭 필요하다. 두 가지 중 한 가지만 없어도 이런 일은 일어날 수 없다. 인간도 자연계의 일부분이기 때문에, 자아에게도 자연법칙이 동일하게 적용된다. 또한 열역학 법칙들이 자아의 방향성의 원리를 잘 설명하고 있기 때문에, 동일하게 자아의 방향성 변화에도 열역학 법칙이 적용될 것이다. 다음은 앞에서 언급된 조건과 방법에 대한 구체적 설명이다.

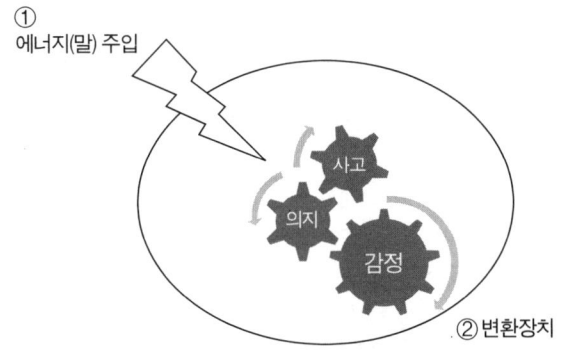

[그림 11] 회복의 조건

열역학 제2법칙에 의하면 개방계(open system)에서는 외부의 에너지가 가해지지 않는 한, 항상 무질서도가 증가되는 방향으로 반응이 일어나게 된다. 또한 외부에서 에너지가 가해지더라도 그 에너지를 질서도를 높이는데 효과적으로 사용할 수 있는 장치가 없으면 질서도는 증가될 수 없다. 즉 무질서한 계가 질서 있는 계로 바뀌려면 ① <u>외부에서 가해지는 에너지가</u> ② <u>의도적인 목적과 설계에 따른 변환장치를 통해 계속적으로 받아들여져야 한다.</u>[1]

---

1) 양승훈, 『창조와 격변』, 84.

외부의 에너지가 인간의 내부로 유입되어야 한다는 조건은 특별은혜에 비유될 수 있다. 이 외부의 에너지 유입은 인간이 원하거나 계획해서 이루어질 수 없는 것이다. 누군가가 의도적인 목적을 가지고 인간 안으로 집어넣어야 가능한 일이다. 물론 우연히(많은 과학자들이 그렇게도 좋아하는 단어: 비과학적 단어) 인간에게 에너지가 주입될 가능성이 없는 것은 아니다. 그러나 돌발적으로 발생한 에너지 주입이 인간의 자아에게 해를 끼치지 않고, 유익을 주기란 거의 불가능한 일이다. 따라서 인간 외의 다른 존재가 의도적으로 인간 안에 에너지를 주입시켜야 한다. 이것은 하나님 편에서만 가능한 일이다. 하나님이 인간을 위해 자신의 에너지를 주입했다면, 이것이 바로 특별은혜이다. 이 방법이 아니고서는 자아에게 어떤 근본적인 변화나 회복은 불가능하다. 자아에게 절대적으로 필요한 것이 있는데, 그것은 하나님의 편에서 준비한 에너지주입 사건이다.[2]

2. 주입의 통로

그렇다면 특별은혜가 어떤 식으로 주입될 수 있을지 그 경로를 예상해 보자. 예상의 변수들을 생각해보면, 먼저 외부의 존재, 즉 하나님이 어떻게 에너지를 주입할 지에 대해서는 아는 바가 별로 없다. 사실 알 수도 없다. 그러나 인간의 편에서 에너지가 어디로 주입될 수 있을 지에 대한 변수들은 우리가 충분히 추측해 볼 수 있다. 그 이유는 우리가 하나님에 대한 정보 보다는 인간 자신에 대한 정보와 지식을 더 많이 가지고 있기 때문이다.

---

[2] 자아의 회복을 위해서 하나님이 준비한 에너지 주입도 가능하겠지만, 동시에 자아의 회복을 방해하려는 에너지 주입도 가능하다. 그 대표적인 예가 '분리' 장에서 이미 언급한 귀신들림이다. 귀신들림은 자아를 철저히 파괴하는 일이다.

인간을 근본적으로 변화시키기 위해 외부의 존재가 에너지를 인간에게 주입한다면, 그 통로는 분명 자아일 것이다. 자아야말로 현재 인간의 중심된 위치를 차지하고 있고 가장 중요한 역할을 하고 있기 때문이다. 주입된 에너지가 자아에게 직접 전달될 때, 가장 효과적으로 영향력을 행사 할 수 있으며, 가장 근본적으로 인간을 변화시킬 수 있다. 쉽게 표현하면 에너지를 받아들일 변환장치가 바로, 자아의 지·정·의 이다. 하나님이 에너지를 준비하는 것이라면, 자아 스스로는 변환장치가 되는 것이다.

좀 더 해부학적인 방법으로 주입될 통로를 찾아보자. 자아는 지·정·의 그리고 방향성으로 구성되어 있다. 이 네 가지 구성요소 중에 에너지가 주입되기 가장 적절한 곳은 어디인가? 그렇다면 어떤 형식의 에너지로 주입되어야 할까? 현재 우리는 내면대폭발의 가장 흥미롭고 신비로운 부분에 서 있다. 독자인 여러분들도 우리가 어떤 결론을 내리게 될지 무척 궁금해 하리라 생각한다.

먼저 우리는 네 가지 자아의 구성요소 중에서 방향성을 제외시킬 수 있다. 왜냐하면 방향성은 말 그대로 자아의 방향성에 불과하지, 에너지를 흡수할 수 있는 성질의 것이 아니기 때문이다. 만약 방향성에게 에너지가 유입되는 사건이 발생해서, 순간적으로 밖으로의 방향성이 내면으로 향하게 된다 하더라도, 그것은 지속적일 수 없다. 왜냐하면 자아의 방향성을 결정하는 원인자, 지·정·의는 변화되지 않았기 때문이다.

그 다음으로 의지(의)를 제외할 수 있다. 왜냐하면 내면대폭발의 앞부분을 다시 기억해 보면, 하나님의 영이 떠남으로 인해서 왜곡되고 불완전해진 부분은 사고(지)와 감정(정)의 부분이었다. 의지(의)는 기능상 손상되지 않았고, 오히려 내면대폭발 이후에 형성된 혼란을 이겨내기 위해서 더욱 강화되었다. 손상된 부분이 먼저 변화되어서 회복이 진행되어야 올바른 순서이지, 사고와 감정은 손상된 그대로 있고 의지만 더 노력하게 된들 진정한 변화가 이루어질 수 없다. 더군다나 의지의 선택 폭과 내용을 결정해주는 곳이 사고와 감정이라는 사실을 고려해 볼 때, 사고와 감정의 영역이 먼저 변화되어야만 한다. 그런 후에야 의지가 올바른 선택을 할 수 있게 된다. 이것이 자아의 설계 구조상 올바른 순서이다.

종합해서 말한다면, 에너지가 주입되기 가장 적당한 위치는 사고와 감정이다. 사고나 감정에 에너지가 주입되었을 때에 자연적이고 순차적인 변화의 과정이 일어날 수 있으며, 보다 근본적인 변화를 예상할 수 있다. 그러나 감정 역시 제외되어야 한다. 그 이유는 에너지가 감정을 통해 주입된다고 가정해 볼 때, 적당한 에너지의 형식을 찾을 수 없다. 감정을 유발할 수 있는 좋은 형태의 에너지를 생각해 보라. 딱히 찾을 수 없다. 더군다나 감정은 일정하지 않기 때문에 받아들이는 자아의 상태에 따라 각기 다른 형태와 정도(level)의 감정으로 유입될 것이다. 따라서 에너지 주입의 경로로 감정은 적절하지 못하다.

그러나 사고에게는 정말 강력하고 효과적인 에너지 유입방법이 있다. 시간과 공간에 제약을 받지 않으면서, 또한 변하지 않고 일정한 형식을 유지한 채로 모든 인간에게 동일하게 주입될 수 있는 방법이 있다. 그것은 바로 서적이다. 한번 기록된 책은 내용이 분실되지 않는 이상 오랜 시간이 흘러도 동일한 내용이 계속 유지될 수 있다. 또한 모든 인간에게, 쏠림 현상이 없이, 균등하게 유입 될 수 있다. 책을 읽고 이해할 수 있는 사람이면, 누구에게나 동일하게 책의 내용이 주입될 수 있다.

그렇다. 결론은 외부의 존재가 인간의 자아 안으로 에너지를 주입해야 하며, 그 통로는 자아의 사고(지)영역이며, 방법은 책이다. 이런 이유로 모든 종교는 정경(신의 계시가 적혀있는 책)을 가지고 있는 것이다. 또한 하나님이 책을 통해서 에너지를 전달하고자 한다면, 그것은 당연히 말(words)이다. 책 속의 말을 통해서 하나님은 인간에게 자신의 에너지(말)를 주입하기 원하는 것이다.

|제3부| 제2장 특별은혜   157

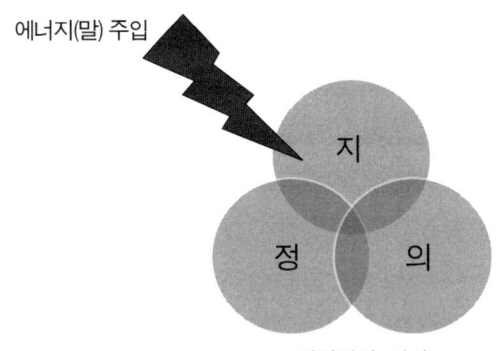

[그림 12] 에너지 주입의 통로

그렇다면 우리는 다음과 같은 질문들을 가질 수밖에 없다.
"정말 자아가 하나님의 책(성경)을 읽음으로 인해서 변화될 수 있는가?"
"단지 책 속에 쓰여 진 하나님의 말이 어떻게 그런 파워를 가질 수 있는가?"
"만약 하나님의 말이 그런 힘을 가지고 있다면, 어떤 과정을 거쳐서 자아의 변화가 가능하단 말인가?"

이것에 대한 분명한 대답은 이렇다.
"가능하다. 하나님의 말은 능력이 있어, 자아의 아주 깊은 부분까지도 온전히 회복시킬 수 있다."[3]

계속되는 책의 내용을 읽어 내려가면서 자신의 내면을 자세히 관찰해 본다면, 하나님의 말에 의해서 자아가 근본적으로 변화되고, 삶이 변할 수 있음을 확인할 수 있을 것이다.

---

3) "하나님의 말씀은 살아 있고 활력이 있어 좌우에 날선 어떤 검보다도 예리하여 혼과 영과 및 관절과 골수를 찔러 쪼개기까지 하며 또 마음의 생각과 뜻을 판단하나니" (히 4:12).

제❸장
회복 장치(Recovery Mechanism)

　일단 하나님의 말이 자아(변환장치)에 주입되면, 이후에 하나님의 말은 자아 안에서 정해진 방법과 순서에 따라서 순차적으로 움직이게 된다. 이러한 규칙적인 원리를 통해서 하나님의 말은 자아를 근본적으로 변화시킨다. 이 원리는 꼭 가뭄에 목말라 있던 나무에게 물을 주면, 그 물이 뿌리를 타고 올라가서 줄기에 다다르고, 그 물은 줄기 안에 이미 형성되어 있는 기다란 물관을 따라 올라가서는, 마지막으로 잎사귀 하나하나에까지 물이 공급되어, 결국에 나무가 다시 살아나는 것과 같은 이치이다. 자아 안으로 주입된 하나님의 말은 절대로 무질서하게 작동하지 않는다. '지·정·의' 순서에 따라서 자아 안을 순환하면서 질서 있게 작동한다.
　가장 첫 번째 회복은 인간이 성경을 펴서 읽음으로써 시작된다. 자아가 읽는 행위를 통해서 하나님의 말이 사고에 주입되면, 사고는 하나님의 모습(이미지, 개념, 정보)을 새롭게 의식할 수 있게 된다. 바로 이때 자아는 놀라운 일을 겪게 되는데, 내면대폭발 이후로 손상되었던 사고의 일부분이 회복되는 사건이다. 여러분도 기억하다시피, 하나님의 영이 떠난 그 빈 공간은 무의식으로 남게 되고, 사고와 감정의 가장 핵심부분이 손상을 입게 되었다. 그 손상되었던 부분을 회복시켜 주는 것이 바로 성경 속에 기록된 하나님의 말이다.

이 사고의 회복과정을 좀 더 구체적으로 알아보면, 사고가 의식하는 내용은 주로 이미지와 개념과 정보라는 형태로 정리가 된다.[1] 사고가 하나님의 모습을 의식하게 되면, 그 전에 손상되었던 하나님에 대한 이미지와 개념과 정보가 수정되는 과정을 거친다. 왜냐하면 사고의 모든 내용은 이미지, 개념, 또는 정보로 정리되어 자아 안에 새롭게 저장되기 때문이다. 또한 무의식 속에 숨겨져서 자아가 전에는 알 수 없었던 하나님의 모습이 새롭게 발견되기도 한다. 하나님의 말이 사고에 주입되었을 때에 발생하는 첫 번째 현상은, 책의 내용이 자아 안에서 하나님의 이미지와 개념과 정보로 변화되어서 자아 안에 차곡차곡 저장되는 것이다. 이때 손상되었던 하나님의 모습이 다시 회복되기도 하고, 숨겨져 있던 하나님의 모습이 드러나기도 한다.

> 수년 전의 일이다. 유학을 준비하면서 그동안 쌓아놓았던 편지들을 정리할 기회가 있었다. 수많은 편지들 중에서(모든 편지를 모으는 습관이 있었다.) 유독 오래되고 누렇게 색깔이 변해버린 편지 한 통이 눈에 띄었다. 까마득히 잊고 있던 아버님의 편지였다. 내가 초등학생 때, 약 2년 동안 부모님과 떨어져 살았던 적이 있었다. 그때 나에게 쓰신 편지였다. 나는 그 편지를 읽어 내려가면서 생생한 감동을 느낄 수 있었다. 편지의 내용을 통해서 그 당시 아버지가 어떻게 지내고 계셨는지를 보는 듯 했고, 아버지가 나를 얼마나 보고 싶어 하시는지를 가슴으로 느낄 수 있었다. 약 20년 만에 다시 읽어보는 편지였지만, 꼭 그때 그 시간으로 다시 되돌아간 듯 한 착각을 불러일으킬 정도로 현실감 있게 다가왔었다. 특히 마지막에 "재근아, 아빠 엄마가 많이 보고 싶구나"의 문구를 읽을 때에는 부모님의 목소리가 들리는

---
1) 달라스 윌라드, 『마음의 혁신』, 173.

듯 했다. 편지를 다 읽고 난 후에, 한참동안 그때의 일들을 회상 할 수 있었다. 까마득히 잊어버리고 있었던 그때 기억의 단편들이 새록새록 떠올랐다.

위의 편지와 같이 자아도 성경을 읽음으로 인해서 하나님을 느끼고 보고 들을 수 있다. 비록 무의식 속에 숨겨진 하나님에 대한 기억들이겠지만, 성경의 내용들은 하나님의 모습을 실제로 자아 안에서 경험할 수 있도록 돕는다. 인간 스스로는 회복할 수 없었던 하나님의 모습을 이제는 성경을 읽음으로써 자아의 내면 안에서 다시 경험하게 된다. 그러므로 잃어버렸고 또는 손상되었던 사고의 가장 중심영역이 일부분 회복되게 된다. 무의식 속에 묻혀있던 하나님에 대한 사고가 다시 의식의 세계로 일부분이 돌아오게 되는 것이다. 결론적으로 하나님의 말이 자아의 사고 안으로 주입된다는 것은, 즉 하나님의 형상이 사고 안으로 주입되는 것을 의미한다.

1. 믿음

1) 정체성 의식(Consciousness of Identification)

사고가 하나님의 모습, 즉 하나님에 대한 이미지와 개념 또는 정보를 새로이 되찾게 되면, 가장 먼저 사고 자체 안에서부터 여러 가지 변화들이 생겨난다. 우리가 알고 있듯이, 사고의 반응방법은 의식하는 것이다. 성경의 내용이 사고에게 주입됨으로 인해서 사고는 두 가지를 의식하게 된다. 먼저는 하나님을 의식하게 되고, 두 번째는 자아의 방향성(죄성/원죄)을 의식하게 된다. 다르게 표현하면 자아가 사고를 통해서 자신의 '정체성을 의식하게 된다.'라고 말할 수 있다. 이것을 좀 더 심리학적으로 설명한다면, 자아가 '현실을 직시'하게 된 것이다. 자신이 영적 존재라는 사실과 또한 죄의 상태에 빠져 있다는 현실을 정확히 인식하게 되는 것이다. 드디어 인간이 주제파악을 하게 된 것이다.

(1) 하나님 의식

하나님의 말이 사고에 주입됨으로 인해서 무의식 속에 숨겨져 있던 하나님의 옛 흔적이 일부분 드러나게 되고, 바로 그것을 사고가 의식하는 것이다. 물론 이때는 사고가 자신의 내면에 남겨진 하나님의 모습을 의식하게 되는 순간이다. 이전까지 사고는 한 번도 내면의 무의식 속에 숨겨진 부분을 직접적으로 의식한 적이 없었다. 잠깐 잠깐 영혼의 직관을 통해서 지식이나 정보가 전달된 적은 있었지만, 직접 내면으로부터 드러난 하나님의 모습을 의식한 것은 이번이 처음이다.

가끔 우리는 성경을 읽을 때 한 번도 전에 알 수 없었고, 생각해 보지 못했던 하나님의 모습을 알게 될 때가 있다. 전혀 알지 못했던 하나님의 이름이나, 속성이나, 계획 등을 깨닫게 되는 순간 우리는 "아하!" 라는 탄성을 지르게 된다. 이때가 바로 사고가 하나님의 모습을 의식하는 순간의 좋은 예라고 하겠다. "하나님은 살아 계시구나" "하나님께서 날 사랑하신다고?" "하나님께서 나를 향한 계획을 갖고 계시다고?" "하나님은 참 사랑이 많으신 분이시구나"와 같은 깨달음을 자아가 얻게 된다.

이와 같이 의식되는 하나님의 형상은 회복에 있어서 가장 중요한 역할을 차지한다. 그 이유는 의식된 하나님의 모습이 실제 하나님의 모습에 가깝고 분명할수록, 회복도 그만큼 힘 있게 진행될 수 있기 때문이다. 그러나 반대로 의식된 하나님의 모습이 인간의 실수로 불분명하거나 오류를 가지게 되면, 회복이 힘 있게 지속되지 못하거나 심지어는 회복이 잘못된 방향으로 나아갈 수도 있다. 그러므로 주입되는 하나님의 말이 가능한 한 실제 하나님과 동일하도록 각별히 주의해야 한다. 여기에서 실패하면, 회복은 첫 단추부터 불완전하고 비정상적으로 진행될 수밖에 없다.

(2) 방향성 의식

이와 동시에 사고가 의식하는 또 다른 부분이 있다. 그것은 내면에서 드러난 하나님의 모습에 반대방향으로 치우쳐 있는 자아 자신이다. 자신의 방향성을 의식하게 되는 것은 성경을 읽음으로 오는 당연한 결과이다. 성경을 읽음으로 하나님의 모습이 일부 회복되고, 그 회복된 영역이 무의식 속에 숨겨져 있던 내면 중심임을 이미 알아보았다. 이 내면의 베일이 벗겨지는 순간 자아는 등 뒤에 새로운 무엇인가가 훤히 드러남을 의식하게 된다. 자아가 밖을 향해 나아가고 있는데, 뒤에서 커튼이 일부분 열리면서 환한 빛이 들어오게 되자, 자아가 '뒤돌아보게 되었다'라고 표현할 수 있다. 전에는 단 한 번도 내면이 이처럼 환히 드러난 적이 없었는데, 성경을 읽음으로 내면의 일부분이 자아에 의해서 의식된 것이다. 이때 자아는 내면과 정반대 방향으로 치우쳐있는 자신의 방향성을 의식할 수 있게 된다.

이때의 의식은 전에 경험했던 어떤 자의식과 다르다. 왜냐하면 전에는 자아가 밖으로 향한 방향성을 근거로 해서 아마도 내면으로 향한 방향성도 있을 것이라고 추측하는 정도였다. 다시 말하면 자신의 욕망과 밖으로 향하는 자아의 운동방향을 의식함으로써 막연히 의식하게 되는 신으로의 또는 내면으로의 방향성에 불과했었다. 또는 직관이나 양심의 기능에 의해서 어렴풋이 경험되는 정도의 방향성이었다. 그러나 이번에는 내면을 직접 의식함으로써 인식된 자아의 방향성이기에, 너무나도 분명하고 현실적인 것이다. 꼭 지하의 어둠 속에서 평생을 살아가던 사람이 갑자기 밝은 대낮으로 걸어 나온 것과 같을 것이다. 지하에 살 때는 자신의 모습이 얼마나 더러운지 몰랐지만, 밝은 햇빛에 노출된 자신의 모습에 깜짝 놀라게 된다. 작은 얼룩 하나까지도 아주 선명하게 드러나기 때문에, 더러운 자신의 모습에 창피해 어쩔 줄 몰라 하게 된다. 따라서 내면에 밝혀진 하나님의 모습이 분명하고 확실할수록, 자아의 방향성도 더욱 명확하게 의식된다.

이렇게 자아가 내면에 위치한 하나님의 모습과 하나님을 등 돌리고 밖으로 향해 움직이고 있는 자아의 방향성을 동시에 의식하게 되는 사건은 그 어떤 사건과도 비교되지 않을 정도로 중요한 순간이다. 이 순간을 자아가 자신의 정체성(원죄/sin)을 의식하는 순간이라고 표현하고 싶다. 마침내 자아가 자신의 본래 모습을 명확히 의식하는 또는 확인하는 순간인 것이다. 자신의 현 상태가 완전히 잘못된 방향으로 치우쳐 있음을 깨닫는 순간이다. 즉 자아가 그토록 찾아 헤매던 갈망의 대상이 자신의 앞에 놓여 진 육체와 대상이 아니었다는 절망적인 깨달음이다. 평생에 자아가 추구한 모든 욕구와 대상이 잘못된 것이며, 이기적이고 악한 것이었다는 사실을 깨닫게 되는 것이다. 또한 일반 심리학에서 주장하는 자아치료나 수정에 의해서 해결될 정도의 차원이 아님을 깨닫게 되는 순간이다. 따라서 자아의 방향성이 잠깐의 실수나 잘못(sins)의 차원이 아니라, 가능성이라고는 전혀 찾아볼 수 없는 불가능의 상태(Sin)임을 깨닫는 순간이며,[2] 자아의 등 뒤에 드러난 하나님의 모습에 철저하게 의존할 수밖에 없다는 사실을 깨닫는 순간이다.

내가 대학생 때 친한 친구와 단 둘이서 지리산으로 여행을 떠난 적이 있었다. 아마도 그때가 1993년도였던 것 같다. 그 해에 지리산에서 여러 명이 폭우로 목숨을 잃었던 직후였고, 지리산에 호랑이가 아직 살고 있을지도 모른다는 뉴스내용이 발표될 때였다. 저녁이 되고, 해가 떨어져서 칠흑같이 어두운 지리산 길을 손전등 하나를 의지한 채로 둘이서 첫 번째 산장을 향하고 있었다. 지리산 길은 험하기로 소문난 곳으로, 올라갈수록 길은 점점 험해졌고, 마침내 알아 볼 수 없게 되었다. 우리를 인도해 주는 표시는 이전의 등산객이 나뭇가지에 달아놓은 빨간, 노란 스티커가 전부였다.
그렇게 더듬듯이 올라가다가, 그만 나의 실수로 손전등을 떨어뜨렸다. 순간 길주와 나는 어둠에 휩싸였고, 바로 두려움에 휩싸였다. 동시에 나는

---

2) 존 샌드포드, 『속사람의 변화』, 36.

올라오면서 보았던, 폭우로 인해 여러 명이 목숨을 잃었던 장소가 기억났고, 호랑이가 있을지도 모른다던 뉴스 앵커의 목소리가 귓가에 맴돌았다. 솔직히 방금 전까지만 해도 길주와 나는 이런 저런 얘기를 나누며 낭만을 즐기고 있었다. 심지어는 콧노래까지 절로 나왔었다. 그러나 길을 잃은 이후로 우리는 불안에 휩싸였다. 그리고는 더듬거리며 길을 찾아다녔다.

한참을 그렇게 산을 올라갔을까. 길주가 갑자기 소리쳤다. "빛이다." 나는 고개를 들어서 저쪽에서 희미하게 가물거리는 빛을 보게 되었다. 순간 안도감과 이제는 살았구나하는 생각이 들었다. 그 작은 빛이 얼마나 감사했던지. 우리는 그 빛에 의지해서 산장에 무사히 도착할 수 있었다. 만약 그때 빛을 발견하지 못했더라면, 길주와 나는 큰 위험에 빠졌을 것이다.

위의 예는 자아가 자신의 정체성을 의식한 순간을 잘 묘사해 주고 있다. 자신의 욕구를 충족시키기 위해서 얼마나 열심히 길을 찾아 헤매고 있었는지를 깨닫는 순간이며, 현재의 절박한 상태를 해결해 줄 수 있는 유일한 분이 하나님이라는 사실을 깨닫는 순간이다. 다시 말하면 자아가 갈망을 해결하기 위해서는 하나님(빛)께 의존해야 한다는 사실 즉 인간이 하나님께 철저히 의존적인 존재라는 사실을 깨닫는 순간이다. 어둠 속에서 많이 헤매본 자아일수록 이 깨달음은 더욱 확실하고 명확하게 다가온다. 하나님만이 나의 근본적인 갈망을 해소시킬 수 있는 분이라는 깨달음 말이다. 이렇게 자아가 철저히 하나님께 의존하게 될 때, 자아의 의지(의)는 반응을 준비하기 시작한다. 사고의 영역이 변화된 만큼 의지도 변화된 선택을 준비하게 된다. 이때 의지의 올바른 선택은 회개이다.

2) 회개

회개는 의지(의)가 사고(지)의 확장된 영역을 그대로 인정하는 과정에서 나타난다. 먼저 하나님의 말을 읽음으로써 사고가 하나님을 의식하고 그리고 자신의 방향성을 의식하게 된다는 사실을 우리는 앞에서 알아보았다. 이러한 사고의 변화가 이제는 의지에게로 전달된다. 이것은 인간의 지·정·의의 특성상 자연스럽게 일어나는 과정이다. 이제 의지는 선택의 기로에 서게 되었다. 즉 사고의 의식을 받아들여 인정할 것인지, 아니면 불인정할 것인지를 의지가 결정해야 한다. 만약 의지가 인정하지 않기로 결정한다면, 더 이상 회복 장치는 작동하지 않고 사고의 확장 정도로 끝날 것이다. 즉 유입된 하나님의 에너지(말)가 의지에 막혀서 튕겨져 나가게 된다. 그러나 유입된 에너지는 보존되어야 한다는 열역학 제1법칙에 따라서, 죄책감/불안으로 바뀌어 나타날 것이다. 물론 이 죄책감/불안 역시 회개를 거부한 의지에 의해서 억압되고 감추어지게 될 것이다. 그러나 이 죄책감/불안은 무의식중에 억제되어 있다가 예상치 못한 시기에 불쑥 튀어나와 자아를 괴롭히게 될 것이다.

반대로 의지가 사고의 변화를 인정하게 된다면 어떤 변화가 일어나는가? 그것은 자아의 철저한 회개이다. 과거에 행했던 욕구충족을 위한 노력과 다른 사람에게 요구했던 강요를 회개하게 된다. 이렇듯 의지가 회개를 선택하게 되면, 자아는 큰 변화를 겪게 된다. 이 변화는 전의 사고가 방향성을 의식하는 정도가 아니라, 방향성 자체가 바뀌는 일이 벌어지게 된다. 밖을 향하던 자아가 방향을 바꾸어서 내면의 중심으로 향하여 180도 방향전환하게 된다. 이것을 우리는 회개라고 부른다. 그리고 다시는 뒤를 돌아보지 않는 것을 온전한 회개라 표현할 수 있다.

회개는 자아에게 있어서 놀라운 변화이다. 그의 존재 자체가 바뀌는 또는 뒤집혀지는 현상이 회개인 것이다. 항상 육체와 바깥의 사물에 집착하던 자아가, 이제는 내면의 하나님을 향하고 의존하는 자아로 바뀌는 것이다. 전과 같은 막연한 내면으로의 방향 전환이 아니다. 이제는 그 목표가 분명해진 그 곳, 내면의 가장 중심을 향해서 자아가 방향을 바꿀 수 있게 된다.

여기에서 표현되는 180도 방향전환은 그저 개념적인 또는 철학적인 표현이 아니다. 자아가 보이는 물체가 아니기에 사진이나 과학적 데이터로 증명할 수 없을 뿐이지, 인간의 중심부인 영혼에서 발생하는 실존적인 변화이다. 육체에 미치는 영향까지 계산해 본다면, 물리적 방향전환으로 볼 수도 있다. 평생에 걸쳐서 자아가 유지해 왔던 욕구충족을 위한 태도와 관심들, 또 이로 인해서 자아의 몸과 주위의 사람들에게 행해지던 심리적 생리적 물리적 관계들에 지대한 변화가 일어나는 실제 현상이다.

동식씨의 가정을 처음 만나게 된 것은 불과 몇 주 전의 일이다. 이 가정은 아버지(동식)의 가정폭력으로 인해서 파괴될 대로 파괴된 상태였다. 아들이 이미 성인이 되고 직장에 다니고 있음에도 불구하고 그 부정적인 영향력이 여전히 온 가정을 뒤덮고 있는 것을 볼 수 있었다. 그들이 얼마나 절실하고 힘들었으면, 킬린이라는 지역에서부터(내가 살고 있는 댈러스에서 4시간이나 떨어져 있는) 매주 상담을 받으러 왔다.

이미 머리카락의 반 이상이 백발이 된 노인, 동식씨는 상담소 안에 들어와서도 종일 얼굴을 들지 못하고 있었다. 대부분의 서류작업과 간단한 대답들은 그의 아내인 유정씨가 다 해내고 있었다.

"어떤 어려움으로 인해서 상담을 받으러 오셨나요?" 하는 질문에, 아무도 선 듯 대답하려 하지 않았다. 한참동안 침묵이 흐른 후에 동식씨의 아들인 재민군이 조용히 말했다.

"아버지가 본인 문제를 해결하고 싶다고 하셨고요. 또 저희 온 가족의 도움이 필요하다고 해서 함께 왔습니다. 아빠, 선생님께 얘기하셔야죠." 재민군이 조심스럽게 동식씨를 쳐다보며 말했다. 그제야, 동식씨는 눈물로 젖은 눈을 들어서 나를 바라보았다. 미안함과 죄책감으로 가득 찬 얼굴이었다.

"선생님. 제가 아내와 아들에게 큰 잘못을 해서, 특히 제 아내에게 많은 잘못을 해서…" 동식씨는 말을 차마 끝맺지 못했다.

"자신의 잘못으로 인해서 지금 심한 죄책감을 느끼고 계시군요."

눈물을 훔치면서, 동식씨가 말을 이었다. "매일 매일을 회개하며 지내고 있습니다. 고해성사도 여러 번 했고, 매일 기도하고 있습니다. 그런데 문제는 제 잘못으로 인해서 아내와 자식이 받은 상처는 어떻게 해결할 수가 없어서 힘이 듭니다."
"어떤 잘못을 하셨기에 이렇게 힘들어하시나요?"
"젊은 시절부터 제 아내와 자녀에게 폭력을 행사했습니다. 제가 술만 먹으면 그렇게 무서운 사람으로 변했습니다. 제 아내는 심한 우울증에 시달리고 있고, 제 아들 녀석도 정상이 아닌 것 같습니다."
동식씨와 그의 아내는 그동안에 그들의 가정에 어떤 일들이 일어났었는지 자세하게 설명해주었다. 동식씨의 지속적인 가정폭력으로 인해서 부부 사이의 신뢰는 찾아 볼 수 없을 정도로 깨져 있었고, 자녀 역시 정신적인 문제들을 심하게 앓고 있었다. 결국 동식씨의 가정은 부부와 자녀가 각각 상담을 따로 받게 되었다.
나는 동식씨가 어떤 계기로 회개하게 되고 자신의 잘못을 철저히 깨닫게 되었는지 궁금해지기 시작했다.
"어르신! 무슨 계기로 인해서 자신의 잘못을 깨닫게 되었나요?"
"얼마 전에 제 여동생이 한국에서 방문을 했습니다. 저희 집에 가까운 손님이 찾아 온건 정말 오랜만이었거든요. 선생님도 아시잖아요. 이민 생활이 많이 바쁘잖아요. 저희 집에 약 2주 정도 머물고 있던 여동생이 어느 날 저에게 산책을 나가자고 하더니만, 산책길에서 저의 잘못들을 하나하나 얘기하더니만, 갑자기 저에게 울면서 얘기하기 시작했어요."
" '오빠! 오빠가 강해져야해. 아니면 언니도 재민이도 어떻게 될지 몰라.' 라고 말하는데, 순간 제 머리가 뭐에 맞은 것처럼 멍해지더니, 나중에는 제가 얼마나 큰 잘못을 가족에게 저질렀는지 깨닫게 되었어요. 그전까지만 해도 전 그렇게 잘못하고 있는지 몰랐어요. 매 맞을 짓을 했으니까 맞은 거고, 내가 좀 엄하긴 했지만, 내 잘못이라고는 생각하지 않았거든요."
"자신의 잘못을 깨달은 그때 상황을 좀 더 자세히 설명해주시겠어요?"
"음… 잘 모르겠어요. 그냥 깨달아졌어요. 동생이 얼마나 진지하고 절실했는지… 지금도 그 눈빛이 생생하네요. 저희 가정 문제들 하나하나를 돌리지 않고 직설적으로 말하더라고요. 그러더니만, 저에게 '오빠가 강해져야해' 그러는데, 순간적으로 이상한 느낌이 들면서, 깨달아졌어요. '아! 내가 잘못했구나. 내 잘못이구나.'"

"그 뒤로 몇날 며칠을 울고 회개하고, 또 울고 회개하고 그랬어요. 어찌나 많은 과거의 잘못들이 생각이 나던지, 지금도 제 아내하고 자식들을 생각하면 죄스러워 죽겠습니다."

"예전 같으면, '내가 좀 심했나, 아니면 이제는 술 좀 작작 마시고 주사 좀 줄여야지' 정도였는데 이번에는 달라요. 제 잘못이라는 것이 확실히 깨달아지고요. 앞으로는 이런 잘못을 반복하지 말아야겠다는 다짐이 회개할 때마다 점점 더 확실해집니다. 선생님. 꼭 좀 저를 도와주세요. 무슨 일이든 시키시는 대로 다 하겠습니다. 서너 시간 거리 정도야 아무 문제없습니다. 오늘도 가게 문 닫고 왔습니다."

기독교 상담가인 나의 눈에 비쳐진 동식씨는 회복의 시작 지점에 있어 보였다. 특히 동식씨는 회개의 과정을 깊이 있게 경험하고 있었다. 물론 하나님의 말에 의해서 자신의 정체성을 깨닫게 된 것은 아니지만, 동생의 진지한 권면에 의해서 자신의 현 상태를 조금이나 직시할 수 있게 된 것이다. 즉 동생의 말과 반응으로 인해서 동식씨의 양심과 직관(영의 기능)이 작동하고 있었다. 어떤 면에서는 동생의 진심 어린 권면이 진정한 사랑에 기초하고 있었기 때문에, 그 어떤 상담가의 조언보다도 더 영향력 있었을 것이다.

양심과 직관의 기능이 극적이기는 하지만 지속적이지 못하다는 사실을 우리는 이미 살펴보았다. 밖으로 향하던 자아의 방향성에 브레이크가 걸리긴 하지만 얼마가지 않아서, 다시 원래 상태로 되돌아가게 되는 것이 대부분의 경우이다. 그런 이유로 나는 동식씨에게 두 가지를 부탁했다. 그것은 회복장치가 더 힘 있고 지속적으로 운행될 수 있도록 돕는

급 처방과 같은 것이었다. 하나는 매일 매일 성경을 읽는 것이고, 다른 하나는 고해성사를 통한 회개 뿐 아니라, 아내와 아들에게도 직접적으로 용서를 구하는 것이었다.

(1) 성경을 읽어라.

첫 번째, 성경을 읽게 되면, 동식씨의 회개에 큰 변화가 생길 수 있게 된다. 여기에는 '만약'이라는 단서가 붙게 된다. 왜냐하면 성경을 읽는 모든 사람이 하나님의 모습을 깨닫게 되는 것은 아니기 때문이다. 따라서 '만약'에 동식씨가 성경을 읽음으로써 자아의 내면에서 하나님의 모습이 밝히 드러나게 된다면, (이미 깊이 회개하고 있는 동식씨에게는 성경을 통해 하나님의 모습을 깨닫게 될 확률이 훨씬 높은 것은 사실이다) 더 이상 죄책감이라는 감정에 기초를 둔 일시적인 회개가 아니라, 자신이 죄인이라는 사실에 기초를 둔 진정한 회개를 할 수 있게 된다.

감정에 기초를 둔 회개와 사실에 기초를 둔 회개 사이에는 사실 엄청난 차이가 존재한다. 단지 죄책감에 못 이겨서 하는 감정적인 회개는 엄밀히 말하면 진정한 회개라 할 수 없다. 자신의 감정의 필요를 채우기 위한 자아의 노력에 불과하기 때문이다. 그러나 자신이 죄인이라는 자각, 자신의 방향성을 분명히 깨닫게 된 상태에서 하는 회개는, 사실/진실에 기초하고 있기 때문에 진정한 회개라 할 수 있다. 그리고 이러한 죄의식(죄책감이 아닌)에 기초한 회개가 올바른 회복으로 점차 발전해 갈 수 있다.

이러한 관점에서 동식씨의 현 상태를 좀 더 살펴보자. 여동생의 진정 어린 말로 인해서 동식씨의 직관이 번뜩이듯이 작동을 한 상태이다. 자신이 큰 죄인임을 막연하게나마 깨닫게 되었고 자신의 잘못들이 순간순간 의식으로 드러나고 있는 것이다. 그러나 문제는 직관에 의한 방향전환(회개)은 막연한 내면으로의 방향전환이기 때문에, 지속적이지 못할 뿐 아니라, 결국에는 실패하게 되어 있다는 것이다. 실패의 이유는 정확한 목적지가 없는 방향전환이기 때문에 회개를 주도해야할 의지는 점점 추진력을 잃게 되기 때문이다.

실제로 많은 사람들이 자신의 잘못에 대한 깨달음을 감정적인 해소나 푸념 정도로 끝내는 경우가 많다. 즉 자신의 잘못으로 인해서 찾아오는 미안한 마음과 죄책감을 해소하려는 감정적 몸부림 정도로 끝내는 경우가 많다. 동식씨의 경우도 마찬가지로, 자신의 죄책감을 해결하려는 몸부림 정도 수준의 회개로 끝마칠 수도 있다. 그러므로 무엇보다도 성경을 읽고 자신의 죄를 현실적인 것으로 깨달아야만 한다. 하나님의 영이 내면에 밝히 드러나서 자신의 방향성의식과 죄의식이 선명하게 형성되어야만 한다. 이것은 꼭 회복의 첫 단추를 정확히 여미는 것(현실에 기초 두는 것)이라 말할 수 있다. 하나님의 말(에너지)로 회복을 시작시키는 것이야 말로 가장 중요한 일이다. 그렇지 않고 죄책감(감정)으로 회복이 시작되게 되면, 이 회복은 제대로 진행되지 않을 뿐 아니라, 얼마가지 않아서 멈추게 된다.

(2) 회개를 표현하라.

두 번째 처방처럼, 회개의 내용을 보다 분명하고 구체적으로 자신의 의지를 사용해서 표현할 필요가 있다. 이렇게 할 때에 회개를 주도하는 주체가 감정이 아닌 의지로 더욱 확실히 자리 잡히게 되기 때문이다. 그러나 만약 행동을 통해 회개가 구체화되지 못하면, 오히려 심한 죄책감으로 인해서 감정이 필요 이상으로 회개의 과정을 주도하게 되는 경우가 발생하게 된다.

문제는 죄책감이 너무 심해져서 그 감정에 자아가 필요 이상으로 짓눌리게 될 때이다. 한번 죄책감에 자아가 발목 잡히게 되면, 죄책감에서 헤어 나오지 못하는 경우가 빈번하게 발생한다. 심하게 커져버린 죄책감은 자아의 정상적인 기능을 마비시키며, 때로는 감정에 도취되어서 꼭 마취된 것과 같은 상태에 빠져들게 한다.

위와 같이 자아가 죄책감에 짓눌리게 되면, 더 이상 회복이 진행되지 못하고 자아 안에서 죄의식과 죄책감이 계속 반복되는 현상을 경험하게 된다. 꼭 둥근 쳇바퀴 안을 돌고 도는 다람쥐와 같이 된다. 자신의 죄를 깨달음으로 죄책감을 느끼고, 죄책감이 심해져서 또 다른 죄를 깨닫게 되고, 깨달음은 또 다른 죄책감을 형성하게 되고… 이 과정이 지속적으로 반복되게 되면, 자아는 비대해진 죄책감에 미칠 지경이 되게 된다. 엄청난 양의 에너지(죄책감 수치심 또는 화)가 자아 안에서 빙글빙글 돌게 된다. 이 에너지가 자아 안에 가득 차 있기 때문에 자아가 견딜 수 없는 지경에 처하게 되고, 때때로 풍선이 터지는 것과 같은 감정폭발을 경험하게 된다.

이러한 상황에 처한 자아가 선택한 해결책은 비정상적인 회개인데, 그것이 바로 '머리로만 하는 회개'를 반복하는 것이다. 심한 죄책감, 수치심, 화를 경험하면서 자아는 그 감정의 에너지를 생각으로 바꿔 버린다. 그래서 자아는 "00야 미안해", "내 잘못을 용서해주렴" 등과 같은 회개의 문구를 반복적으로 상상하게 된다. 이처럼 머리로만 하는 회개가 좀 더 발전하게 되면, 그때는 자신이 상대방에게 회개하는 상황을 아주 구체적으로 상상하게 된다. 시기와 장소, 심지어는 의자의 위치까지도 구체적으로 공상하게 된다. 그리고 어느 때는 자신이 상상하는 회개의 상황을 실제로 일어나는 현실처럼 느끼는 경우도 있게 된다.

이러한 비정상적인 회개, 머리로만 하는 회개, 또는 쳇바퀴 돌듯 순환하는 사고와 감정의 고리가 형성되는 이유는 간단하다. 감정이 회개의 과정을 장악하기 때문이다. 2차적인 역할을 해야 할 감정이 사고와 의지의 중간에 끼어들어서 회복의 과정을 망쳐놓았기 때문이다. 회복의 맨 처음 과정인 믿음에서, 감정은 항상 부차적이고 돕는 위치로 뒤에 처져 있어야 한다.

만약 동식씨의 경우와 같이, 감정이 이미 비대해져서 회개과정에서 주된 기능을 차지하게 되면, 이때에는 효과적인 처방이 필요하다. 그것이 바로 자아가 회개를 의지적 행동으로 표현하는 것이다. 즉 감정을 회개의 부차적인 자리로 밀어내고, 의기소침한 의지를 불러 깨워서 회개를 주도할 수 있도록 돕는 것이다. 원래 정상적인 회개가 그러하듯이, 자아는 구체적인 행동과 표현을 통해서 죄책감을 자아 밖으로 표출해야 한다. 그럴 때에야 죄의식으로 인해 형성된 죄책감이 자아 안에 쌓이지 않게 되고, 의지(행동)를 통해서 회개로 표현된다.

(3) 회개는 관계적이다.

세 번째, 회개가 의지를 통해 자아 바깥으로 표현되어야만 하는 또 다른 이유가 있다. 그것은 회개가 개인적인 감정이나 뉘우침으로 끝나지 않고(동식의 경우), 지극히 관계적인(relational) 것이 되어야 하기 때문이다. 먼저는 회개가 하나님을 향한 것이며, 두 번째는 죄를 범한 대상을 향하는 것이다. 자아가 자신의 죄를 의식하게 되면, 자신의 죄로 인해서 손상된 관계들을 회복시키려 한다. 회복을 위해서는 예외 없이 자아가 다른 자아(또는 하나님)에게 자신의 잘못을 고백하고 용서를 구해야 한다. 이런 회개의 과정은 의지적인 행동과 표현이 없이는 발생할 수 없다. 따라서 동식씨도 자신의 잘못들을 아내와 아들에게 꼭 표현해야 한다. 구체적인 말과 행위로 표현할 때에야 진정한 회개가 성립되고, 동식의 자아는 관계의 회복을 경험할 수 있게 된다.

죄를 고백하는 행위는 결코 쉽지 않다. 그러나 꼭 선택해야만 한다. 이때 자아 안에서 오랫동안 형성되었던 악순환(혼자서 하는 회개)이 깨지게 된다. 자아 밖으로 표현되지 않으면, 회복의 과정은 자아 안에 갇힌 채로 다람쥐 쳇바퀴처럼 죄책감과 죄의식의 반복만 있게 될 것이다.

여기에서 여러분과 분명히 해두어야 할 점은, 회개는 순수하게 자아의 의지가 내리는 결단이라는 것이다. 내면에서 비취는 하나님의 빛에 자아가 의지적으로 또 자발적으로 내린 결단이며 용기이다. 신학자 폴 틸리히(Paul Tillich)는 이것을 다음과 같이 표현했다. "죄의식에도 불구하고 용납됨을 용납하는 용기"[3]라고 표현했다. 자아의 불완전함이 하나님에 의해서 용납되는 사실을 받아들이기 위해서는 커다란 용기가 필요하다는 말이다. 이것이 진정한 회개이다.

3) 믿음

이렇게 사고를 통해 의식된 하나님의 모습과 회개하는 의지(자아)가 함께 만나게 될 때에 자아에게 믿음이 생기게 된다.[4] 즉 의지가 자아의 방향을 180도 돌려서 하나님을 바라보게 되었을 때에 비로소 믿음이 자아 안에 생기게 된다. '믿음이 생기게 된다'는 표현에 독자들이 머리를 갸우뚱 할 수 있을 것이다. "무슨 말이지?", "난데없이 믿음이 왜 생겨?", "또 어디서 생겨나는 거야?"

여러분도 기억하겠지만, 인간은 영혼을 가진 존재이기 때문에 과학적으로 또는 심리학적으로 설명이 어려운 부분들이 존재하기 마련이다. 그리고 현재 우리는 회복장치 중에서도 가장 이해하기 어려운 부분에 와 있다. 어떤 면에서, 신앙을 가지고 있지 않은 독자는 이해하기 어려울 수 있다. 따라서 이후에 소개될 심리학적 설명에 보다 많은 주의를 기울인다면, 믿음의 과정을 이해하는데 도움이 될 것이다.

믿음을 좀 더 자세히 설명하면, 하나님만이 근본적인 갈망(욕망)을 채울 수 있다고 인정하는 자아의 의지적 결단이며, 그 결과로 인해서 자아 안에 발생하는 초자연적인 현상이 믿음이다. 즉 동전의 양면처럼 믿음은 두 가지 방향에서 설명되어야 한다. 하나는 '자아의 결단'이고, 다른 하나는 '하나님의 임재현상'이다. 자아가 자신의 방향을 하나님의 모습이 드러난 자신의 내면 쪽으로 180도 방향 전환(회개)을 하게 되면, 동

---

3) 폴 틸리히, 『존재의 용기』, 200-201.
4) "그러므로 믿음은 들음에서 나며 들음은 그리스도의 말씀으로 말미암았느니라" (롬 10:17).

시에 하나님이 자아의 내면에 실제로 들어오게(임재) 된다. 즉 믿음은 자아의 초청행위와 하나님의 임재 사건, 두 가지 모두를 의미한다. 그러나 아쉽게도 이 책에서는 동전의 한쪽 면만을 설명할 수 있다. 자아의 초청행위는 설명 가능하지만 하나님이 어떻게 임재 하는지에 대해서 심리학적으로 설명하기란 매우 힘들다.

그러나 앞의 '귀신들림' 장에서 언급되어진 것과 같이 자아의 빈 공간 속으로 영적 존재가 들어 올 수 있다는 점을 기억하라. 귀신들림은 자아 자신이 영혼을 판매하는 방법이나 또는 귀신이 침입해 들어오는 방법이 있겠지만, 하나님의 임재는 바로 회복과정 가운데에 자연스럽게 발생하는, 또는 발생해야만 하는 영적 사건이다. 하나님의 영이 인간의 터진 그 웅덩이에 다시 들어오는 신비로운 현상이다. 그리고 이 영적 임재 현상이 바로 '믿음' 과정에서 발생하는 것이다.

(1) 회복은 변화되는 것

이때 일어나는 하나님과 자아의 만남은 내면대폭발 사건 이후, 처음으로 다시 발생하는 놀라운 연합사건이다. 우리가 기억하듯이 내면대폭발 사건 이전에는 자아가 하나님과 연합된 의식을 가지고 있었다. 그때의 연합의식이 믿음의 과정에 도달해서야 다시 회복되기 시작하는 것이다. 따라서 믿음의 사건이야 말로, 내면대폭발 사건 이상의 커다란 의미를 가지고 있다. 자아가 그토록 찾아 헤매던 갈망의 근원을 다시 만나게 된 것이다. 예를 들어본다면 평생을 홀로 살아왔던 한 남자가 자신의 반쪽이 될, 바로 그 한 여자를 만나게 되는 사건과 같다. 이 사건을 통해서 남자와 여자가 한 몸(하나)을 이루게 되는 것이다.

새로 형성된 연합의식은 단순히 하나님과 자아 사이의 관계형성만을 의미하는 것은 아니다. 자아는 하나님과 연합의식을 갖게 됨으로써 새로운 존재가 된다. 잃어버렸던 존재의 핵심을 다시 되찾았기 때문에, 본질적으로 다른 존재로 변화(transformation)[5]되는 것이다. 이 변화를 재미있게 표현해 본다면, 노른자 없던 속빈 달걀이 속이 꽉 찬 진정한 달걀로 변화된 것과 같다. 겉으로 보기에는 아무런 차이가 없어 보이지만, 본질적으로는 완전히 다른 존재로 변화된 것이다. 이제는 안에 생명을 가지게 되었으며, 시간이 되면 부화되어서 병아리가 될 수 있는 존재가 된 것이다.

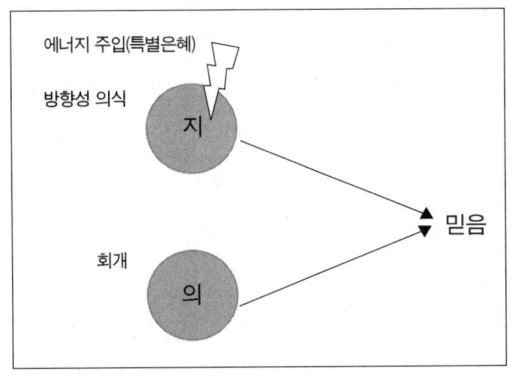

[그림 13] 회복 장치 1단계: 믿음

(2) 믿음은 하나님의 선물

기독교에서는 믿음의 과정과 내용을 보다 구체적으로 설명하고 있다. 하나님의 에너지(말)가 곧 하나님의 아들 예수 그리스도라고 설명한다. 하나님의 특별한 계획과 목적 속에서 인간 안으로 유입된 역사적 사건이 있다는 것이다. 그것이 바로 하나님 자신이 인간의 모습으로, 인간의 역사 속으로, 뛰어 들어온 사건이다. 기독교는 이 사건을 성육신(Incarnation)이라고 말한다.[6] 그리고 그 사건에 대한 예언과 성취가 자세

---

5) 존 샌드포드, 『속사람의 변화』, 43. Sandford는 '치유'라는 말보다 '변화'라는 말이 더 적합하다고 말한다. 특히 '본성의 변화'가 가장 맞는 표현이라고 주장한다.
6) Paul Tillich는 그의 책 『존재의 용기』에서 말하기를, 초기 기독교가 그 당시 유행하던 종교혼합주의를 초월할 수 있었던 이유를 기독교 사상이 실제 역사사건(예수

히 기록된 책이 성경이다. 따라서 기독교에서 믿음을 얘기할 때에는 막연하게 사고가 하나님을 의식했다고 말하거나, 자아의 의지가 하나님과 접촉하는 정도의 사건으로 말하지 않는다. 보다 구체적으로 사고가 하나님의 말 자체인 예수 그리스도를 의식하게 된다고 말하며, 자아의 의지가 예수 그리스도를 인격적으로 만나는 사건으로 정의한다.

따라서 믿음을 기독교적으로 다음과 같이 요약해서 말할 수 있다. 예수를 자아의 구원자로 깨닫고 이에 진심으로 회개하는 과정이 (인간 입장에서 보는) 믿음이며, 그리고 이러한 자아의 인식과 의지적 결단으로 인해서 예수의 영이 자아 안으로 임재하게 되는데, 이것이 하나님 입장에서 경험하는 믿음이다. 즉 예수로 인해서 자아가 결단하고 그리고 예수의 영이 자아 안으로 임재 하는 과정 전체가, 바로 기독교 믿음이다.

믿음이 자아의 의지적 결단인 회개와 관련된 현상이라고 해서, 그것을 자아가 만들어내는 회복의 한 과정 정도로만 이해하면 안 된다. 오히려 주입된 하나님의 말(에너지)이 만들어내는 초자연적인 현상으로 보는 것이 더 적합하다. 자아의 의지는 그저 회개로 반응한 정도에 불과하고, 하나님 쪽에서 행하는 신비한 회복의 과정이 믿음이다. 특히 자아가 전혀 예상하지 못한 하나님의 임재 사건이다. 꼭 하나님이 자아를 위해서 준비한 깜짝 선물과 같은 것이 믿음이다.[7]

(3) 하나님의 임재와 귀신들림의 차이

분명한 사실은 앞 장에서 살펴본 귀신들림과 같이, 하나님의 영이 자아에 들어오게 되는 사건도 역시 실제로 발생하는 현상이다. 인격을 가진 영이 인간의 자아 안으로 들어온다는 면에서는 하나님의 임재와 귀

그리스도)에 기초했기 때문이라고 했다. 내면대폭발(Deep Bang) 역시 인간 자아의 회복을 위한 기초를 예수 그리스도라는 역사적 인물에 두려고 한다. 이렇게 함으로써 다른 심리학 이론의 영향력에서 벗어날 수 있기 때문이다.

7) 교회는 영적 변화의 주체가 하나님이라고 말한다. 즉 삼위일체 하나님이 인간 내면의 변화를 이끌어간다고 말한다. 하나님은 인간의 구원을 계획하고, 예수 그리스도는 구원을 완성하고, 성령은 변화를 실행한다고 표현한다.

신들림은 동일하다. 그러나 차이가 있다면, 자아가 영의 임재를 자아가 인식하고 느낄 수 있는 정도에는 분명한 차이가 있다. 귀신들림은 자아가 지·정·의를 통해서 이질적으로 경험 하지만 하나님의 임재는 자아가 동질적으로 경험한다. 다른 말로 표현하면 귀신들림은 역겹고 불편하게 경험 되지만, 하나님의 임재는 잃어버렸던 조각을 다시 되찾은 것처럼 기쁘고 편안하게 경험 된다.

 그 이유는 여기에 있다. 자아의 그 터진 웅덩이의 본래 주인은 귀신이 아니라 하나님이기 때문이다. 쉽게 설명하면 자아 안으로 들어온 귀신이 자아의 지·정·의와 잘 조화할 수 없기 때문에, 자아의 지·정·의 영역이 자신 안에 침입한 귀신을 보다 쉽게 알아차릴 수 있으며 느낄 수 있다. 귀신들림은 시간이 지나도 여전히 부자연스럽고 여러 부작용을 만들어 낸다.

 반면에 하나님의 영은, 자아 안에서 너무나 자연스럽고 꼭 맞게 조화를 이루게 되기 때문에 자아의 지·정·의가 하나님과 하나 됨을 기분 좋게 경험 한다. 하나 되는 순간을 가장 잘 설명해 주는 표현으로 '기분 좋다'가 적절할 것이다. 터진 웅덩이의 주인인 하나님의 영이 다시 되돌아 왔기 때문에 자아는 매우 기쁘며, 심지어 무의식 깊은 곳에서부터 하나님의 영을 기쁘게 받아들일 것이다. 그러므로 하나님과 하나 되는 그 순간에, 어떤 사람은 하나님의 임재를 마치 불이 들어오는 것과 같은 극적인 방법으로 경험하기도 하고, 어떤 사람은 부드러운 바람처럼 경험하기도 하고, 어떤 사람은 거의 알아차리지 못하기도 한다. 분명한 사실은 자아가 지·정·의로 인식했든 하지 못했든, 느꼈든 느끼지 못했든, 자아의 경험과는 상관없이 자아와 하나님의 하나 됨이 완벽한 조화와 기쁨 가운데 발생한다는 것이다.

 따라서 하나님의 영이 자아 안으로 들어오게 되면, 자아는 끊임없는 회복을 경험하게 되는 반면에 귀신이 들어오게 되면, 자아는 더욱 지·정·의의 불균형을 경험하게 되고 부조화를 경험하게 된다. 하나님의 영으로 인해서 회복을 경험하고, 귀신의 인격으로 인해서는 정신병적인 증상들, 특히 정신분열증과 해리성 정체감 장애와 같은 증상들을 경험하게 된다.

앞에서 언급되었듯이, 대부분의 사람들은 믿음의 과정에서 급격한 내면과 실생활의 변화를 경험하면서, 아주 분명하게 하나님의 임재를 사고를 통해서 인식한다. 그러나 어떤 사람들에게 있어서는, 하나님의 영이 자아 안으로 들어오셨는지 정확히 깨닫지 못할 수 있다. 하나님의 모습을 인식하고 깊이 있는 회개를 했는데도 불구하고, 아직 하나님이 자아 안으로 임재 하셨는지 내 빈 공간이 채워졌는지 잘 모를 수도 있다는 것이다. 따라서 자신이 모른다고 실망하거나 의심할 필요는 없다. 앞으로 계속되는 회복의 과정을 통해서 투입된 하나님의 말씀(영, 에너지)이 차차 분명하게 드러나기 때문이다. 회복과정의 다음 부분들인 사랑, 소망, 영광 등을 경험하게 되면서 자아 스스로 깨닫거나 느끼게 되며, 또는 주위의 사람들의 증언에 의해서 하나님의 임재를 인정받을 수 있다.

2. 사랑

1) 용서

앞장에서 회개와 믿음을 이끌어낸 장본인이었던 의지가 회개의 당연한 결과로서 또 다른 행위를 결심하게 된다. 그것은 인간을 향한 용서이다. 자아의 방향성과 의존성을 철저하게 회개한 자아가 다음으로 선택할 내용은 당연히 용서이다. 그동안 자기의 욕망을 채우기 위해 이용해 왔던 대상을 향해서 자아가 용서를 구하고, 또 자신을 이용해 왔던 사람을 용서하는 과정이다.

용서의 과정을 우리는 다음과 같은 방법으로도 이해할 수 있다. 하나님과 분리되었던 자아가 다시 하나님과의 연합의식을 되찾게 되면서, 자연스럽게 자아는 다른 인간과의 분리를 더 이상 견딜 수 없게 된다. 그 결과로 자아는 용서받기를 원하고 또 용서하기를 원하는 것이다. 내면대폭발 이전의 인간 상태는 이러했었다.

용서 역시 자아의 의지가 내리는 선택과 결단의 결과물이다. 앞 장에서 하나님을 구원자로 인정하는 것은 순수하게 의지의 결단이라고 언급한 바 있다. 용서도 역시 똑같다. 용서에는 기본적으로 사고와 감정이 개입될 필요가 없다. 용서는 의지만이 할 수 있는 순수한 결단이다. 용서의 이면에 이미 사랑, 기쁨, 욕구 충족과 같은 감정의 내용이 기초되어 있다면, 그 용서는 진정한 용서가 될 수 없다. 용서의 이면에는 오직 자신의 방향성에 대한 현실적 깨달음과 그럼에도 불구하고 하나님과 연합됨으로써 경험된 자아의 만족감만이 있어야 한다. 하나님을 향한 감사의 마음만이 있어야 한다. 오직 하나님만이 자아가 필요로 하는 갈망을 채워준다는 믿음의 결단이 용서의 이유가 되어야 한다. 의지가 위와 같이 용서를 결단했을 때, 바로 그때에 다른 사람과의 분리가 근본적으로 해결될 수 있다.

(1) 손양원 목사와 용서

손양원 목사가 여수에 위치한 애양원에서 목회를 하고 있을 때의 일이다. 1948년 여수반란 사건 때, 본인의 두 아들(동인, 동신)이 같은 고등학교에 재학 중이던 급우 안재선을 비롯한 친구들에 의해서 살해당하는 일이 발생했다. 당시 공산당의 추종자들이었던 급우들이 공산당에 가입하지 않겠다는 두 아들을 총살한 것이다. 갑작스런 두 아들의 죽음으로 인해 손양원목사에게 찾아온 것은 안재선을 향한 증오와 분노였다고 한다. 극심한 혼란을 겪던 손양원 목사가 두 아들의 장례식을 치른 후에 내린 결심은 자신의 두 아들을 살해한 안재선을 용서하는 것이었고, 뒤이어 안재선을 양자삼아 이름을 손인신으로 바꾸고(죽은 두 아들의 이름을 사용하여) 친 아들처럼 사랑했다고 한다.

　손양원 목사의 결단이야 말로 순수한 용서의 좋은 예이다. 가늠해 볼 수도 없을 정도로 큰 고통과 분노에도 불구하고, 손양원 목사가 내린 의지적 결단, 즉 용서하겠다는 선택이야 말로 진정한 용서라 말할 수 있다. 특히 그 결단의 이유가 바로, 철저한 자기의 죄의식과 회개에 있기 때문에 더욱 그렇다.
　손양원 목사가 두 아들의 장례식장에서 낭독했다는 아홉 가지 감사 중에 일곱 번째 감사의 내용을 보면 손양원 목사가 용서를 결심한 그 이유를 알 수 있다. "일곱째로 나의 사랑하는 두 아들을 총살시킨 원수를 미워하지 않고 어떻게든 회개시켜 아들로 삼고자 하는 마음을 주셨으니 하나님께 감사를 드립니다."[8] 이 글을 기초로 해석해 본다면, 손양원 목사가 자신의 두 아들의 죽음 앞에서 그가 얼마나 힘들어 했으며, 얼마나 살인자를 미워했었는지, 그러나 자신의 죄를 깨닫고, 하나님께 회개함으로, 결국에는 살인자를 용서하게 되었다는 사실을 발견할 수 있다.
　죄인식, 회개, 그리고 용서. 이 세 가지는 우리가 이미 살펴본 내용이 아닌가? 믿음이 사랑으로 발전하는 그 과정 말이다. 바로 손양원 목사야 말로 믿음과 사랑의 회복과정을 깊이 있게 경험한 분이다. 다른 말로 하면 손양원 목사가 한 용서는 온전한 믿음의 회복과정(정체성의식, 회개로 이어지는)을 경험한 자아가 의지로 결단한 진정한 용서라는 것이다.

2) 기쁨과 평안

　이렇게 의지가 의미 있는 선택을 했을 때, 감정은 영향을 받게 된다. 이미 수차례 언급한 내용이지만, 다시 여러분과 확인하고자 한다. 사고

---
8) 차종순, 『손양원』 (서울: KIATS, 2008), 166.

와 감정은 의지의 선택의 내용과 폭을 결정하는 역할을 하고, 의지는 선택을 통해서 감정과 의지의 내용을 수정할 수 있다고 했다. 여기에서도 의지가 용서를 선택함으로써 감정의 내용은 수정된다.

감정이 항상 그래왔던 것처럼, 이 회복의 과정 가운데에서 순수하고 직설적으로 반응한다. 그러나 아무 때나 질서 없이 반응하지는 않는다. 자아가 믿음의 과정을 거쳐 가는 동안에, 감정은 자신의 때를 기다린다. 사고가 하나님을 의식하고 의지가 그것을 인정하여 회개함으로써 자아와 하나님의 연합의식이 형성되는 것을 지켜본다. 그러다가 용서의 과정에 이르게 되면, 감정은 기다려왔던 반응을 하기 시작한다. 그 반응의 내용들은 기쁨과 평안이 주된 것이다. 하나님과 연합된 자아는 기쁨과 평안을 경험하며, 또한 주위의 사람들과의 분리가 해결된 자아가 느끼는 감정도 동일하게 기쁨과 평안이다. 보다 구체적으로, 기쁨은 우리가 누군가를 사랑할 때 느끼는 즐거움의 감정이며, 평안은 우리의 내적욕구를 채워줄 대상이 분명함으로 인해서 느끼는 든든한 감정이다. 즉 기쁨과 평안은 사랑의 관계와 확신에서 흘러나오는 자아의 안식이다.

여기에서 말하는 기쁨과 평안은 이전의 것과는 전혀 다른 차원의 것이다. 일시적인 욕구 충족으로 얻어지는 것이 아니라, 근본적인 관계가 회복된 후에, 그 관계로부터 흘러나오는 기쁨과 평안인 것이다. 따라서 이 기쁨과 평안은 안에서부터 샘물처럼 흘러나오는 것이다. 대상에 상관없이 누구에게나 적용되는 놀라운 기쁨과 평안이며, 환경과 상관없이 어디에서나 적용되는 기쁨과 평안이다.

중학교 3학년 때, 나는 교회의 겨울수련회에 참석했었다. 한얼산기도원에서 나는 하나님을 처음 만나게 되었고, 영적 구원을 경험하게 되었다. 그때의 감격과 기쁨은 말로 다 표현 할 수 없을 것이다. 이 사건 바로 직후에 나는 놀라운 또 하나의 경험을 하게 되었다. 그 경험은 다른 사람들을 향한 나의 감정의 변화였다. 나는 이전과 동일하게 학교를 마치고 똑같은 길로 집에 돌아가고 있었다. 약 20분 정도 걸리는 거리였는데, 서울에 살고 있었기 때문에 그 거리는 항상 집으로 돌아가는 학생들과 회사원들로 거리가 가득했다. 전에는 바쁘게 걸어가는 사람들이 조금은 불안해 보이고 침울해 보이기도 하고 심지어는 불행해 보이기도 했다. 지나가는 여학생들도 표정이 밝지 않았고, 내 눈에는 그다지 예뻐 보이지 않았다.

그러나 그날은 달랐다. 내가 영적 구원을 경험한 바로 다음 날. 침울했던 거리는 더할 나위 없이 아름다워 보였고 생기발랄해 보였고 지나가는 사람들의 표정도 너무 기뻐 보였고 평안해 보였다. 윈도우에 비친 내 모습도 얼마나 멋져 보였는지 모른다. 길을 걸으며 쇼윈도에 비친 내 모습을 힐끗 힐끗 바라보았던 것이 기억난다. 그리고 지나가는 모든 여학생들이 어쩌면 그렇게 예쁘고 당당해 보이던지. 한 사람도 예외 없이 예뻐 보였다. 정말 신기한 일이었다.

그 거리도 동일했고 사람들도 다르지 않은 보통의 사람들이었다. 날씨가 특별히 좋았던 것도 아니었다. 바뀐 것이 있었다면 그것은 바로 나의 내면이었다. 나의 자아가 하나님을 만남으로 만족함을 느끼자, 내 감정에 기쁨과 평안이 넘쳐흘렀던 것이다. 나와 아무런 상관없이 스쳐가는 사람들에게까지 내 기쁨과 평안이 흘러 나간 것이다. 이렇듯 다른 사람을 용서하기로 선택한 의지의 영향으로 말미암아, 감정의 내용이 수정된다. 그리고 수정된 감정은 아무런 거리낌 없이 밖으로 발산된다. 솔직하게 있는 그대로 발산된다.

3) 사랑

앞에서 살펴본 바와 같이 용서하기로 결단한 의지와 수정되어 발산된 감정이 만나게 되면, 자아는 사랑을 하게 된다. 인간이 행할 수 있는 최고의 작품인 사랑 말이다. 여기에서 의미하는 사랑은 현재 우리 사회가 의미하는 사랑과는 사뭇 차이가 있다. 사랑의 기초에서부터 차이가 난다. 현대인은 사랑이 감정에 기초하고 있다고 믿는다. 사랑은 빠지는 것이고, 사랑은 느끼는 것이라고 생각한다. 그리고 사랑은 자기희생이라고 생각한다.[9]

(1) 사랑의 기초

그러나 여기에서 의미하는 사랑은, 첫째로 하나님과의 관계에 기초한다. 하나님과의 관계 속에서 우리의 필요가 채워지고 그분으로 인해서 우리가 영원한 안전감을 얻을 때, 다른 사람을 사랑할 수 있게 된다. 그리고 하나님으로 인해서 자신이 중요한 존재임을 깨닫게 될 때 우리는 사랑할 수 있다.[10] 즉 분리로 인해 생겨난 내적 갈망을 근본적으로 채워줄 수 있는 분이 하나님이라는 분명한 믿음에 기초한 사랑인 것이다.

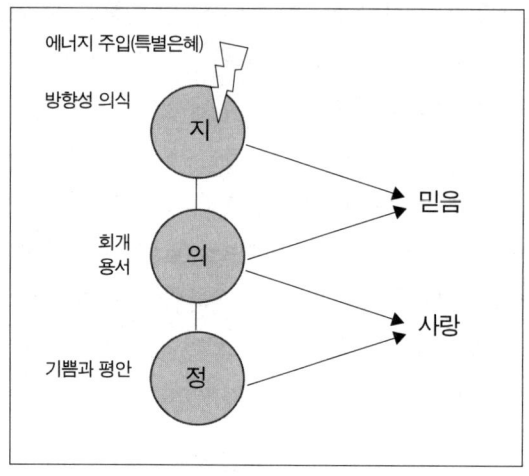

[그림 14] 회복 장치 2단계: 사랑

---

9) Scott Pack은 "아직도 가야할 길"이라는 그의 책에서 사랑이 아닌 것이 무엇인지를 심리학적으로 보다 자세히 설명하고 있다.
10) 로랜스 크랩, 『결혼 건축가』(The Marriage Builder), 윤종석 역 (서울: 두란노, 2001), 62.

둘째로, 사랑의 기초는 자기사랑이다. 자기사랑은 자기연민이나 자존감에 기초하지 않는다. 자기의 처지를 불쌍히 여기는 연민의 감정에 기초하지 않으며, 자기 스스로를 존귀한 자로 여기는 이기적인 자존감에도 기초하지 않는다. 오히려 자신의 현 상황을 정확히 직면하면서도 동시에 그것을 인정할 수 있는, 자기 용납에 기초한다. 즉 자아의 정체성(죄)을 기꺼이 받아들일 수 있는 자기사랑에 기초한다.

사랑은 나의 잘못에 용서를 구하는 데서부터 시작된다. 그동안 내 욕구충족을 위해서 상대를 이용했던 것에 대해서 용서를 구하는 것이며, 나의 욕망의 조건에 맞추기 위해 상대에게 요구했던 모든 이기적 요구에 대해서 용서를 구하는 것이다. 또한 아무 조건 없이 상대방의 잘못을 용서하는 데서도 시작된다. 이러한 사랑을 할 수 있는 이유는, 더 이상 자아가 욕망과 외로움으로 상대방에게 의존하지 않기 때문이다. 자아의 감정과 사고가 하나님으로 인해서 이미 만족된 상태에 다다랐기 때문이다.

그렇다. 사랑은 서로의 자아가 근본적으로 분리된 상태에서 시작될 수 있다.[11] '너 없이는 살 수 없다', '너는 나의 전부야' 또는 '난 너만을 사랑해'와 같은 종류의 사랑은 의존적 사랑에 불과하다. 이들은 사랑하지 못하고, 오히려 요구하게 되어 있다. 그러나 진정한 사랑을 하기 위해서는 먼저 독립적인 상태가 되어야 한다. 자아가 자신의 만족함의 뿌리를 하나님과의 관계에 두었을 때에 서로를 사랑하기로 선택할 수 있게 된다. 그리고 감정의 순수한 반응에서 우러나오는 기쁨과 평안으로 상대를 사랑하게 된다. 더 이상 상대의 조건이나 반응에 따라서 우리의 사랑이 결정되지 않으며, 오히려 나의 자아 중심에서부터 사랑이 흘러나와 상대에게 고스란히 전달된다.

> 사랑은 오래 참고 사랑은 온유하며 시기하지 아니하며 사랑은 자랑하지 아니하며 교만하지 아니하며

---

11) 애릭 프롬, 『사랑의 기술』(*The Art of Loving*), 황문수 역 (서울: 문예출판사, 1989), 28.

> 무례히 행하지 아니하며 자기의 유익을 구하지 아니하며 성내지 아니하며
> 악한 것을 생각하지 아니하며
> 불의를 기뻐하지 아니하며 진리와 함께 기뻐하고
> 모든 것을 참으며 모든 것을 믿으며 모든 것을 바라며 모든 것을 견디느니라
> (고전 13:4-7).

이러한 무조건적인 사랑을 받는 대상은 자연스럽게 성장하게 되어 있다. 이것이 사랑의 능력이다. 사랑받는 영혼에게는 내면 안에서 만족감이 형성되며 그로 인해서 변화가 시작된다. 이런 의미에서 사랑은 다른 사람의 정신적 성장을 돕는 모든 과정[12]이라고 정의할 수 있다. 이 과정을 좀 더 현미경으로 바라보면, 하나님으로 인해서 만족된 자아가 안에서부터 흘러나오는 기쁨과 평안의 감정으로 다른 자아를 사랑하게 된다. 이것은 우리가 바로 앞에서 살펴본 과정이다. 놀라운 것은 이러한 무조건적인 사랑을 받은 또 다른 자아 역시도, 스스로 만족되는 경험을 하게 된다는 사실이다. 이렇게 스스로 만족되면 자아 안에 기쁨과 평안이 형성되어 밖으로 흘러나오는 경험을 하게 되고, 결국에는 사랑할 수 있는 자아로 변화하게 된다. 사랑은 사랑을 낳고 파도치듯이 전염되어 나아간다.

(2) 사랑은 전도하는 것

신학적으로 설명한다면, 사랑은 상대방도 하나님을 만남으로 영혼의 근본적인 갈망을 해결 받도록 돕는 행위이다. 이러한 사랑의 노력은 원래 예수 그리스도로부터 시작된 것으로서, 예수(하나님의 말)께서 인간의 갈망을 해결하시기 위해서 인간세계 안으로 기꺼이 오셔서 인간의 죄를 해결하기 위해 대신 죽은 것이다. 이러한 그분의 희생적 사랑으로 인

---

12) 스캇 펙, 『아직도 가야 할 길』 (*The Road Less Traveled*), 신승철 & 이종만 공역 (서울: 열음사, 2002), 118.

해서 우리가 하나님과 다시 하나가 되고 죄로부터(자아의 방향성으로부터) 구원을 받게 된 것이다. 따라서 우리가 누군가를 사랑한다는 것은 예수 그리스도의 사랑을 흉내 내는 것이다. 즉 내 자아가 경험한 구원을 상대방도 경험할 수 있도록 돕는 모든 것이다. 여기에는 다른 자아를 향한 희생적 돌봄과 자아포기도 포함된다. 이러한 면에서 사랑은 고귀한 행위이다. 하나님과 같은 일을 인간이 하는 것이기 때문이다.

기독교에서는 이러한 사랑의 행위를 전도라고 말한다. 물론 대부분의 기독교인은 불신자를 교회에 데려오는 행위 정도로 잘못 이해하고 있지만 말이다. 전도라 함은 자신이 먼저 하나님을 만남으로 진정한 만족을 경험한 후에, 다른 자아도 자신과 같은 경험을 할 수 있도록 돕는 모든 행위이다. 그리고 전도의 최고의 표현 방법은 사랑으로 인해 자신을 희생하는 것이다. 희생 역시 예수 그리스도로부터 시작되었다. 그가 인류 구원을 위해 십자가에서 스스로를 희생하셨기 때문이다.

(3) 상담은 사랑하는 것

여기에서 상담이론에 대해서 잠간 언급하자. 진정한 기독교 상담가야말로 다른 사람의 영적 성장을 돕는 과정에 있어서만큼은 뛰어난 전문가이어야 한다. 좀 더 자세하게 설명하면 기독교 상담가는 자신이 먼저 깊고 분명한 회복을 경험해야 한다. 이러한 용서와 사랑의 과정 속에서, 하나님과 사람들 사이에서 자신의 갈망이 충족되는 경험을 한 사람이어야 한다. 이러한 경험이 없는 상담가는 내담자를 돕는 차원의 상담은 할 수 있을지 몰라도, 내담자를 사랑하는 차원의 상담은 할 수 없다. 진정한 기독교 상담가는 내담자의 어려움을 해결해주는 정도의 상담을 하는 것이 아니라, 내담자의 영적 성장을 이끌어 낼 수 있어야 한다. 즉 상담은 사랑하는 것이다.

또한 진정한 기독교 상담가는 회복의 장치에 능통한 지식과 경험을 갖추고 있어야 한다. 내담자가 회복의 어느 지점에 와 있는지, 왜 회복장치가 멈추어 섰는지, 어떻게 하면 회복장치를 다시 작동 시킬 수 있는지 등과 같은 질문에 해답을 줄 수 있는 전문성을 가지고 있어야 한다. 즉 회복과정을 돕기 위한 여러 가지 방법과 기술에도 능통해야 한다.

3. 소망

1) 기쁨과 평안

우리는 지금, 유입된 에너지(말)가 회복장치(지·정·의)를 통해서 어떻게 일하고 있는지, 그리고 어떠한 과정들을 거쳐 가며 일하는지를 알아보고 있는 중이다. 그림을 통해 알 수 있듯이, 현재 우리는 사고와 의지를 지나서 감정의 단계에 와 있다. 그리고 의지가 하나님과 인간을 향해서 각각 두 가지로 반응했듯이, 감정도 인간뿐 아니라 이번에는 하나님에게도 반응할 것을 예측할 수 있겠다. 감정이 인간을 향해서 기쁨과 평안이라는 반응을 보였던 것처럼 똑같이 하나님을 향해서도 기쁨과 평안이라는 감정을 다시 표현한다. 어떤 면에서 하나님을 향한 기쁨과 평안은 전의 것 보다 더 확실하고 명확하게 표현되는 것이다. 그 이유는 이미 앞에서 감정은 다른 인간을 사랑하는 것을 통해서 자신의 기쁨과 평안이라는 감정을 긍정적으로 경험했기 때문에, 하나님을 향해서 다시 표현하게 될 때는 당연히 더 큰 기쁨과 평안으로 표현될 것이다.

감정이 하나님을 향해서 반응한다는 의미는, 그만큼 자아가 하나님의 존재를 더 실제적으로(현실적으로) 인식하고 있다는 반증이기도 하다. 그러나 만약에 자아가 하나님을 향한 이러한 감정을 경험하지 못하거나 아주 적게 경험한다면, 자아가 하나님과 직접적인 관계를 유지하지 못하고 있다는 또 다른 증거이다. 그러므로 우리는 솔직한 감정의 반응에 민감하게 반응할 필요가 있다. 일단 하나님을 향한 기쁨과 평안이 부족하다고 판단되면, 자아 스스로 성경을 깊게 읽음으로 하나님의 말씀을 자아 안으로 주입하기 위해 노력해야 하며, 또는 의지가 철저한 회개를 했는지, 아니면 의지가 용서를 했는지 확인해 봐야한다.

또 다른 확인 방법은 감정이 느끼는 내용들, 즉 두려움/죄책감/불안 중 어느 것이 주된 것인지 면밀히 관찰하는 것이다. 또한 누구를 대상으로 이러한 감정을 느끼고 있는지도 고민해 봐야 한다. 죄책감의 감정이 만약 하나님을 향해서 여전히 남아 있다면, 회개가 분명치 않다는 증거이다. 만약 주위의 특정 사람을 향해서 죄책감이 남아 있다면, 이것은 자아가 아직 철저한 용서를 경험하지 못한 증거이다.

요약해 말하면 하나님을 향한 기쁨과 평안은 구원받은 자아가 느끼는 자연적인 감정이어야 한다. 따라서 이러한 감정들의 부재는 이전의 회복장치가 정확하게 작동하지 않았다는 증거가 된다. 이럴 때는 다시 자아의 내면을 관찰하면서 위의 회복 과정들을 반복해야 할 것이다. 이처럼 자아의 감정을 면밀히 검증해보는 방법은 회복을 더욱 깊이 경험하고자 하는 자아에게는 매우 지혜로운 방법이다.

2) 영생 의식

우리는 감정을 지나 이번에는 처음의 시작 부분이었던 사고로 다시 돌아오게 되었다. 이 사고는 앞선 회복 과정을 이미 거쳐 왔기 때문에 더 많은 수정과정을 경험하게 되었다. 여기까지의 회복과정을 경험한 자아는 사고를 통해서 자아의 영생을 의식하게 된다. 자아도 하나님처럼 영생한다는 의식을 갖게 된다. 즉 하나님의 영이 자아의 내면에서 점차 회복되면서, 자아의 원래 모습도 점차 회복된 것이다.

내면대폭발 사건 이전의 자아를 기억해 보라. 이때 자아는 하나님과의 연합의식을 통해서 자신이 영생하는 존재임을 알고 있었다. 자아가 믿음의 과정을 거쳐 하나님과 연합하게 되고, 하나님과의 지속적인 만남을 통해서 결국엔 자아가 다시 이 영생에 대한 지식을 회복하게 된 것이다. '하나님과의 연합이 영원히 지속될 수 있구나'라는 의식이다. 놀랍지 않은가? 자아는 일련의 회복과정을 통과하면서 내면대폭발 사건 이전의 상태로 점점 회복되어 가고 있는 것이다.

그러나 반대로 회복을 경험하지 못한 자아는 죽음을 두려워한다. 자아가 영생한다는 지식이 없기 때문에, 죽음으로 인해서 자아가 사라질 것을 불안해하는 것이다. 의외로 나는 기독교인 중에 죽음을 불안해하는 사람들을 많이 만나 보았다. 그 이유는 명백하다. 아직 회복을 제대로 경험하지 못한 자아이거나, 아니면 회복의 초기 단계인 믿음에 머물러 있어서 자신의 영생을 의식하지 못하는 것이다.

이런 자아에게 찾아오는 문제는, 오랜 기간 동안 깊이 있는 회복을 경험하지 못하고 죽음에 대한 불안을 가지고 살게 되면서, 형식과 환경에 집착하는 종교적 완벽주의로 발전할 수 있다는 점이다. 이처럼 종교적 완벽주의는 자아의 영생의식이 부족하고 불명확하기 때문에 형성되는 경우가 많다('강박증'을 참조하라). 만약 여러분 중에 하나님을 믿는다 하면서 여전히 죽음에 대한 불안과 두려움을 가지고 있다면, 심각하게 자신의 회복(구원)에 대해서 고민해 보길 바란다. 아이러니하게도 교회 안에 죽음을 두려워하는 사람이 얼마나 많은지 모른다.

3) 소망

이때 감정과 사고가 다시 한 번 만남으로 또 다른 놀라운 현상이 일어나게 된다. 그것은 바로 자아가 소망을 품는 것이다. 여기에서는 의지의 역할이 전혀 없음에 주목하기 바란다. 의지의 선택과 행동이 없다는 의미는 소망이 하나의 보이지 않는 현상에 불과하다는 것이다. 감정과 사고가 만나 만들어진 현상이기 때문에 소망은 다른 믿음이나 사랑과 다르게 가장 형이상학적인 것이다.

소망의 내용은 이렇다. 자아 자신도 하나님처럼 영생할 수 있다는 소망이다. 좀 더 자세하게 표현한다면 자아도 하나님처럼 영원토록 기쁨과 평안을 경험하며 살 수 있다는 소망이다. 소망이라는 단계에서 만나는 두 가지 자아의 구성요소, 즉 감정과 사고의 내용을 살펴보면 더 자세히 소망을 이해할 수 있게 된다. 감정의 대상은 하나님이고 내용은 기쁨과 평안이다. 그러나 사고의 대상은 인간이며 내용은 자아의 영생의식이다. 이 두 가지의 감정과 사고가 만나면, 하나님의 속성과 자아의 속성이 연합되는 일이 벌어진다. 그 결과로 나타나는 현상이 바로 소망이다. 하나님처럼 자아도 영원히 기쁨과 평안함을 누리게 된다는 소망이다.

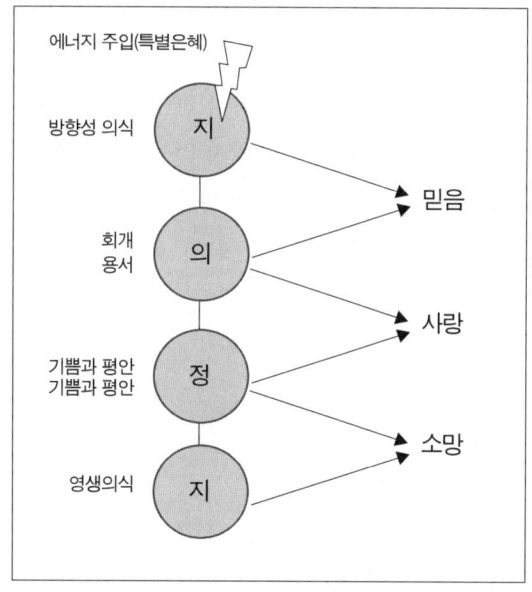

[그림 15] 회복 장치 3단계: 소망

이 소망은 세상에 존재하는 그 어떤 것보다 고귀한 것이다. 어떤 면에서 소망은 사랑과 믿음보다도 고귀한 것이다. 왜냐하면 자아의 의지의 역할이 전혀 개입되지 않았기 때문이다. 의지의 참여가 없으므로 한번 생겨난 소망은 절대 변하거나 없어지지 않는 특성이 있다. 주위의 환경과 자아의 행동과 상관없이 소망은 흔들리지 않는다. 따라서 소망이 없는 사람은 쉽게 흔들리고 변심하기 마련이다. 그러나 소망을 소유한 사람은 어떤 고통이 오고, 위협이 와도 변심하지 않는다.

(1) 주기철 목사와 소망

일제시대 때, 순교한 주기철 목사라는 분이 있다. 이분은 마지막 순간까지도 하나님을 향한 신앙을 버리지 않은 분으로 유명하다. 주기철 목사가 심한 고문 중에도 신앙을 지킬 수 있었던 가장 큰 이유는 하나님을 향한 믿음이나 사랑 보다는, 그 분이 내면에 품고 있었던 소망이라는 현상으로 보는 것이 더욱 정확할 것이다. 인간의 의지와 상관이 없는 것 중에서, 인간이 소유할 수 있는 가장 고귀한 선물이 소망이다. 영혼에 심겨진 소망은 자아 자신이 부인하려 한다 해도 없어지지 않으며, 어떠한 고통과 환경이 위협한다 해도 사라지지 않는다. 왜냐하면 소망은 자아의 의지와 상관없이 주어진 선물이기 때문이다. 주기철 목사가 심한 고문과 고통 가운데 죽어가면서 부른 찬송이 '하늘 가는 밝은 길이'라고 한다. 이 찬송은 소망을 노래하고 있다.

> 1. 하늘 가는 밝은 길이 내 앞에 있으니
> 슬픈 일을 많이 보고 늘 고생하여도
> 하늘 영광 밝음이 어둔 그늘 헤치니
> 예수 공로 의지하여 항상 빛을 보도다
> 2. 내가 걱정하는 일이 세상에 많은 중
> 속에 근심 밖에 걱정 늘 시험하여도
> 예수 보배로운 피 모든 것을 이기니
> 예수 공로 의지하여 항상 이기리로다

3. 내가 천성 바라보고 가까이 왔으니
　아버지의 영광 집에 가 쉴 맘 있도다
　나는 부족하여도 영접하실 터이니
　영광 나라 계신 임금 우리 구주 예수라[13]

4. 영광

1) 영생 의식

　앞부분에서 사고가 의식한 내용이 인간의 영생이었다면, 다음 회복과정에 와서는 당연히 하나님의 영생에 대한 것으로 확장된다. 이 '영광' 과정에서, 사고가 의식하는 하나님의 모습은 많은 부분에 있어서 이전보다 더 정확해졌고 깊어졌고 내용도 많아졌을 것이다. 다른 말로 표현하면 무의식에 숨겨져 있던 하나님의 모습이 많은 부분 자의식의 영역으로 드러나게 되었다. 물론 아직도 대부분의 내용은 무의식에 숨겨져 있지만 말이다.

　(1) 순환하는 회복장치
　이런 의미에서 우리가 한 가지 배우게 되는 것이 있다. 그것은 자아가 이제는 의도적으로라도 성경을 더 많이 읽어야 한다는 점이다. 성경 뿐 아니라 하나님에 대해 기록해 놓은 좋은 양서를 지속적으로 읽음으로써, 하나님을 아는 지식을 보다 넓혀야 한다. 그렇지 않으면 회복의 장치가 멈춰서는 일이 발생할 수 있기 때문이다.
　회복장치의 시작 부분이 어디인지 기억하는가? 바로 사고이다. 인간

---

13) 19세기의 J. H. Lozier가 작사한 곡을 미국 장로교 Swallen 목사가 우리말로 소개한 찬송이다.

이 성경을 읽음으로 인해서 하나님의 말이 인간의 사고에 유입되면서 부터 회복장치가 작동하기 시작했었다. 그러므로 지속적으로 하나님에 대한 지식을 쌓을 필요가 있다. 그렇지 않으면 회복의 순환 과정이 힘을 잃기 쉽기 때문이다. 현시대를 살아가는 자아에게는 지속적인 회복이 필요하다.[14]

  회복장치를 설명하는 그림이 지.의.정.지.의 순서로 한 줄로 그려져 있다고 해서, 회복장치가 꼭 그림과 같이 일직선으로만 작동하고 회복의 마지막은 의로 끝이 난다고 생각하면 큰 오산이다. 실제로 회복장치는 지속적으로 순환해야 한다. 자아가 위 그림의 마지막 지점으로 표현된 의지의 부분까지 오게 되면, 그 다음부터는 의지의 선택을 통해서 원하는 곳이면, 어느 부분이든지 다시 시작할 수 있다. 특히 의지와 관련된 영역이 또 다른 시작점이 될 수 있다. 왜냐하면 자아가 의지적으로 노력하고 행동함으로 다시 그 회복장치를 작동시킬 수 있기 때문이다. 따라서 회복장치는 쉼 없이 계속 순환하며 반복하게 된다. 만약 순환하지 않고 오랫동안 한곳에 멈추어 서 있다면, 이는 분명 회복이 정지 되었거나 다시 이전의 상태로 되돌아가고 있다고 판단할 수 있겠다.

2) 예배

  자아가 하나님의 형상을 분명하게 의식하면, 자아의 또 다른 영역인 의지가 이전과 전혀 다른 방법으로 행동할 수 있게 된다. 그것은 예배이다. 특히 '영광'의 과정에 도달한 자아의 사고는 하나님이 영생한다는 사실을 깊이 있게 깨닫게 된다. 이처럼 사고가 하나님의 영생을 의식하게 되면서, 이에 영향을 받은 의지가 색다른 방법으로 반응을 하기 시작한다. 즉 하나님을 예배하고 경배하는 것이다. 이것은 이전에 한 번도 상상해 본 적이 없던 뜻밖의 선택이다. 솔직히 욕망에 사로잡혀 있던 옛

---

14) 존 샌드포드, 『속사람의 변화』, 50.

자아가 하나님을 경배하리라 스스로 상상이나 했겠는가? 그러나 일단 사고가 하나님의 영생을 강력하게 의식하게 되면, 자아가 행할 수 있는 유일한 선택은 예배이다. 그 이유는 인류가 본래 하나님을 경배하도록 만들어졌기 때문이다. 하나님의 속성들을 깊이 깨닫게 되면 자아는 항상 고개가 숙여지며 예배하는 마음이 동하게 되어 있다. 이러한 이유로 인해서, 자아가 하나님의 참 모습을 더 깊이 알면 알수록 더욱 예배하고 싶어 한다.

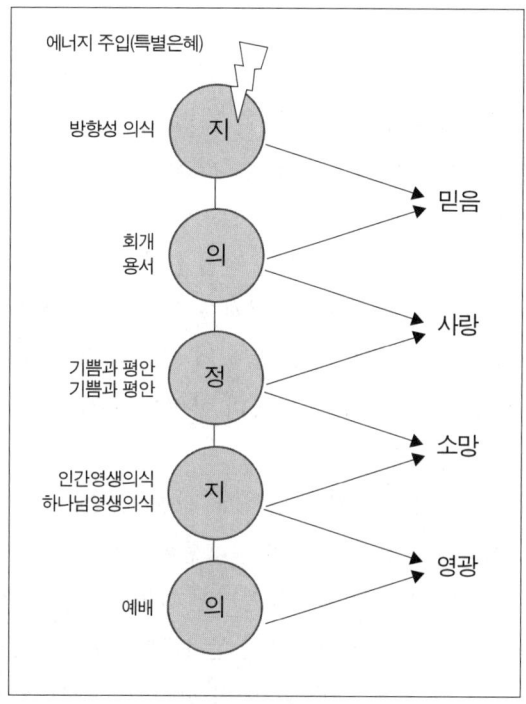

[그림 16] 회복 장치 4단계: 영광

(1) 예배의 이유

왜 자아는 예배를 원하는 것일까? 내면에서 일어난 하나님과의 만남(연합)이라면, 혼자서 조용하게 내면의 하나님께 예배할 것이지, 굳이 밖으로 예배를 표현하려는 것일까? 그것도 공동체로 모여서 하나님을 예배하려는 것일까? 이와 같은 질문은 근래에 많은 기독교인들이 던지는 물음이다. 집에서 혼자서 예배드릴 수 있는데 번거롭게 예배장소까지 가야하는지 잘 모르겠다며, 인터넷을 통해서 혼자 예배드리는 사람들이 많아지고 있는 실정이다. 그러나 할 수만 있다면, 함께 모여 예배드릴 것을 조언한다.

  그 이유는 하나님의 영이 자아 안으로 유입된 것을 경험한 자아는 틀림없이 자아 외부에 존재하는 하나님 그분 실체를 만나고 싶어 하기 때문이다. 물론 믿음의 과정에서 자아 안으로 임재하신 하나님도 진짜 하나님이며, 하나님과 형성한 연합의식도 진짜이다. 그러나 이때는 개개인의 형편에 따라서 내면의 하나님을 개별적으로 경험하게 된다. 다른 말로 표현하면 각 개인의 지정의의 상태와 외부의 형편에 따라서 각기 다르게 하나님을 경험하게 된다는 말이다. 그렇기 때문에 모든 자아는 외부에 존재하는 하나님의 원형을 직접 만나고 싶어 하게 되어 있다. 즉 자아 밖에 존재하시는 하나님의 실체를 경험하고 싶어 한다. 앞서 사용한 예와 같이 아버지로부터 멀리 떨어져 있는 아들이 편지(성경)를 통해서 아버지를 경험했을지라도, 더욱더 아버지를 직접 만나고 싶어 하는 것은 당연한 이치 아닌가?

  또 다른 이유는 모든 자아가 동일하게 '터진 웅덩이', 즉 하나님의 영이 빠져나간 빈 공간을 소유하고 있기 때문이다.[15] 이 웅덩이는 태어날 때부터 모든 자아 안에 동일하게 형성되어 있는 것이며, 자아는 일평생 이 빈 공간을 채우기 위해서 노력하며 살아간다. 그리고 예배란 자아가 웅덩이를 채울 수 있는 최고의 기회이며 장소이다. 하나님을 인격적으로 만날 수 있도록 최적의 상태로 준비되어 있는 것이 바로 예배이다.

---

15) James Fadiman& Robert Frager, *Personality & Personal Growth* (New Jersey: Prentice Hall, 2002), 92-93. Carl Jung은 집단무의식(Collective Unconsciousness)이라는 개념을 통해서 잘 설명하고 있다. 이러한 면에서 Jung은 천재적인 학자이다.

하나님을 만나기 위한 준비는 수천 년에 걸쳐서 다양한 예식과 방법들로 발전되어온 것이 예배이다. 동시에 인류가 끊임없는 노력으로 지금까지 형성해 온 형식과 이미지가 바로 현재 예배의 모습이기도 하다. 이처럼 오랫동안 다양한 예식의 예배가 형성되어 왔고 점차 발전해 왔지만, 예배 안에는 변치 않는 원형(기본형식)이 항상 존재해 왔다. 바로 이 원형은 자아의 무의식(터진 웅덩이) 속에 숨겨져 있던 하나님을 향한 갈망이 가장 원초적인 모습으로 예배 속에 표현된 것들이다.[16] 따라서 자아가 예배에 참석하게 되면, 자신의 무의식에 숨겨져 있던 하나님을 향한 갈망이 큰 어려움 없이 표면화 되는 것을 경험할 수 있다. 그 이유는 예배 안의 형식과 내용들이 자아 무의식을 자극하게 되고, 잊힌 부분을 불러 깨우는 힘이 있기 때문이다.

마지막 이유는, 예배 가운데 임재하는 하나님을 함께 경험할 수 있는 기회를 나누어 가질 수 있기 때문이다. 비록 개인적 사정 때문에 하나님을 경험하기 힘든 자아였을지라도, 예배에 참여함으로써 하나님을 목격하는 행운을 얻기도 한다. 예배 가운데 임재한 하나님을 경험하는 일이 흔한 일은 아니지만, 일단 한번 하나님의 실체를 경험하게 되면 자아의 회복과정에 큰 변화가 발생하게 된다. 느슨해졌던 회복이 힘을 얻게 되고 멈춰선 회복이 다시 움직이게 된다. 심어는 회복자체를 한 번도 경험해 보지 못했던 자아가 순식간에 회개하고 믿음을 갖게 되는 일도 발생한다. 종종 이와 같은 극적인 구원도 목격하게 된다. 극적일 수밖에 없는 이유는 하나님이 내면에서부터 서서히 드러나는 것이 아니라, 자아가 하나님의 실체를 한순간 직접적으로 경험했기 때문이다. 이때 자아가 경험하는 회개는 매우 극적이고 분명하게 나타난다.

(2) 예배의 방법

여기에서 의미하는 예배는 아주 폭넓은 것이다. 하나님의 형상에 대

---
16) Carl Jung은 원형(Archetype)이란 개념으로 설명하고 있다.

한 자아의 모든 반응이 예배에 포함된다. 그중 가장 대표적인 것이 묵상이다. 묵상은 가장 조용하고 비밀한 예배의 모습이다. 묵상은 의식된 하나님의 모습을 자아가 의지적으로 자신의 내면 깊은 곳으로 가지고 내려가는 행위이다. 그렇게 함으로 영혼 깊은 곳 안에서 사고하고 느끼고 예배하는 것이다. 묵상을 좋아하는 사람들은 보통의 경우 조용하고 얌전한 사람들이다. 이들은 의지가 반응해야 하는 경우에도 밖으로 드러나는 행위를 최대한 절제하는 사람들이다.

또 다른 대표적인 예배의 방법은 찬양이다. 찬양은 하나님의 모습을 밖으로 드러내고 알리는 예배의 한 모습이다. 찬양은 의식된 하나님의 모습을 자아가 의지적으로 자신의 외부로 표현하고자 하는 행위이다. 그렇게 함으로 하나님의 영광이 잘 드러나기를 원한다. 찬양을 좋아하는 사람들은 보통의 경우 사교적이고 활동적인 사람들이다. 이들은 자신의 행위를 통해서 드러나는 하나님의 모습을 보면서 기뻐하는 사람들이다.

기독교가 행하는 예배의 형식에는 앞에서 언급한 묵상과 찬양 뿐 아니라, 그 외의 다양한 예배 모습이 있다. 이것은 마치 하나님과 인간이 만나는 축제의 장이라고 표현할 수 있다. 주목해야 할 부분은 기독교의 예배 형식 안에는 설교가 중심에 위치해 있다는 사실이다. 설교라 함은 성경을 읽고 거기에 대한 설명이 덧붙여지는 행위이다. 즉 하나님의 말씀이 인간 자아의 사고 영역에 주입되는 행위이다. 이것은 하나님이 가장 원하는 부분일 것이다. 그리고 참여한 사람들은 하나님의 말씀이 전해지는 동안 조용히 앉아서 그것을 묵상한다. 마지막으로 일어서서 하나님의 영광을 찬양하는 시간도 있다. 이 모든 내용들이 기독교가 가지고 있는 예배의 형식이다.

놀라운 점은 이제까지 우리가 살펴본 회복장치와 회복순서가 기독교 예배의 형식과 내용 가운데 모두 들어가 있다는 점이다. 다시 말하면 자아의 깊은 내면에서 일어나는 모든 회복장치가 그대로 외적으로 표현되어 있는 것이 바로 기독교가 행하고 있는 예배라는 것이다. 놀라운 일 아닌가? 눈으로 보이지 않은 채 자아 안에서 일어나는 내면의 회복장치가 눈으로 보이도록 형식화된 것이 바로 예배이다. 회복장치와 예배는 동전의 양면과 같이 매우 밀접한 관계를 가지고 있다.

3) 영광

우리는 이제 회복장치의 맨 마지막 과정에 와 있다. 사고와 의지가 마지막으로 연합되어서 만들어지는 현상은 영광이다. 하나님을 향한 영광이다. 사고가 의식한 내용은 하나님의 영생이다. 하나님의 속성을 나타내는 표현들이 많이 있다. 전지성, 전능성, 영원성, 불변성, 무한성, 유일성, 자존성, 거룩성 등. 그 가운데 하나님의 본질을 가장 잘 드러내는 것이 영원성(영생)이라 할 수 있다. 그리고 하나님의 영원성에 반응해서 의지가 선택한 행동은 예배이다. 하나님을 찬양하고 묵상하는 모든 표현들이 예배인 것이다. 결론적으로 자아가 하나님의 속성에 반응해서 예배하는 것을 한 단어로 표현한다면, 그것은 하나님을 향한 영광이다.

아마도 하나님이 내면대폭발 사건 이후로 인간에게 가장 받고 싶은 것이 있다면, 그것은 인간이 표현하는 하나님을 향한 영광일 것이다. 자아가 존재하는 근본적인 목적이 하나님을 향한 영광에 있다[17]고 하겠다. 따라서 자아가 예배를 통해서 하나님께 영광을 표현하는 행위는 자아의 회복 과정의 마침표와 같다. 돌려서 생각해보면, 내면대폭발 사건 이전의 자아의 존재 이유도 역시 하나님을 향한 영광이다. 자아 최초의 모습으로, 그리고 완벽히 회복된 자아의 모습은 바로 이것이다. 하나님을 향해서 영광을 표현하는 자아이다.

---

17) "내 이름으로 불려지는 모든 자 곧 내가 내 영광을 위하여 창조한 자를 오게 하라 그를 내가 지었고 그를 내가 만들었느니라" (사43:7).

전반적 회복지수(/132)
(아래 점수의 총합)

· 믿음 지수(/24)
– 정체성인식 지수(/12)
– 회개 지수(/12)

· 사랑 지수(/24)
– 용서 지수(/12)
– 기쁨/평안 지수(/12)

· 소망 지수(/24)
– 기쁨/평안 지수(/12)
– 하나님 영생 의식 지수(/12)

· 영광 지수(/24)
– 자아 영생 의식 지수(/12)
– 예배 지수(/12)

· 성경읽기/기도 지수(/12)

· 은사/능력 지수(/24)
– 비전 지수(/12)
– 헌신/순교 지수(/12)

* 0–32점, 당신은 진정한 회복을 경험하지 못했을 가능성이 매우 높습니다. (소망 지수가 6점 이하라면 더욱 그렇습니다.)

* 33–64점, 회복의 초기에 있거나, 회복의 정체(멈춤) 현상을 경험하고 있을 정도의 낮은 회복 지수입니다. (소망 지수가 10점 이하라면, 정체현상을 겪고 있을 확률이 높습니다.)

* 65–96점, 회복이 상당부분 이루어지고 있습니다. (소망 지수가 13점 이하라면, 정체현상을 겪고 있을 확률이 높습니다. 현저히 낮은 점수의 영역이 있다면, 회복에 이상(문제)이 있을 확률이 높습니다. 두려움 지수가 6점 이하라면, 성경읽기에 힘쓰세요.)

* 97–118점, 회복이 매우 활발히 진행 중 입니다. (소망 지수가 17점 이하, 또는 성경읽기/기도 지수가 8점 이하라면, 정체현상을 겪고 있을 확률이 높습니다. 현저히 낮은 점수의 영역이 있다면, 회복에 이상이 있을 확률이 높습니다. 욕구 지수가 20점 이상이라면, 기도에 힘쓰세요.)

* 119 이상, 당신은 하나님의 나라와 사역을 위해 일할 때 입니다. 더 이상 지체하지 않기를 바랍니다.

5. 회복장치의 특성과 꽃

앞에서 자아의 회복이 순서에 따라서 순차적으로 이루어진다고 설명했다. 그리고 그 회복순서에 따라서 정해진 자아의 구성 요소들이 일목요연하게 작동하고 있다고 서술했다. 꼭 자동차의 엔진을 분해해서 펼쳐놓은 것처럼, 자아의 회복과정을 그림을 그려가면서 차근차근 설명했다. 이러한 노력으로 인해서 여러분들은 좀 더 쉽고 자세하게 자아의 회복이 이루어지는 과정들을 이해할 수 있게 되었다.

독자 여러분이 위의 '회복의 장치' 부분을 반복해서 읽어보기를 원한다. 자신의 내면을 깊이 연구하면서, 또는 과거의 경험을 기억해보면서 천천히 읽어 보길 원하며, 더 나아가서는 자신의 내면을 충분히 이해할 수 있을 때까지 반복해서 읽기를 원한다. 그렇게 함으로써 여러분은 전보다 자신의 영혼을 더 분석적으로 이해할 수 있게 될 것이다.

그러나 오해가 없기를 바라는 마음에서, 추가적으로 '회복의 장치'가 가지고 있는 몇 가지 특징을 언급해야 하겠다. 왜냐하면 앞에서 자동차의 엔진을 잠깐 언급했듯이, 자아의 회복 과정이 너무 기계적이고 분석적으로만 설명되었기 때문이다. 내가 분명하게 말할 수 있는 것은, 자아는 자동차의 엔진과 같은 기계장치가 아니라는 사실이다.

1) 회복장치의 특성

(1) 회복의 관계성

첫째로 자아의 회복장치는 유기적으로 작동한다. 위의 설명과 그림을 너무 단순하게 이해하는 잘못을 저지르게 되면, 회복장치가 꼭 순차적으로만 작동한다고 오해할 수 있다. 즉 한 가지가 작동하고 나면, 그 다음의 것이 작동하듯이 단계적으로 하나씩 전달된다고 잘못 이해할 수도 있다. 그러나 실제로는 거의 동시에 모든 과정들이 일어난다. 꼭 자동차의 키를 돌려서 시동을 걸면, 그 즉시 엔진 전체가 돌아가듯이 말이다.

이렇듯이 자아의 회복과정은 거의 동시에 일어난다. 예를 들어 사고 안에서 자아의 정체성이 인식되는 순간과 동시에 의지는 회개를 준비하게 된다. 믿음의 과정에서 감정은 언급되지 않았지만, 실제로는 감정도 믿음의 과정 전체에서 2차적으로 반응하며 이미 회복의 과정 가운데 참여하고 있다. 비록 직접적인 회복과정을 주도하고 있지는 않지만 말이다. 이렇듯 자아의 구성요소들이 동시에 함께 반응하며 또한 시간적으로도 모든 회복과정들이 거의 동시에 시작된다고 볼 수 있다. 다만 자아 내면의 구조상, 우리가 보다 구체적으로 회복과정들을 이해하려면, 위의 설명과 같이 순서대로 이해할 수 있다고 보는 것이 바람직하다.

다른 방법으로 회복장치의 관계성을 설명한다면, 그것은 꼭 맞물려 함께 돌아가는 톱니바퀴들과 같다고 하겠다. 첫 번째 톱니바퀴는 사고이고, 다음이 의지이고, 그 다음이 감정의 순서로 맞물려 있는 것으로 이해하는 것이 더욱 바람직하겠다. 첫 번째 톱니바퀴가 움직이게 되면, 동시에 두 번째, 세 번째… 그래서 마지막까지 함께 맞물려 돌아가는 것처럼 자아의 회복장치도 서로 유기적으로 함께 작동한다.

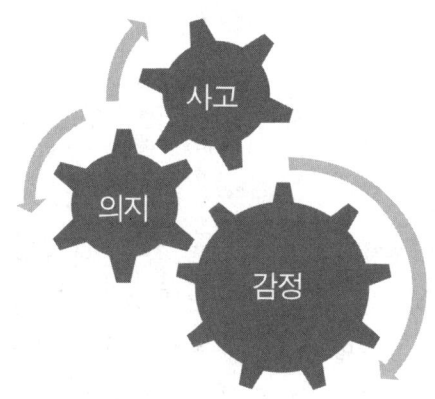

[그림 17] 회복 장치의 유기적 관계

(2) 회복의 지속성

둘째로 자아의 회복장치는 일회적인 사건이 아니라, 지속적으로 일어나야 하는 순환과정이다. 가장 많이 오해되는 부분이 바로 이것이다. 많은 사람들이 생각하기를, 회복은 단번에 이루어지며 완성된다고 오해한다. 즉 과거의 사건이나 경험에 의해서 모든 회복이 끝이 났다고 생각하고, 더 이상의 회복과정을 준비하지도 노력하지도 않는다. 이러한 사람들은 여러 가지 영적 심리적 문제들을 겪게 되는데, 이 부분은 잠시 후에 설명하도록 하겠다.

위의 회복장치 그림도 역시 일직선으로 설명이 되어 있지만, 여러분에게도 오해가 없기를 바란다. 한번 진행되어 회복장치가 '영광'의 과정까지 다다르게 되면, 그 다음부터는 회복과정의 어느 부분에서든 다시 회복장치가 시작될 수 있다. 즉 회복과정이 다시 반복될 수 있다는 의미이다. 특히 의지와 관련된 말씀읽기, 회개, 용서, 예배의 과정이 가장 쉬운 시작점이 될 수 있다. 자아가 일정수준 이상으로 회복을 경험하게 되면, 이때부터는 자아 스스로가 선택과 행동(의지)을 통해서 의도적으로 회복장치를 다시 작동시킬 수 있기 때문이다.

지속적이고 반복적인 회복과정은 절대적으로 필요하다. 이유는 자아의 본성 자체가 밖으로 향하는 방향성을 가지고 있기 때문에, 즉 회복과정과 정반대되는 경향성을 자아가 유전적으로 가지고 있기 때문에, 자아에게는 끊임없는 회복과정이 꼭 필요하다. 꼭 흐르는 물에 사는 물고기가 끊임없이 물을 거슬러 헤엄치려는 노력을 해야 하듯이 말이다. 물살에 맞서지 못하고 그저 물살에 따라 흘러내려가는 물고기는 대부분 죽었거나 죽어가는 물고기이다. 기독교에서는 이 지속적인 순환과정을 성화 또는 영화의 과정으로 설명하고 있다.

회복은 절대로 한 번에 완성되지 못하며, 일생에 걸쳐서 지속적으로 일어나야 한다. 아무리 자아가 엄청난 변화를 경험했다 해도 자아의 근본적인 성향은 여전히 밖으로 향하려 하기 때문에, 자아는 끊임없이 변화하기 위해서 몸부림 쳐야 한다. 잠깐이라도 회복의 과정이 멈추게 된다면, 자아는 이미 욕구충족을 위해서 밖을 향해 다시 움직이기 시작한다. 이것이 우리 인간의 본래 모습이다. 이런 이유로 인해서, 회복을 경험한 자아는 하나님의 에너지(말)가 주입되는 신선한 경험을 반복해야 한다.

이처럼 지속적으로 하나님의 말이 주입되어야만, 혹시 발생할 수도 있는 회복장치의 불균형도 고칠 수 있는 기회를 얻게 된다. 나중에 더 자세하게 설명하겠지만, 자아의 불균형으로 인해서 회복장치에 문제가 생기거나 막히거나 정지하는 것과 같은 비정상적인 현상이 발생하게 된다면, 이것을 해결할 수 있는 방법은 더 강력한 하나님의 에너지가 주입되어서 얽히고 막힌 회복장치를 시원하게 뚫어주는 것이다. 막힌 하수구가 더욱 강력한 물살에 뻥 뚫리듯이 말이다. 그렇지 않으면 목회자나 전문가에게 찾아가서 자아의 불균형을 바로 잡아주는 과정이 필요하다.

(3) 회복의 신비성

셋째로 변화의 과정은 때때로 자아가 의식하지 못하는 가운데에서도 진행된다. 그 이유는 자아가 사고와 감정의 영역에 대해서는, 의지의 영역과 비교해 볼 때, 명확히 의식 못하는 경향이 있기 때문이다. 의지야 눈으로 보이고 겉으로 드러나는 부분이지만, 사고와 감정은 눈으로 볼 수 없는 부분이기 때문이다. 또 다른 이유는 하나님의 편에서 발생하는 과정들도 있기 때문이다. 특히 우리는 믿음, 사랑, 소망, 영광(하나님의 역할이 큰 영역) 이 네 가지가 어떻게 자아 안에서 회복되는지 완벽하게 이해할 수 없다. 어떻게 자아에게 믿음이 시작 되며, 사랑을 하게 되고, 소망을 품게 되고, 그리고 영광을 드리게 되는지를 이해하기란 인간으로서 결코 쉽지 않은 영역이다.

더군다나 소망은 그중에서도 가장 이해하기 어려운 부분이다. 자아의 의지와 상관없이 사고와 감정이 만나서 발생하는 영역이며, 하나님이 자아에게 선물로 주는 것이기 때문에 소망은 가장 미스터리한 영역이다.

(4) 회복의 척도: 소망

반면에 소망은 우리의 회복정도를 측정할 수 있는 기준치로 사용되어질 수 있다. 자신의 영생에 대한 소망이 분명하고 클수록, 자아의 변화(회복)가 더 많이 이루어졌다고 예측할 수 있다. 소망은 자아의 노력과 상관없이 선물로 주어지는 것이기 때문에 자아가 소망을 소유하고 있다면, 자신도 의식하지 못한 사이에 회복장치가 이미 작동하고 있다는 사실을 증명해 준다.

그러나 만약 자아가 영생에 대한 소망을 가지고 있지 않다면, 회복장치가 단 한 번도 순환된 적이 없다는 증거이며, 또는 믿음이나 사랑의 과정에서 멈추었다고 생각해 볼 수도 있다. 좀 더 부정적으로 본다면, 소망이 없는 자아는 회복과정 자체를 경험해보지 못했을 가능성이 크다. 비록 자신은 회복되었다고 생각할지라도 소망을 소유하고 있지 않다면, 하나님 모습이 그 자아의 내면에 회복되지 않았다는 증거이다. 소망이야 말로 회복(변화)의 잣대이다.

지금 한 번 여러분 자신에게 질문해 보라. '내 안에 하나님과 영원히 함께 살고자하는 소망이 있는가? 천국에 대한 기대함이 있는가? 내가 영원히 죽지 않으리라는 소망이 있는가?' 여러분 안에 이러한 영생의식이 존재하고 그것을 소망한다면, 회복의 경험이 있다고 볼 수 있다. 그러나 만약의 경우 위의 질문에 '아니오'라고 대답한다면, 여러분은 분명히 회복의 초기에 있는 자아이거나, 아니면 전혀 회복을 경험한 적이 없는 자아이다. 특히 여러분이 성직자, 신학자, 오래된 신앙인임에도 불구하고 당신의 대답이 'No'라면, 당신은 더욱더 회복을 경험하지 못한 사람이다. 이 책의 맨 뒤에 있는 회복지수를 참고하라.

(5) 주된 기능과 부차적 기능

넷째로 회복장치가 정상적으로 순환되려면 자아의 세 영역이 꼭 지켜야할 법칙이 있다. 그것은 회복장치의 각 과정마다 주된 기능이 있고 동시에 부차적 기능이 있다는 것이다. 예를 들어 믿음의 과정에서는 사고와 의지가 주된 기능을 하게 된다. 이때 감정은 2차적 기능으로서, 믿음의 과정들을 면밀히 지켜보면서 도와주어야 한다. 즉 믿음의 과정이 진행되는 동안에 감정은 부차적 기능으로서 적절하게 반응하면서 그저 사고와 의지를 받쳐주면 된다. 그런 후에 사랑의 과정이 시작되면, 그때 가서 주된 기능으로 활약을 하는 것이다. 그러나 만약의 경우, 감정이 믿음의 과정에서 주된 기능을 하려 할 때는, 회복장치에 이상이 생기게 된다. 즉 비정상적인 회복으로 변질되고 만다. 이러한 법칙은 믿음의 과정뿐 아니라 온 회복과정에서 동일하게 적용된다.

회복장치의 주 기능과 부차 기능을 다음과 같은 그림을 통해서 보다 쉽게 설명할 수 있다. 하나님의 에너지를 주입 받은 사고가 기관차와 같은 역할을 하고, 이에 회개로 반응하는 의지를 연료차로 비유해 보는 것이다. 기관차와 연료차 두 가지만으로 기차는 움직일 수 있는데, 이것은 믿음의 과정을 만들어 내는 주된 기능인 두 가지, 즉 사고와 의지를 의미한다. 반면 뒤에서 조용히 따라오는 객차는 감정으로서, 믿음의 과정에서는 부차적 역할을 하면서 믿음에 동참하고 있다.

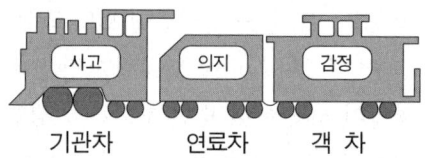

※ '사영리'에서 발췌한 그림을 수정함.

[그림 18] 회복장치의 주 기능과 부차 기능

사영리에서는 회복의 첫 번째 과정인, 믿음을 다음과 같이 설명하고 있다.

> 우리의 믿음은 하나님과 그의 말씀 곧 성경에 근거하는 것이지, 우리 자신의 느낌이나 감정에 근거하는 것이 아닙니다. 그리스도인은 하나님과 그의 말씀을 믿는 믿음으로 사는 것입니다. 특별한 느낌이 있을 수도 있지만 없을지라도 안심하십시오. …기관차는 객차가 있으나 없으나 달릴 수 있습니다. 그러나 객차로 기관차나 연료차를 끌려고 하는 것은 어리석은 일입니다. 마찬가지로 그리스도인도 느낌이나 감정에 의존하는 것이 아니라, 하나님과 그의 말씀의 신실성에 믿음의 근거를 두는 것입니다.[18]

---

18) '사영리'에서 발췌한 내용이다.

(6) 회복의 다양성

마지막으로 각각의 회복장치는 독특한 양상을 띤다. 동일한 손금이 존재하지 않듯이, 모든 사람은 자신만의 독특한 회복장치를 가지고 있다. 위에서 설명된 것과 같이 회복장치의 기본 밑그림은 모두 같지만, 개개인의 상황과 처지에 따라서 회복장치도 독특한 성격을 가지게 된다. 그 주된 이유는 회복장치가 각 개인이 오랜 기간 동안 형성해온 본인만의 독특한 자아 위에서 시작되기 때문이다. 주입되는 하나님의 말은 동일하지만 회복장치의 기본 틀을 형성하게 될 구성요소들이 각 개인의 경험과 환경에 따라서 독특한 성격을 이미 가지고 있기 때문이다. 이런 이유로 인해서 회복장치 안에서 복잡한 양상이 발생하게 된다. 하나님의 말이 자아 안으로 들어오게 되면, 자아의 상태와 처지에 따라서 주입된 에너지는 각각 다르게 반응한다.

예를 들어 과거에 의지가 강했던 자아는 의지의 영역이 많이 부각된 회복장치를 형성하게 될 것이다. 그래서 자아의 행동이나 노력을 통해서 변화하려고 할 것이다. 때로는 과도할 정도로 행위에 집착하거나 종교적 활동에 빠져들기도 한다.

과거에 감정적이었던 자아는 회복장치 중에서도 특별히 감정의 영역과 관련된 부분에 집착하게 된다. 종종 사고나 의지가 무시된 채, 감정적인 만족만이 가장 우선시 되는 경우가 생겨난다. 예를 들어 회개의 영역에서 의지가 자아의 방향을 내면으로 바꾸기로 결심하고 선택했음에도 불구하고, 감정적으로 확인이 되지 않는다는 이유로 자아는 회개를 스스로 인정하지 못하게 되기도 한다. 회개는 자아의 순수한 의지적 결단임에도 불구하고, 감정으로 느끼기에는 아직도 회개하지 못했다고 집착하는 것이다. 이와 유사한 문제들이 자아의 회복장치에서 많이 발견된다. 다음 장 '멈춰진 회복장치'에서는 회복장치가 원활하게 작동하지 못하게 되는 이유와 흔히 나타나는 경향들(Patterns)을 더 자세하게 알아보자.

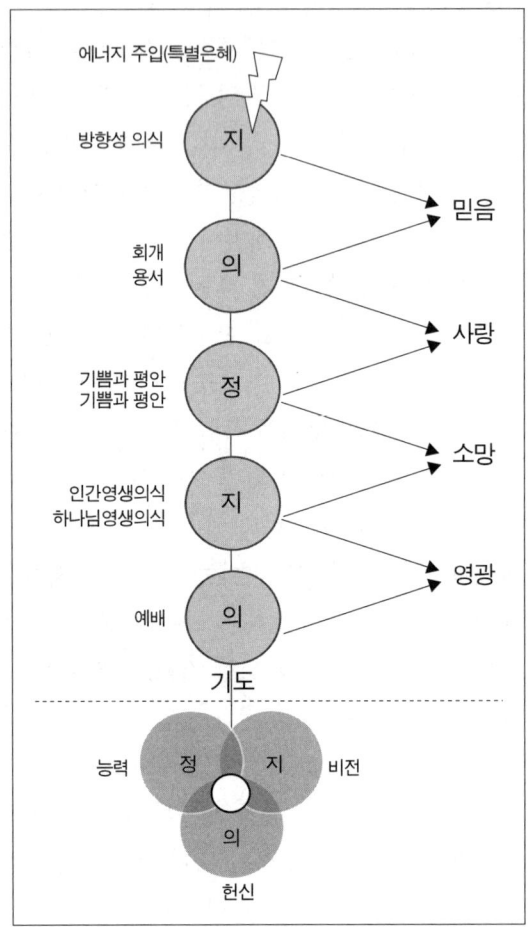

[그림 19] 회복의 청사진

2) 회복의 꽃

믿음, 사랑, 소망, 영광으로 이어지는 회복과정 자체만으로도 자아에게 있어서는 엄청난 축복이다. 그런데 이 회복과정이 지속되면서 더 깊어지게 되면, 자아가 전에는 한 번도 예상해 본 적이 없던 또 다른 신비로운 회복과정에도 도달하게 된다. 이것이야말로 회복의 꽃이라고 불릴 수 있을 것이다. 소수의 사람만이 이 꽃을 경험하게 되는데, 그만큼 어렵고 많은 인내와 노력이 필요하다.

그러나 일단 자아의 회복이 일정수준을 넘어서서 스스로 기도할 수 있게 되면, 그 신비한 축복들을 경험하기 시작한다. 이 축복들이 매우 영적이고 신비하기 때문에 우리가 모든 내용을 이해할 수는 없겠지만, 그중에서도 가장 기본적이고 가장 설명 가능한 축복들만을 간단히 살펴보기로 하자. 할 수 있는 한 자아의 구성요소와 관련시켜 설명하려고 노력하겠지만, 많은 종교적인 서술을 사용할 수밖에 없음을 이해하기 바란다.

(1) 기도가 꽃을 피운다

회복의 꽃을 피우기 위해서 자아에게 가장 필요한 한 가지는 기도이다. 기도 외에는 이러한 축복이 나올 수 없다. 자아가 의지적으로 무릎 꿇고 기도하기 시작하면, 자아의 회복은 새로운 축복의 방향으로 열려지게 된다. 이것은 꼭 자아가 껍질을 깨고 나오는 것과 비슷한 것이다. 이전의 순환 반복되던 기본 회복과정에서 벗어나, 새롭고 신비한 회복으로 접어들게 되기 때문이다. 믿음-사랑-소망-영광으로 이어지면서 반복되는 기본 회복과정을 뛰어 넘을 수 있는 열쇠가 바로 기도이다. 회복의 꽃으로 통하는 문이 바로 기도이다.

이처럼 기도가 중요하고 오랜 기간 동안 실습되어 왔음에도 불구하고, 기도에 대한 오해가 심각하다. 많은 사람들은 기도가 단지 자신의 요구를 하나님께 요청하는 방법 정도로 알고 있지만, 기도는 자아의 욕망을 해결해주는 신비한 도깨비 방망이가 아니다.

기도란 자아가 하나님과 대화하는 것이다. 믿음의 과정에서 내면에 임재한 하나님과 대화하는 것이고, 예배의 과정에서 만난 하나님과 함께 조용하고 개인적인 담소를 나누는 것이 기도이다. 절대로 자아의 기대와 욕구를 만족시켜달라고 목소리 높여 부르짖는 것이 아니다. 오히려 나를 비워 하나님의 음성으로 나를 채우는 행위가 기도이다.

"하나님! 감사합니다. 하나님! 당신만으로 만족합니다. 하나님! 당신께 영광 돌립니다. 하나님! 당신을 사랑합니다"라고 그분께 속삭이는 것이 기도이다. 또는 "하나님! 내 안에 충만하게 임재해 주세요. 하나님! 내 인생의 주인으로 당신을 초대합니다. 하나님! 제가 어떻게 변했으면 좋겠나요? 하나님! 제가 어떤 삶을 살기 원하세요? 하나님! 저에게 오늘 하고 싶은 말이 있으신가요? 그럼 말씀해 주세요"라고 그분의 목소리를 귀 기울여 듣는 것이 바로 기도이다. 마치 가깝게 마주 앉은 연인이 서로의 귓가에 속삭이듯이 친밀한 교제를 나누는 것과 같다.

(2) 기도는 내려놓음

자아가 위와 같은 기도생활을 깊이 있고 규칙적으로 하게 되면, 자아 안에 새로운 질서가 자리 잡히게 된다. 즉 자아의 지정의와 하나님의 영이 새롭게 조화를 이루어 나가게 된다. 이것은 하나님께서 자아의 '주인'이 되셔서 지정의를 인도해 나가는 것이며, 다른 말로 하면 자아가 자신의 주권을 하나님께 다시 돌려드리는 것이다. 자아포기를 의미한다. 그동안 하나님의 빈자리를 차지했던 자아가 자신의 운전대를 하나님께 다시 맡기는 것이다. "하나님, 당신이 나의 주인이십니다." 이러한 변화는 내면대폭발 이전으로의 회복을 의미하는 것으로서, 아래의 그림과 같이 하나님이 자아의 중심에 자리 잡게 된다.

다른 각도에서 기도를 설명하면, 이전의 회복과정을 통해서 이미 자아의 내면에 밝히 드러나신 하나님께 자아의 주권을 넘기는 행위와 같은 것이다. 기도는 내 주권을 하나님께 돌려드리는 무릎 꿇는 행위이다. 자아포기를 실현하는 곳이 기도의 장소이다. 그래서 가장 힘든 회복과정 중에 하나가 기도이다. 내 안에 존재하는 두 주인 중에(자아와 하나님) 자아가 스스로의 권리를 포기하고 하나님께 권리를 양도하려니 얼마나 힘들겠는가? 이제까지 내 맘대로 쥐 흔들고 이끌어왔던 자아가 스스로 자신의 기득권을 포기하려고 하니 얼마나 고통스럽겠는가? 하지만 이미 자아의 내면에 임재하신 인격적인 하나님으로 인해서 자아는 선택의 순간에 다다른 것이다. 하나님을 부분적으로만 인정하는 종교인이 될 것인지, 아니면 온전히 하나님의 종으로서 살아갈 것인지를. 이만큼 기도는 힘든 영혼의 작업이다.

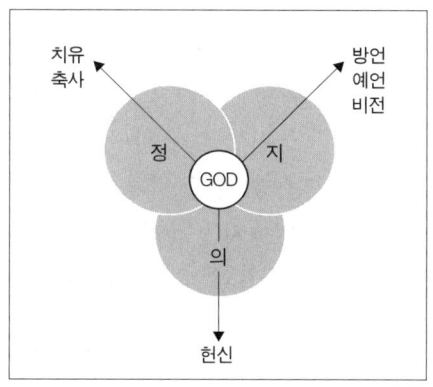

[그림 20] 회복의 꽃

이전까지는 자아의 의지가 감정과 사고의 주인노릇을 해왔다는 사실을 기억하라. 심지어 이전의 회복과정들 가운데에서도 의지는 여전히 중요한 역할을 수행하고 있었다. 그러나 기도는 전혀 다른 차원의 회복으로 자아를 인도한다. 자아가 하나님을 주인으로 초청하는 기도를 하게 되면서, 의지가 회복의 중심에서 점점 미끄러져 나가게 된다. 그래서 결국에는 자아 대신에 오직 하나님이 회복을 주도해 나가게 된다. 이때부터는 하나님이 직접적으로 자아의 지·정·의와 관계하며 회복을 이루어 가신다. 하나님과 자아가 매우 친밀한 관계로 발전하게 된다. 그 결과로 하나님의 영이 감정과 직접 소통하게 되고, 하나님의 영이 사고와 직접 결합하게 된다.

이렇듯 기도는 신비한 능력이 있는데, 자아 안으로 들어오신 하나님 그러나 여전히 무의식 속에 담겨져 있는 하나님의 영을 불러 깨우는 능력이 있다. 오직 기도만이 무의식과 자아 사이에 놓여있는 두툼한 커튼을 열어 재칠 수 있다. 그러나 구원받은 자아라 할지라도 기도하지 않으면 하나님이 준비해 놓으신 축복을 경험할 수 없다. 신비한 축복들을 보자기에 그냥 넣어둔 채 살아가는 것과 같다.

사실 다른 종교에서 행하는 명상, 고행, 요가는 교회에서 행하는 기도와 기술적으로 같은 맥락에 있다. 그러나 차이가 있다면, 하나님 없이 끊임없는 자아의 노력을 통해서 무의식 속에 숨겨진 하나님의 모습을 불러일으키려 한다는 점이다. 즉 자력구원을 추구하는 것이다. 이들의 주장처럼 모든 자아는 이미 무의식 안에 하나님의 모습을 소유하고 있으며, 그 하나님의 모습을 찾아낼 수도 있다. 자아 안에 숨겨진 신성을 어느 정도까지는 찾아낼 수 있을지는 몰라도, 절대로 하나님을 자아의 중심으로 모셔 들일 수는 없다. 또한 자아는 하나님 자신이 될 수도 없다. 왜냐하면 하나님은 이미 떠나고 그 자리에 계시지 않기 때문이다.

(3) 회복의 꽃

마침내 하나님의 영이 자아의 중심에 자리 잡고 자아의 지정의와 조화를 이루게 되면, 자아는 자신의 능력을 뛰어 넘는 힘을 소유하게 된다. 아니! 실제로는 내면대폭발 이전에 가졌던 능력들을 다시 회복하게 되는 것이다. 하나님의 영이 자아의 감정을 통해서 일하시면, 병을 낳게 하는 치유의 능력이 발산되기도 하고 귀신을 내쫓는 축사의 능력을 행하기도 한다. 동시에 하나님의 영이 사고를 통해서 일하시면, 방언, 예언 또는 비전과 같은 능력을 행하신다. 마지막으로 하나님의 영이 의지를 통해서 일하시면, 자아가 하나님의 나라와 의(비전)를 위해서 자신의 온 삶을 헌신하는 일이 발생한다.

비전이라 함은 영생에 대한 소망이 더욱 구체화된 것을 의미한다. 기도를 통해서 하나님/자아의 영생을 계속해서 묵상하게 되면, 자아는 하나님과 자아의 영생을 실현하기 위해서 구체적인 꿈을 꾸기 시작한다.

이때 우리는 '자아가 비전을 품게 되었다'고 표현한다. 이것은 자아가 의지로 선택하는 것이 아니라, 자아 안에서 스스로 형성되어지는 것이다. 비전도 역시 소망과 동일하게 의지와 전혀 상관없이 형성된다. 쉽게 말하면 하나님이 자아 안으로 불어 넣어주시는 것이 바로 비전이다.

회복을 통해서 경험되는 '비전'은 '꿈'과 다르다. 꿈은 개인의 미래를 상상하고 구체적으로 그림 그리는 이기적인 작업이지만, 비전은 하나님에 대한 영생의식과 현재 자아의 영생의식이 만남으로 형성되는 아주 구체적인 소망이다. 자아가 자신을 하나님의 나라의 한 부분으로 인식할 때 비로소 자아는 비전을 품을 수 있게 된다. 자아 자신을 위한 꿈꾸기가 아니라, 하나님을 위해 꿈꾸는 것이 바로 비전이다. 하나님의 나라를 위해서 자아가 꿈을 품는 것이다. 자신의 미래와 온 삶이 하나님의 나라의 일부분이 되는 것이다. 이처럼 비전을 품은 자아는 열정을 가지고 헌신하게 된다. 비전은 자아를 움직이는 원동력과 같은 역할을 한다.

(4) 말씀과 기도는 항상 같이 간다

마지막으로 이것만큼은 정확히 집고 넘어가자. 아무리 기도가 신비한 축복과 능력을 경험케 하는 방법이라 해도, 기도만 하는 것은 건강하지 못하다. 우리는 종종 신비한 능력을 소유한 사람들 중에서 인격적이지 못한 사람을 보거나, 그 능력을 하나님의 나라와 상관없이 무절제하게 사용하는 예를 어렵지 않게 찾아볼 수 있다. 그 이유는 기도를 통해 능력은 받았지만, 그 안에 하나님의 말씀이 없기 때문이다. 하나님의 말씀으로 기본적인 회복이 형성되기도 전에, 너무 성급하게 주권을 하나님께 넘겨버린 탓이다. 하나님은 완전하시고 신뢰할 수 있는 분이시지만, 하나님이 충분히 일하실 수 있을 정도로 자아가 회복되지 못한 탓에 여러 가지 부작용이 발생하게 된 것이다.

따라서 회복을 경험하고 있는 자아가 명심해야 할 한 가지는, 먼저 하나님의 말씀을 지속적으로 읽음으로써 기본회복에 충실해야 한다는 점이다. 믿음-사랑-소망-영광의 과정으로 지·정·의가 온전하게 회복되는 것이 먼저이다. 충분한 기본회복을 경험하게 되면, 자아의 인격이 건강한 상태로 회복된다. 지·정·의 간에 조화가 형성되고, 어떠한 상황에 처하게 되더라도 자아가 현실에 기초를 둔 건강한 반응을 보일 수 있게 된다. 이처럼 자아의 인격이 온전해지면, 그 다음에 기도를 통해서 회복의 지경을 넓히는 것이 순서이다. 비로소 이때에 하나님이 자아를 통해 자신의 능력을 충분하게 행하실 수 있게 된다. 따라서 말씀과 기도는 항상 함께 간다. 오히려 말씀 없는 기도는 위험하다.

6. 멈춰선 회복장치

1) 회복장치가 멈추는 이유

우리는 변화가 멈춰버린, 즉 더 이상 회복장치가 작동하지 않는 자아를 어렵지 않게 만나볼 수 있다. 특히 회복이 가장 왕성하게 일어나야 할 교회 안에서도 변화가 멈춘 자아를 많이 찾아볼 수 있다. 이런 이유로 교회가 비웃음거리가 되기도 한다. 심지어 '교회가 사람을 회복시키는 곳이 아니라, 병자를 만들어 내는 곳이 아니냐'는 빈정거림의 말도 들을 정도이다. 과장된 면이 없지 않으나, 현 교회 안에서 일어나는 일들을 깊숙이 바라보면 전혀 근거 없는 말은 아니다.

교회 안의 많은 사람들이 변화를 경험하고 근본적인 회복을 경험한다. 이 변화는 광범위하고 실제적인 것이어서, 영적 구원, 관계의 회복, 심지어는 육체적 질병이 치료되는 일까지 경험되기도 한다. 사실 이런 경험이 현재에도 일어나고 있기에 교회를 찾는 사람들이 끊이지 않고 있다. 그러나 문제는, 이와 같은 변화들이 지속되지 못하는 경우가 매우 많다는 것이다. 어떤 사람은 더 이상 변화하지 않고 멈추어 있는 경우도 있고, 또 어떤 사람에게는 변화가 이상한 방향으로 흘러가서 나중에는 종교적인 신경증 증세로 발전하는 경우도 있다. 결론적으로 말한다면, 지·정·의 이 세 가지가 회복과정 속에서 순환적으로(회복장치에서 묘사된 것처럼) 작동하지 않고 오히려 비정상적으로 변형되기 때문에, 자아의 회복이 멈추거나 자아의 상태가 더욱 악화된 것이다. 좀 더 직설적인 표현을 빌린다면, 회복이 엉뚱한 방향으로 치우쳐서 여러 신경증 증세를 겪는 사람들을 회복의 돌연변이(기형아?)라고 표현할 수 있다.

(1) 오직 믿음?

과거에 회복의 경험이 있던 자아들이 시간이 지나면서 회복이 멈추거나 비정상적인 변화로 변형되는 데는 여러 가지 이유가 있다. 그중에서도 첫 번째 이유는 교회 안에서 영적 성장에 대한 질문 자체를 좋지 않게 보는 경향이 만연되어 있기 때문이다. 오직 믿음(Sola Fide)이라는 종교개혁의 중심 주제가 현 시대에 와서는 다분히 오해되어 온 것을 볼 수 있다. 믿음 이외의 인간 자아의 노력이나 현상들은 무시되거나 심지어 거부되기도 했다. 이러한 경향 중에 가장 두드러진 것이 바로, 자아의 영적 심리적 변화에 대해서 깊이 있게 관심 갖고 질문하는 사람을 믿음이 없는 사람으로 치부하려는 경향이다. 믿음과 구원에 관련된 영역은 하나님의 고유한 영역이지 감히 자아가 신경 쓸 부분이 아니라는 무언의 메시지가 교회 안에 팽배한 것이 사실이다.

예를 들어 어린 중고등학생이 교사나 부모에게 이런 질문을 할 때가 있다.

"교회 다닌다는 장로님이 어떻게 저런 짓을 할 수 있어요?"

그러면 대부분의 대답은 이렇다. 보지 않아도 뻔하다.

"믿음이 없어서 그래!"

또 다른 학생이 "어떻게 해야 예수님처럼 살고, 또 닮아갈 수 있나요?"

라고 질문하면, 대체로 대답은 이렇다.
"오직 믿음이란다. 예수님을 잘 믿으면, 예수님처럼 살 수 있단다."
가끔은 학생들이 예상 밖의 어려운 질문을 할 때도 있다. 사실은 대단히 중요한 질문이기도 하다.
"예수님 믿고 난 후에도, 사람은 왜 죄를 짓지요?"
또는 "왜 나는 내 친구를 용서할 수 없을까요?" 등등.
그러나 아쉽게도 대답은 "네가 믿음이 없어서란다"라는 식의 꾸지람이 대부분이다.

실정이 이렇다 보니, 교회 안에서 자신의 어려움을 다른 사람에게 오픈하면서 도움을 구하는 것이 매우 어렵게 되어버렸다. 심지어 자신의 고민을 목회자에게 가져가는 것까지 주저하게 되었다. 그 주된 이유는 위와 같은 질문을 하게 되면, 자신이 믿음 없는 사람으로 취급 받을까 두려워하기 때문이다. 사실 지속적인 변화를 위해서는 깊은 고민과 함께 오랜 시간과 노력이 절대적으로 필요한 것인데, 교회 안에서는 쉬쉬해야하고 의문과 어려움이 없는 듯이 행동해야 된다.
참으로 아이러니한 일이 현대의 교회 안에서 벌어지고 있다. 인간 자아의 내면에 대한 지식과 이해는 턱없이 부족한 반면에, 오히려 일반 성경지식은 비대할 정도로 커진 것이다. 이를 반증하는 것이 교회의 많은 성경공부 모임과 설교이다. 대부분의 성경공부는(모든 성경공부가 그렇지는 않을 것이다.) 자신의 문제와 변화에 초점이 맞추어져 있기보다, 성경지식을 배우고 암기하는데 집중되어 있다. 설교 역시도 인간의 내적변화가 주제이기 보다는, 교리 설명이 중심이거나 자아의 자존감을 높여주는 감동적인 내용이 많다.
이렇듯 내면의 변화에 대해 무지한 자아는 자연스럽게 종교적 열심과 행위에 열중하게 된다. 부지런히 움직이고 봉사를 함으로써 회복되지 않음으로 나타나는 불안감을 없애려 한다. 여러 가지 일들과 행사들로 바쁘게 일하는 자신을 바라보게 되면, 자신이 점점 변화되고 회복되어 간다는 착각을 불러일으킬 수 있기 때문이다. 또는 종교적 의식 속에서 감정적으로 몰입하게 되기도 한다. 영적이거나 감정적인 카타르시스만을 추구하는 방법은 불안감을 잊는 최고의 방법이 될 수 있다.

물론 지속적인 자아의 변화를 위해서 성경적 지식과 훈련이 필요 없다는 말은 아니다. 문제는 내면의 변화에 대한 관심과 노력이 없이 지식과 훈련에 열중하게 되면, 회복장치가 멈추기 쉽다는 것이다. 더 근본적이고 깊은 내적 변화를 위해서 성경공부가 행해져야 하고, 내적변화가 기초된 섬김이 삶속에서 이루어져야하고, 내적 회복을 통해서 종교적 의식이 깊어져야 한다. 그런데 변화 없이 지식과 행위와 의식에 몰두하게 되면, 자아의 회복장치가 멈추어 서게 되거나 변형되기 쉽다.

(2) 게으름

두 번째 이유는 자아의 게으름이다. 게으름이라 함은 자신의 책임을 남에게 전가하거나 미루는 상태를 의미한다. 회복장치의 주최는 (특히 회복 초기에는) 당연히 자아 자신이다. 아무리 그 과정이 힘들고 길다하더라도 자아의 지·정·의 영역이 골고루 역할을 감당하면서 이루어 나가야 한다. 일단 자아 안으로 유입된 하나님의 에너지가 자아를 효과적으로 변화시킬 수 있도록 자아 자신은 최선의 노력을 해야 한다. 그러나 용기가 부족한 자아는 종종 자신의 책임을 회피하는 일을 저지른다.

가장 빈번하게 일어나는 게으름의 모습은, 과거의 방향성을 완전히 바꾸지 못하는 것이다. 변화를 만들어가기 위해서는 자아가 과거의 물살(방향성)을 이겨내고 반대로 거슬러 올라가야 한다. 예전의 방향성에 익숙해진 또는 길들여진 자아가 변화를 형성하기 위해서는 결코 쉽지 않은 모험을 감행해야 한다. 그런데 때때로 용기가 부족한 자아는 회복의 끈을 놓아버리고 예전에 즐기던 욕망 속으로 다시 휩쓸려가도록 자신을 풀어놓는다. 사실 이처럼 편하고 쉬운 방법은 없다. 그냥 가만히 있으면 된다. 조금만 게으름을 피우면 된다. 그러면 자연스럽게 옛날로 돌아가는 것이다.

또 다른 게으름의 방법은 지도자나 공동체 속에서 자기의 책임을 전가하는 행위이다. 이것 역시 교회 안에서 빈번하게 일어난다. 회복을 위한 노력을 쉬는 대신에, 교회의 지도자, 특히 목사의 영적 지도력에 의지하는 것이다. 영적변화와 회복의 책임이 목사에게 있는 것처럼 생각하면서 자신의 책임을 목사에게 전가하는 것이다. 변화와 회복을 위해서 가장 최전방에 서 있는 사람은 목사라고 생각한다. 그리고 자신보다 더 기도하고 더 노력해야 할 사람이 목사라고 생각하기도 한다. 또는 목사가 경험한 변화와 회복의 능력을 자신의 것과 관련이 있는 것으로 보거나 자신의 것인 양 생각함으로써 대리 만족하는 경우도 있다.

또는 교회라는 공동체의 한 일원으로서 개인의 회복노력을 회피하기도 한다. 대중에 섞여 있으면서 그저 교회의 요구와 지침에 순응하면서 살아가는 것이다. 이렇게 교회라는 공동체 안에 파묻혀 있으면서 자신의 변화가 자연스럽게 이루어지기를 기대한다. 어떤 사람은 대형교회에 출석함으로써 자신의 회복도 교회의 크기만큼이나, 교회의 화려함만큼이나 이루어진 것처럼 착각하기도 한다. 즉 교회의 성장을 꼭 자신의 회복과 변화의 성과로 취급하는 게으른 방법이다.

또 다른 게으름의 방법은 하나님께 책임을 전가시키는 것이다. 자아의 회복이 전적으로 하나님의 능력에만 의존된다는 태도이다. 인간 내면의 변화는 보여 지는 사물과는 본질적으로 다른 것이기 때문에, 하나님의 능력으로만 이루어지는 영적인 것으로만 치부하는 것이다. 따라서 인간이 따로 노력하거나 고민할 필요 없이, 자아가 가만히 있어도 하나님이 결국에는 변화시킬 것이라 믿는다. 이러한 왜곡된 게으름도 종교개혁의 다른 한 주제였던 오직 은혜(Sola Gratia)를 잘못 이해함에서 시작되었다고 볼 수 있다. 인간의 회복은 영적 영역으로만 국한되는 것이 아니다. 그것은 인간의 영혼육 전체에 걸쳐서 이루어지는 매우 포괄적이고 자세한 변화의 과정이다.

그럼에도 불구하고 많은 사람들은 자아의 회복이 오직 하나님의 은혜로만 이루어진다고 제한한다. 자아의 지·정·의 라는 자아의 중심영역이 회복의 중심에 서 있고, 주된 영역임에도 불구하고, 단지 회복은 초자연적으로만 이루어진다고 생각한다. 즉 자아의 의지나 감정이나 사고와 상관없이 하나님의 편에서만 주도되어지고 완성된다고 책임을 회피한다. 이런 식의 책임회피와 게으름 피우기는 나중에 고스란히 자아가 종교적인 신경증을 앓게 됨으로 끝을 맺게 된다. 책임회피는 신경증을 불러일으킨다.

(3) 자아의 불균형

세 번째 이유는 자아의 건강하지 못한 성장배경에 있다. 자아 자신의 가정배경이나 심각한 사건들에 의해서 자아가 제 기능을 하지 못하는 경우가 많다. 자아가 어렸을 때 지속적으로 폭행을 당했거나, 어느 한 순간 감당치 못할 일을 경험하게 되면, 지·정·의 중에 한 가지 영역만이 비대하게 커지거나 또는 반대로 너무 왜소해지게 되는 경우가 발생한다. 이렇듯 지·정·의의 균형이 깨져서 여러 가지 정신적, 관계적 문제들을 가지게 되면, 자아가 회복의 과정에 들어와서도 지·정·의의 불균형으로 인해 지속적인 어려움을 겪게 된다. 여러분의 이해를 돕기 위해 예를 들어 설명하겠다. 또 다른 이유는 각 자아의 상태가 모두 다르기 때문에 이론처럼 일반화시켜 설명하기 보다는, 예를 들어 특정 상태를 이해하는 것이 더욱 효과적이기 때문이다.

> 39세의 미숙씨는 남편과의 원만하지 못한 관계로 인해서 많은 스트레스를 받고 있었다. 심한 우울증으로 고생도 했었고, 한때는 자살을 시도한 적도 있었다. 상담을 시작한지 약 2개월 정도 되었을 때에 과거 아버지와의 관계, 현재의 남편과의 관계, 그리고 자신의 영적상태가 서로 밀접하게 얽혀있다는

사실을 깨닫게 되었다.

"남편이 나에게 소리를 지르거나 화를 내면, 꼭 나의 모든 기능들이 멈추는 것 같아요."

"모든 기능이라고요?"

"네, 순간 어떻게 해야 할지 전혀 모르겠고, 생각이 멍해지고, 그 순간부터는 내가 멈추는 것 같았어요. 나중에 시간이 지나고서, 그렇게 무능력할 수밖에 없었던 나를 생각하면, 그때서야 막 화가 나고 분노가 생겨요. 그래서 나중에 어떤 사건이 일어나면, 별일 아닌데도 과민반응을 하게 되거나 생각 밖의 행동들을 하게 되요. 내가 왜 그런지 정말 모르겠어요."

"이런 비슷한 경험을 다른 사람과도 해본 적이 있나요?"

"네, 제 딸이요. 딸이 말도 안 되는 걸로 나에게 요구하거나 나에게 무례하게 행동하면, 이때도 어떻게 해야 할지 모르겠고 그냥 당하기 일쑤예요."

"어렸을 때는요?"

"내가 어렸을 때에는…. 잘 모르겠는데요. 아버지가 많이 엄하시고 화를 자주내시긴 했어요." 머리를 갸우뚱 하면서 한참을 가만히 있었다. 미숙씨가 뭔가를 깊이 생각하고 있다는 느낌이 들었다.

약간의 침묵이 흐른 후에 내가 물었다.

"아버지가 화내시면, 기분이 어떠셨나요?"

"굉장히 무섭고 불안했지요. 심지어는 평소에도 내가 무엇인가를 잘못해서 아버지를 화나게 하지나 않을까 항상 걱정했어요. 나뿐만 아니라, 온 집안 식구가 찍 소리도 못한 채 당했죠. 교장선생님이셨던 아버지는 정말 무서운 분이셨어요. 지금도 어머니는 많이 힘들어하고 계세요. 그런 아버지의 성격 때문에요."

"현재 아버지하고 관계는 어떠세요?"

"아버지도 나이가 드셔서, 이제는 이빨 빠진 호랑이시죠. 옛날에는 많이 미워했는데, 이제는 다 이해가 가요. 왜 그러셨는지, 왜 그럴 수밖에 없었는지를요. 사실 전 아버지를 용서했어요."

미숙씨가 아버지를 용서했다고 말은 했지만, 별 감정적 반응은 없었고, 그저 담담하게 말하고 있었다.

"아버님께 용서의 표현을 직접 해보셨나요?"

"아뇨. 직접적으로 아버지께 표현하지는 않았지만, 마음으로는 다 용서했어요. 다 이해가 되는걸요. 사실 아직도 아버지랑 같이 있으면 불안하고 좀 그래요. 그래서 이런 속 깊은 얘기는 못하겠어요. 대부분의 옛날 아버지 분들은 다 그렇지 않나요? 좀 어렵고 엄해서 대하기 어려운거요."

과거 아버지와의 관계 속에서 억눌려왔던 미숙씨의 감정이 현재의 남편과 딸과의 관계뿐 아니라, 회복과정에서도 부정적 영향을 끼치고 있었다. 미숙씨는 화난 아버지 밑에서 자신의 감정을 끊임없이 억제하며 살아왔다. 아무리 불안하고 화가 나도 표현하지 않는 것이 자신에게 안전하고 다른 가족에게 해를 끼치지 않는 방법이었다. 일종의 미덕과 같았다. 이러한 성장배경이 고스란히 남편과의 관계 속으로 들어왔다. 미숙씨는 화난 남편에게 자신의 감정을 표현하고 싶었겠지만, 그동안 제 기능을 하지 못하던 감정이기 때문에 자연스럽고 적절한 방법을 통해서 표현되지 못했다. 남편의 잘못에 응당히 반응해야 할 감정이 머뭇거리게 되고, 복잡한 감정으로 표현되어서 때때로 과민반응으로 나오게 되었다. 누군가가 화를 내면, 미숙의 의지는 항상 그래왔던 것처럼 숨으려하고, 감정을 억제하려고 했을 것이다. 심지어 딸과의 관계 속에서 조차도 의지는 겁먹고 감정표현을 두려워하게 된 것이다.

이러한 미숙씨의 자아 불균형은 회복장치 안에서도 똑같이 적용되었다. 의지가 오랜 고민 끝에 용서를 어렵게 결단했지만, 그 용서의 과정이 감정을 통해서 표현되어져야 하고, 또 그래야만 온전한 사랑이 아버지와의 관계 속에서 형성될 수 있는데, 감정은 여전히 숨어서 표현되지 않았다. 이때 회복과정이 비정상적인 방향으로 진행되게 된다. 의지적인 용서가 감정으로 표출되지 못하기 때문에 사랑의 관계가 형성되지 못하게 되었고, 그 대신에 감정의 자리를 사고가 대신하게 되었다. 사고를 통해서 아버지의 잘못들을 이해하는 과정으로 옮겨가게 된 것이다. 즉 의지적인 용서의 표현이 감정으로 표현되지 못하고 머리로만 아버지를 이해하는 사고과정으로 대체된 것이다. 이러한 이해의 과정은 자아 스스로 사고 속에서만 진행할 수 있기 때문에 매우 쉽게 진행된다. 생각이 꼬리에 꼬리를 물고 이어지듯이, 사고는 제한 없이 용서를 반복한다. 그러나 이것은 용서가 아니다. 단지 용서 하고자 생각한 것뿐이다. 생각하고 또 생각하고… 다른 말로 하면, 용서를 실천하지 못하고 사고과정을 통해서 묵상한 것에 불과하다.

미숙씨는 오랜 시간동안 형성된 자신만의 자아불균형(억압된 감정)으로 인해서 온전한 회복을 경험하는데 어려움을 겪고 있었다. 미숙씨는 회복과정 중에서 유독 사랑영역에 어려움을 겪게 되었다. 회복장치 안에서 감정이 제 역할을 하지 못함으로써 회복과정은 변형되고, 영혼육 전체에 걸친 전인적인 회복은 일어나지 못했다.

이와 같은 자아의 불균형으로 인해서 일어나는 회복장치의 문제들은 셀 수 없이 다양하고 독특한 양상을 띤다. 각 개인이 다르고, 또 독특한 자아기능을 가지고 있기 때문에, 회복장치에서 일어나는 문제들도 매우 다양하고 독특하다. 다음 부분에서는 이러한 회복장치의 문제들 가운데에서도 가장 빈번하게 발생하는, 공통적인 양상(pattern)을 몇 가지만 알아보도록 하자.

2) 멈춰선 회복장치의 현상

(1) 대리인현상

첫 번째 현상은 바로 미숙씨의 예에서 나타난 현상이다. 나는 이 현상을 대리인현상(Representative)이라고 부른다. 회복의 한 주된 기능이 제대로 역할을 하지 못하게 되면, 하나님의 에너지는 주된 역할이 없이 다음 차례를 기다리고 있는 2차 기능으로 대신 흘러가게 된다. 위의 경우는 사랑의 영역에서 주된 기능은 의지와 감정인데, 감정이 제 기능을 하지 못하자 2차 기능으로서 기다리고 있던 사고가 사랑의 영역에 주 기능으로 끼어들게 된 것이다. 소망의 기능에서 주된 기능으로 일해야 할 사고가 자아의 불균형으로 인해서 사랑에서 주된 기능을 하게 된 것이다. 이때 회복장치는 순환기능에 문제를 갖게 되고, 사랑 뿐 아니라 다음 영역인 소망에서도 자아가 회복을 온전히 경험하지 못하게 된다. 하나님의 말이 자아의 세 가지 영역들을 순차적으로 순환하면서 자아의 전체 영역을 회복시켜야 함에도 불구하고, 자아의 특정부분에서 발생하는 역기능 때문에 하나님의 에너지가 엉뚱한 방향으로 흘러가게 된다. 즉 인간의 회복을 위해서 원래 계획된 회복장치의 의도와는 다르게 변형된 회복과정이 일어난다.

대리인현상을 통해서 하나님의 말이 멈추어 서는 최악의 사태는 피할 수 있게 되었지만, 온전한 회복과정에서 벗어난 것이기 때문에 절대로 자아에게 유익한 현상은 아니다. 특히 자아가 동일한 대리인현상을 반복적으로 겪게 될 때는, 더 이상의 회복은 힘들어지게 된다. 더 큰 문제는 자아가 대리인현상에 점점 익숙해지면, 나중에는 대리인현상이 일어난다는 사실 자체를 의식하지 못하게 된다. 그런 후에 스스로 믿기를 자신이 지속적으로 회복을 경험하고 있다고 생각한다.

다시 회복장치를 순환시키기 위해서는 목회자나 전문가의 도움이 필요하다. 그 대리인현상을 분명히 설명해주고, 원래의 회복과정이 일어날 수 있도록 여러 방편으로 도와주어야 한다. 미숙의 경우에는, 감정적 표현을 통해서 아버지와 정서적 유대관계형성이 우선시 되어야 한다.[19] 어떤 모양으로든 미숙씨의 용서가 아버지에게 감정적으로 표현이 되어서, 하나님의 말이 물 흐르듯이 자신의 의지에서 감정으로 전달되어야

---

19) 자아의 불균형을 형성시킨 근본적인 이유가 아버지와의 관계에 있기 때문이다. 아버지와의 관계회복을 통해서 자아의 불균형이 제거되면 회복장치가 근본적으로 원활하게 작동할 수 있기 때문에, 남편과 자녀 뿐 아니라 다른 모든 사람과의 관계회복은 자연스러운 결과로 나타나게 된다.

한다. 즉 온전한 사랑의 관계가 형성되고, 회복과정이 다시 작동되어야 한다.

미숙씨가 아버지에게 용서의 감정을 표현하게 되면, 말로 형용할 수 없는 해방감과 성취감을 경험하게 된다. 뒤틀려 있던 자아가 순식간에 제자리를 찾게 된다. 지긋지긋하게 반복되었던 머리로만의 용서행위가 끝을 맺고, 이미 용서했다는 자각만 깨닫게 되게, 소용돌이치던 미숙씨의 감정이 하나님의 말과 함께 뻥 뚫려서 자아 안에서 급속하게 순환하게 된다. 그제야 미숙씨는 남편과 자녀와의 관계에서도 변화와 회복이 가능해진다. 그리고 회복의 다음 과정인 소망도 온전히 경험할 수 있게 된다. 전에는 한 번도 경험해 보지 못했던 전혀 색다른, 즉 하나님으로 인한 소망을 품을 수 있게 된다.

(2) 통제현상

두 번째는 통제현상(Dominator)이다. 자아의 세 구성요소 중에서 한 요소가 다른 두 요소보다 비대하게 커졌을 때, 주로 일어나는 비정상적인 현상이다. 지·정·의 중에 한 영역이 다른 영역들을 통제하려 하거나, 유독 한 영역에만 집착하려는 경향을 보이는 것이다. 이러한 현상은 인류 역사 가운데에서도 빈번하게 일어났다. 어떤 시대에는 사고가 가장 큰 역할을 했고(고대와 중세초기에 주로), 어떤 시대에는 의지가 주된 기능을 했고(중세말기와 근세에), 현재는 감정이 가장 큰 힘을 가지고 있다고 볼 수 있다. 물론 아주 큰 그림으로 봤을 때이지만 말이다.

이렇듯 시대마다 차이가 있듯이, 개인도 다양한 모습을 가지고 있다. 어떤 자아는 사고가 굉장히 발달되어서, 회복과정 전체가 사고의 주도권 아래에서 이루어지며, 반면 어떤 자아는 의지가 강해서 회복과정 전체가 의지의 영향권 아래 놓이게 된다. 그러나 회복장치를 설명하는 부분에서 분명히 언급했듯이, 자아의 각 요소들은 주된 기능을 할 때도 있지만, 그렇지 않을 경우에는 2차 기능으로 물러서 있어야 하며, 이럴 때에 회복장치가 정상적으로 순환할 수 있다고 했다. 그렇지 않을 경우에는 회복장치에 이상이 생기게 된다고 했다.

(3) 펠라기우스(의지에 의한 통제현상)

펠라기우스

중세 초기의 한 사람을 잠깐 연구해보자. 이 사람은 회복장치에서 의지의 영향이 극대화된 사람의 전형적인 모형이라 할 수 있다. 오랜 기간 동안 의지가 통제하는 회복과정을 거치게 되면 어떤 잘못을 범하게 되고, 또 회복장치에 어떤 이상이 생기는지 이분을 통해서 이해해보자.

펠라기우스(Pelagiu)는 영국에서 태어났고 학식과 덕망을 소유한 신학자였으며, 도덕적으로도 전혀 흠잡을 데가 없는 실천가였다. A.D. 400년경에 로마로 간 펠라기우스는 로마 기독교인의 낮은 도덕적 수준에 크게 실망하였고, 로마 기독교인들이 믿고 있는 어거스틴의 은혜론에 문제가 있다고 생각했다. 이미 로마에서도 많은 사람들로부터 덕망과 신임을 얻고 있던 펠라기우스는 그들의 도덕적 태만을 해결하기 위해서, 자유의지를 강조하는 그의 인간 이해를 주장했다. 즉 '인간은 선을 행할 능력이 있으므로 선을 행해야 한다'고 주장했다. 하지만 그의 몇몇 발언들은 위험의 정도가 심해져갔다. 특히 '인간은 죄를 짓지 않을 능력이 있다'와 같은 주장은 결국 자신을 위험에 빠뜨리고 말았다. 어거스틴은 펠라기우스의 발언에 반대하게 되었고, 이 두 사람은 목숨 건 논쟁 속으로 빠져들어 갔다. 오랜 기간 동안의 논쟁과 종교회의를 거쳐서 펠라기우스가 이단으로 정죄됨으로써, 논쟁이 일단락되었고, 이후로 펠라기우스의 행적은 남아 있지 않다.

펠라기우스가 이해하기로, 인간에게 있어서 의지는 가장 중요한 영역이었으며 회복과정에 있어서도 가장 으뜸 되는 것이었다. 실제로 펠라기우스는 평생을 도덕적이고 선한 삶을 살아왔다. 그리고 그의 삶의 중심에는 의지가 자리 잡고 있었다. 그의 회복과정에서 의지는 항상 주된 역할을 해왔다. 하나님과 이웃을 사랑함에 있어서 의지의 노력과 선택은 중심에 서 있었으며, 의지적인 노력을 통해서 펠라기우스는 하나님께 예배하고 영광 돌리는 삶을 살 수 있었다.

심지어 사고와 의지의 연합으로 이루어지는 믿음의 과정에서도, 펠라기우스가 보기에는 의지가 사고보다 더욱 중요했다. 그래서 그는 하나님의 특별은혜(에너지 주입) 없이도, 인간 스스로에게는 의지적인 노력만으로도 회복의 가능성이 있다고 주장하기에 이른 것이다.[20] 인간이 타락했음에도 불구하고, 선한 의지를 여전히 소유하고 있다고 말했다. 바로 이것이 오랜 기간 동안 의지의 통제 속에서 회복과정을 거친 자아들이 저지르기 쉬운 오류이다.

특히 펠라기우스처럼 의지의 통제 아래에서, 회복과정 전체가 지속적으로 순환하여 일어난 경우에는 더욱 더 혼란스러울 수 있다. 누가 봐도 완벽하고 도덕적인 삶을 살고 있고, 많은 변화와 회복을 경험한 사람은 자신의 오류를 알아채기가 쉽지 않으며, 주위의 사람들마저도 전혀 눈치 채지 못한다. 펠라기우스 역시 자신의 주장이 옳고 도덕적으로 태만한 로마인에게는 더욱 필요하고 적합한 것이라고 믿었다.

좀 더 극단적인 의지통제의 현상이 발생하기도 하는데, 이처럼 의지가 심하게 강조된 자아는 때로 종교적 신경증 증세를 보이기도 한다. 대표적인 예가 종교적 완벽주의/성취지향주의이다.[21] 회복과정에서 의지가 극도로 강조되어져서 다른 두 영역(사고와 감정)이 심하게 억제되고,

---

20) Richard Price, *Great Christian Thinkers*, *Augustine* (Liguori: Triumph, 1997), 45, 47. "하나님께서는 스스로 돕는 자를 돕는다"라고 말하며 선하고 금욕적인 생활을 선택할 책임이 인간에게 있다고 주장함.

21) 보다 자세한 내용은 다음의 책들을 참조하라. David A. Seamands의 『상한 감정의 치유』, 그리고 John Sandford의 『속사람의 변화』.

의지 홀로 모든 회복과정을 주도하려 할 때 나타나는 신경증 증세이다. 이때는 회복과정이 비정상적으로 흘러가서, 자아가 금욕적이거나 성공지향적이거나 의식/관습적인(ritual) 현상에 집착하게 된다.

종교적 완벽주의/성취지향주의자들은 언제나 교회 안에 존재해왔으며, 많은 경우 교회 안에서 중요한 위치에 서 있는 사람들이다. 이들은 실수가 없는 완벽한 사람들이다. 아주 세밀한 부분까지 다 계획하고 실행해 옮길 수 있다. 매일 정해진 시간에 성경공부와 기도생활을 하며, 종교적으로 매우 도덕적인 사람들이다. 그러나 종교적 완벽주의자들은 다른 사람의 잘못을 절대 용납하지 못한다. 아니 견디지 못한다. 교회가 더럽혀져 있거나 누가 작은 실수라도 하게 되면 그것을 견디지 못하는 사람이다. 때로는 성공하여 출세한 사람들이다. 항상 무엇인가를 향해 달려가야 맘이 놓이고 결국에는 성취해내고야 마는 사람이다. 그래서 부자이거나 권력자인 경우가 많다. 그러나 이들은 심각한 구두쇠 성향을 가지고 있는 경우가 많다. 자기 은행계좌에는 엄청난 돈이 입금되어 있지만, 정작 자신을 위해서 또는 남을 위해서 천원 한 장이 아까워 벌벌 떤다. 마지막으로 이들은 깔끔한 외모의 소유자들이다. 한 올도 흐트러지지 않은 머리카락과 먼지 하나 없이 깨끗한 옷과 번뜩이는 구두. 그러나 왠지 모르게 불안해 보이고 경직되어 있다는 느낌이 주는 사람들이다.

(4) 어거스틴(사고에 의한 통제현상)

참으로 흥미로운 점은, 펠라기우스가 회복장치에서 의지가 강조된 자아를 대표한다면, 어거스틴은 사고가 강조된 자아를 대표한다. 두 사람의 논쟁으로 인해서 두 사람의 신학적 입장 차이가 극과 극으로 표현될 수밖에 없었을 것이다. 이뿐 아니라, 그들의 삶 또한 극적인 대조를 보여주고 있다. 펠라기우스는 종교회의를 통해서 이단으로 정죄된 사람임에도 불구하고, 그 어떤 기록에서도 도덕적 흠을 찾아볼 수 없을 정도

어거스틴

로 완벽한 사람이었다. 펠라기우스는 자신의 주장처럼 살아왔고, 또 그렇게 살아갈 수 있는 의지가 강하고 완벽한 사람이었다. 그럼에도 불구하고 우리가 앞에서 확인했듯이, 그의 회복과정은 온전하지 못했다. 어거스틴의 경우, 비록 그는 논쟁에서 승리했지만, 그의 인간이해와 신학을 따르는 로마 기독교인은 심각한 도덕적 태만과 문제를 드러냈다. 조심스러운 표현이지만 어거스틴 자신도 얼마만큼이나 과거 자신의 도덕적 타락과 이단(마니교)의 영향에서 회복되었는지는 알 길이 없다. 그가 중세신학을 기초 놓은 대단한 인물이기 때문에, 그에 대한 기록이 어느 정도 미화되었을 가능성은 다분하다.

사고가 필요 이상으로 회복과정을 통제한 사람을 대표하는 인물로 어거스틴을 선택한 이유는 다음과 같다. 어거스틴의 인간이해와 사상을 회복과정에 적용한 사람들이 드러내는 부정적 결과가 도덕적 태만과 책임회피이기 때문이다. 사고가 지나치게 회복과정을 주도해 나가게 되면, 의지의 역할은 약화되기 마련이다. 특히 회개와 용서(의지의 영역)에서 충분한 회복을 경험할 수 없기 때문에 도덕적으로 문란한 삶을 살며 도덕적 책임에 민감하지 못하게 된다. 대신에 이들은 하나님의 말(에너지)의 역할을 지나치게 확대한다. 자아의 노력이나 회복과는 상관없이 하나님의 말을 믿는 것(사고하는 것)만으로 충분하다고 생각한다. 하나님의 말이 자아 안으로 들어옴으로 인해서 자아가 순식간에 변화된다고 너무 쉽게 상상한다. 좀 더 심한 경우에는 현재나 미래의 자아회복과정은 불필요하다고 믿는다. 이미 하나님의 말(은혜)이 자아를 놀랍게 회복시켰기 때문에 인간의 의지적 노력은 불신앙의 증거라고 보기까지 한다. 이것은 사고가 강조된 회복불균형의 극단적 예라 하겠다.

위의 내용을 간략히 정리하면, 회복장치 안에서 의지가 필요 이상으로 역할을 하고 통제하게 되면, 회복장치의 불균형으로 인한 부정적 결과가 완벽성과 끊임없는 노력으로 표출된다. 반면에 회복장치 안에서 사고가 필요 이상으로 역할을 하고 통제하게 되면, 회복장치의 불균형으로 인한 부정적 결과가 도덕적 태만과 책임회피로 나타난다.

(5) 감정에 의한 통제현상

또 다른 통제현상은 감정에 의해서도 나타난다. 회복장치가 정상적으로 작동하기 위해서는 지·정·의 세 가지가 자기의 역할을 충분히 해나갈 때 가능하다. 그런데 감정이 지나치게 강한 자아는 회복과정에서도 감정의 독주로 인해서 어려움을 겪을 수 있다. 우리가 잘 알고 있듯이 현시대는 감성의 시대이다. 다른 어떤 것보다도 감정이 우선시 되는 사회에서 살고 있다. 우리가 의식하고 있든 의식하지 못하고 있든지 우리의 감정은 다른 어떤 시대보다도 더 중요시되고 있다.

현 시대가 사랑을 어떻게 정의 내리고 있는지 보면 불균형의 정도를 금방 알아차릴 수 있다. 대부분의 사람들은 사랑은 상대방에게 빠지는 것이라고 생각한다. 이성적인 판단을 할 수 없을 정도로 사랑의 감정에 푹 빠질 때에 그 상태가 진정한 사랑이라고 생각을 한다. 앞뒤 가리지 않고 불나방이 불속으로 뛰어들 듯이 상대방에게 빠지는 상태를 참다운 사랑의 모습이라고 생각한다. 이러한 감정이 수그러들게 되면 사람들은 '사랑이 식었다' 또는 '더 이상 사랑하지 않는다'고 표현을 한다. 그러나 참 사랑은 감정뿐 아니라 사고와 의지가 동일하게 강조되어져야 하고, 균형을 이루어야 된다. 어쨌든 현 시대의 사람들이 얼마나 감정만을 중요시하고 살고 있는지를 보여주는 좋은 예라 하겠다.

문제는 현재의 수많은 자아들이 감정을 지나치게 강조하기 때문에, 회복과정에서도 사고와 의지의 기능은 다분히 무시되고 감정이 독재하는 경향이 두드러진다. 이로 인해서 사고와 의지가 주된 역할을 해야 할 믿음의 과정에서도 이상한 일들이 벌어지기도 한다. 믿음이라 함은 사고와 의지의 반응으로 형성되는 하나님의 선물과 같은 것인데, 오히려 믿음이 감정적으로 경험되어지고 느껴져야 하는 것으로 받아들이는 것이 현시대의 현실이다.

　요즘의 믿음은 꼭 감정적으로 충만하고 만족스러운 상태와 같은 것이다. 자아 안의 열정이나 감정이 줄어들게 되면, 그것은 곧 믿음이 떨어진 것이다. 이런 말도 안되는 일들이 교회 안에서 벌어지고 있다. 믿음은 하나님의 선물로서 인간의 자아가 의지적으로 회개를 선택했을 때 하나님이 그 자아에게 선사하는 선물이다. 즉 일단 선물로 받은 믿음은 인간의 감정과 전혀 상관없는 종류의 것이다. 감정에 따라서 작아졌다 커졌다 하는 것이 아니다. 믿음의 영역에서 감정은 항상 2차적인 기능을 하지, 주된 기능이 될 수 없다. 절대로 믿음의 내용이나 정도를 판단하는 기능을 할 수 없다. 이렇듯 자아의 불균형으로 인해서 믿음의 과정이 온전하게 진행되지 않으면, 이어지는 사랑, 소망, 그리고 영광의 과정 역시 순조롭게 이루어질 수 없다.

　특히 비대해진 감정으로 인한 통제 현상이 예배에서도 심각하게 나타난다. 그 이유는 예배란 자아 혼자 드리는 것이라기보다는 자아들이 모여서 함께 하는 공동체적 성격이 많기 때문이다. 즉 감정의 통제로 인해서 나타나는 예배의 부작용이, 앞에서 보았듯이 개인의 자아 안에서 일어날 뿐 아니라, 동시에 교회에서 행해지는 예배에도 집단적으로 발생한다는 것이다. 과거의 어느 때보다 비대해진 감정을 가진 자아가 많은 현 시대를 우리가 살고 있기 때문에 공동체 성격이 강한 예배에서도 감정적 요소가 비정상적으로 강조되고 있다.

　많은 설교자들이 자아의 어떤 영역에 호소하는 설교를 하고 있는지 보라. 그것은 감정이다. 하나님의 말을 듣는 자아의 사고에 집중되어 있기 보다는 자아에게 감동을 주고자 노력하고 있다. 자아의 감정을 터치해서 자아의 기분을 좋게 만들려고 애쓰는 것이 현재의 설교이다. 내면대폭발의 회복장치를 기준으로 판단해 볼 때, 현재의 많은 설교방식은 건강하지 못하다고 하겠다. 설교는 듣는 자아의 사고에 하나님의 말이 주입되도록 하는 것이 주된 임무가 되어야 한다. 그럼으로써, 자아가 하나님의 모습을 의식하고 회개를 선택할 수 있도록 이끌어가야 한다.

그러나 현재의 설교는 사고보다는 감정에 초점을 맞춤으로써, 불균형을 더욱 부채질하고 있다. 실정이 이렇다보니 참다운 회개도 일어나기 쉽지 않다. 하나님의 모습이 자아 안에서 회복되어야만 자아가 자신의 방향성을 의식하고 회개하게 되는데, 하나님의 말이 사고에 주입되는 일이 적어지다보니 자신의 정체성을 깨닫기 힘들어지게 되었다.

즉 자신이 얼마나 흉악한 죄인이고 죄의 상태에 처해 있는지 스스로 인식할 기회가 적어진 것이다. 대신에 거짓된 믿음의 감정만 팽배해져서, 스스로 좋은 기분을 느끼기 위해 노력할 뿐이다. 근본적인 회복이 없이, 그저 감정적으로 용서하고 용서받는 행위를 반복함으로써 기분 좋은 상태를 유지하려 한다. 또는 자신의 느낌이 좋아졌기 때문에 용서하는 행위를 선택하기도 한다.

설교 뿐 아니라 찬양과 기도와 같은 예배 요소들이 얼마나 감정에 중점을 두고 행해지는지 쉽게 알 수 있다. 심지어 음향과 조명까지 사용하면서 자아의 감정을 만족시켜주는 예배를 드리려 하고 있다. 예배 전체가 자아에게 감동을 주기에 여념이 없다. 예배를 마치고 나오는 사람들의 대화에서도 재밌는 표현들을 찾아볼 수 있다. '예배 때 은혜를 많이 받았다'고 생각할 때, 현대인이 쓰는 표현이 다음과 같은 것들이다. "예배가 너무 감동적이었다." 또는 "내 마음이 뭉클해졌다." 등등. 절대로 예배 가운데에서 감정이 불필요하다는 말을 하고 있는 것이 아니다. 감정이야말로 없어서는 안되는 중요한 요소이지만, 예배의 모든 순간에서 우선시되어서는 안된다는 것이다.

결론적으로 갈망의 내용을 정리해보자. 내면대폭발 이후로 하나님과의 분리를 경험한 자아는 여러 가지 종류의 문제들을 겪게 되었지만, 동시에 자아의 영혼은 양심이나 직관의 기능으로 자아를 여전히 보호해

주고 있었다. 그러나 이미 하나님의 영이 떠난 자아의 영혼에게는 자아를 회복시킬만한 능력을 스스로 가지고 있지 못하다. 따라서 자아가 회복 될 수 있는 유일한 방법은 하나님의 편에서 도와주는 것 밖에 없었고, 하나님은 그 방법으로 예수 그리스도를 인류 안으로 보내셨다. 하나님의 말(에너지)을 자아 안으로 주입함으로써 자아를 변화시키셨다.

바꾸어 말하면 하나님의 말을 자아 안으로 기꺼이 받아들이는 자아에게는 회복이 발생한다. 자아 안으로 유입된 하나님의 말은 회복장치를 통해서 회복과정을 하나씩 이루어간다. 회복장치라 함은 자아 자체를 의미하는데, 자아의 지·정·의 세 가지 구성 요소로 만들어진 회복순환 장치이다. 이 회복과정은 단회적인 사건이 아니라, 지속적이고 반복적인 순환과정이다. 이렇게 하나님의 에너지가 지·정·의를 지속적으로 순환하면서 변화시킬 때에 자아가 원래의 모습대로 회복된다.

온전히 회복된 자아의 모습은 하나님의 영(말/에너지)이 자아의 지·정·의를 온전히 주장하게 되고, 내면의 중심에 위치하게 되는 상태이다. 이때 자아는 온전한 하나님과의 연합의식을 통해서 지·정·의 모든 영역이 균형을 잡고 제 기능을 다하게 된다. 자아는 더 이상 육체를 욕구충족의 대상으로 여기지 않고 (육체에 집착하지 않고), 대신에 지·정·의를 통해서 육체를 사용하게 된다. 즉 하나님과 다른 사람을 섬기는 도구로 육체를 이용하게 된다. 자아는 더 이상 욕구지향적(Pleasure-Oriented)이 아니라 대상지향적(Object-Oriented)인 상태를 소유하게 된다. 그것도 갈망이 충분히 만족된 상태에서 대상지향적인 존재가 된다. 따라서 더 이상 자아의 욕구충족을 위해서 다른 대상을 조작하거나 강요할 필요가 없다. 이때야 비로소 자아는 모든 신경증, 정신병, 악, 심지어는 죄로부터 자유롭게 된다. 그리고 진정한 사랑을 베풀 수 있게 된다. 이런 자아는 주위의 다른 자아와 건강한 관계를 형성할 수 있게 되며, 그들을 사랑으로 섬길 수 있으며, 사랑으로 그들을 변화시킬 수 있다. 그리고 소수의 자아는 기도를 통해서 신비한 축복을 경험하기도 한다.

●에필로그: 개인적 내면대폭발(Personal Deep Bang)

　이제까지 우리는 과거의 한 사건(내면대폭발)이 인간에게 얼마나 지대한 영향을 끼쳤는지 살펴보았습니다. 하나님은 떠나시고, 죄가 인간 안에서 형성되어 악영향을 미치고 있음을 심리학적으로 살펴보았습니다. 동시에 인류가 어떻게 죄(방향성)를 극복하고 이전의 상태로 회복될 수 있는지 그 조건과 과정들도 순차적으로 밝혀보았습니다. 여러분께 감사드리는 것은 쉽지 않은 내용임에도 불구하고 중도에 포기하지 않고 여기까지 함께 해준 것입니다.
　이제 나는 여러분에게 앞으로 풀어야할 중요한 문제들을 소개하고자 합니다. 왜냐하면 나 혼자 해결할 수 없는 문제이기 때문입니다. 그 첫 번째 문제는 다음과 같습니다.

　　"과거의 한 사건으로 인해서 발생한 죄가 어떻게 다음 세대에게 유전되는가?"
　　"부모가 가지고 있던 방향성(죄)이 자녀들에게도 유전될 수 있는가?"
　　"만약 유전된다면 어떻게 그것이 가능한가?"

　진화론에 있어서도 핵심 문제는 유전에 있습니다. 진화된 내용이 다음 세대로 유전되어야만, 인류가 점차적으로 진화되었다는 주장을 입증

할 수 있기 때문입니다. 동시에 심리학에서도 유전이라는 주제는 풀어야할 문제 중에서도 핵심입니다. 인간의 내면세계가 어떻게 유전되는지, 더 나아가서는 현재와 같은 복잡한 상태로 진화되어 왔는지를 설명해야만 하기 때문입니다. 진화론과 심리학이 이를 설명하는데 실패한다면, 그것은 스스로 거짓임을 증명하는 것입니다.

유전의 문제는 우리에게도 동일하게 해결해야만 하는 중요한 숙제입니다. 내면대폭발에 의해서 죄가 형성되고 자아 안에서 많은 문제들을 만들어냈다면, 그 죄가 어떤 방법으로 다음 세대에게 유전되는지를 꼭 밝혀내야만 합니다. 죄가 유전된다는 사실을 입증하지 못하면, 이 책의 모든 내용은 고리타분한 이론에 불과한 것이 되며, 더 나아가서는 기독교와 여러 종교에서 주장하는 인간의 죄는 일종의 영적인(또는 형이상학적인) 현상에 불과한 것으로 치부될 수밖에 없습니다. 이처럼 죄의 유전은 매우 중요한 사안입니다.

여러분을 '죄는 어떻게 유전되는가?'라는 질문에 초대합니다. 이 영역이 얼마나 재밌고 유익한지! 저 혼자 고민하기에는 너무 아깝습니다. 특히 죄가 유전되는 과정을 심리학적으로 설명하는 것은 매우 흥미롭고 신나는 일입니다. 현재까지 제가 고민해 본 내용을 아주 간략하게 소개합니다.

인류에게 내면대폭발이라는 거대한 변화가 있었다면, 그것은 아주 오래전의 일일 것입니다. 그 영향력이 얼마나 컸는지, 현재를 살아가는 우리에게도 엄청난 파장으로 미쳐오고 있습니다. 이것은 꼭 반복되어 밀려오는 파도와 같다고 표현할 수 있는데요. 하나의 거대한 파도가 발생한 후에 그 여파가 모든 인간에게 개별적으로 전달되는 것과 같습니다. 이처럼 단 한번 발생한 내면대폭발이 세대에 세대를 거쳐 가면서까지 현재의 우리에게까지 동일한 영향력을 미칠 수 있는 이유는 무엇일까요? 그것은 모든 인간이 개인적 내면대폭발을 겪기 때문입니다. 개인적 내면대폭발로 인해서 머나먼 과거에 발생했던 내면대폭발의 영향력이

각 개인에게 전달·유전되며, 동시에 좀 더 복잡한 형태로 나타납니다.

모든 개인에게 발생하는 개인적 내면대폭발이라 함은 출생 사건을 말합니다. 약 10개월 동안 어머니와 하나가 되어 있던 태아가 어머니로 부터 분리되는 출산 사건이 바로 그것입니다. 여러 가지 면에서 출산사건은 내면대폭발과 흡사한데요. 어머니와 태아가 형성했던 완벽한 연합이 깨지고, 분리를 경험하고, 그로인해 두려움과 불안을 느낀다는 점들은 매우 흥미롭습니다.[1] 이런 이유로 출산 사건은 두 번째 파도, 즉 개인적 내면대폭발이라 불릴 수 있습니다.

태아가 자궁 속에서 살게 되는 약 10개월의 기간은 영혼육이 형성되는 매우 중요한 시기입니다.[2] 이때 태아는 어머니가 보고 느끼고 경험하는 모든 것들을 간접 경험하고 학습하게 됩니다. 어머니가 미래의 일이 걱정되어 불안해 할 때, 자궁 속의 태아도 같이 걱정하며 불안을 느낍니다. 어머니가 불안하여 손톱을 물어뜯을 때, 태아의 자아도 불안해하며 만져지는 대상을 찾아 헤맵니다. 이렇듯 어머니의 자아가 밖으로 향하는 방향성을 가질 때, 자연스럽게 태아의 자아도 방향성을 학습하고 자신의 것으로 만들어 나갑니다. 그것도 인생의 가장 초기이며 모든 것이 만들어지기 시작하는 중요한 시기에 말입니다. 바로 임신 기간 동안에 태아가 자아의 방향성 또는 죄를 유전/학습 받지 않나 싶습니다.

임신기간은 마치 내면대폭발과 개인적 내면대폭발을 연결하는 두꺼운 고리와 같다고 할 수 있습니다. 엄밀히 보면 내면대폭발과 개인적 내면대폭발은 별개의 두 사건에 지나지 않습니다. 시간적으로도 큰 차이가 있고 대상도 전혀 다릅니다. 이렇게 관련 없는 두 파도를 밀접하게 연결시키는 고리가 10개월 간의 임신기간입니다. 만약 임신기간이 없다

---

1) 심리학에서는 반대로 설명한다. 자궁 안에서의 경험과 출산경험이 무의식을 통해서 종교적인 모습으로 나타난다고 주장한다.
2) Birth Psychology는 태아가 자궁 안에서 성장하면서 느끼고 듣고 배운다는 사실을 과학적/심리적으로 잘 설명하고 있다. 특히 출생 시에 겪는 어머니와 분리가 태아의 일생에 어떠한 영향을 미치는지 자세히 연구해 놓았다.

고 가정한다면, 두 번째 파도는 단지 육체적·정신적 분리만을 의미할 것입니다. 그러나 임신기간 동안에 태아가 어머니로 부터 방향성을 학습·유전받기 때문에, 어머니로부터 분리되어 태어날 때, 그 파장이 영혼의 영역으로까지 확장되는 것입니다. 자궁 안에서 태아가 경험한 죄와 방향성으로 인해서, 출산시 어머니와의 분리를 부정적으로 경험하는 것 같습니다. 그래서 인간의 아기만이 출산시 매우 불안해하며 울음을 터트리나 봅니다. 다른 동물은 신기하게도 울지 않습니다.[3]

더군다나 임신 중에 있는 태아 역시도, 하나님의 영을 소유하고 있지 못하다는 점을 고려할 때는, 방향성의 유전·학습은 너무나 쉽고 당연한 결과 입니다. 따라서 태아가 어머니의 자궁에서 분리되어 태어날 때, 출산경험이 자아에게 매우 부정적으로 작용되는 것입니다. 결론적으로 죄의 유전·학습이 태아가 형성되는 매우 이른 임신 기간부터 시작해서 전 인생에 걸쳐서 이루어집니다. 그러나 잊지 말아야 할 점은, 죄의 근본 원인이 여전히 터진 웅덩이에 있다는 사실을 기억해야 합니다.

위의 내용은 간단한 스케치 정도에 불과합니다. 앞으로 연구해야 할 내용이 얼마나 흥미롭고 방대한지 모릅니다. 만약 이 책에서 주장한 내면대폭발이 사실이라고 믿는다면, 인간이 태어나는 사건, 즉 어머니와의 분리사건 역시 깊이 연구되어야 할 영역임이 분명합니다. 하나님과 분리된 인간이 다시 한 번 어머니와 분리를 경험하면서 태아의 영혼육에 지대한 영향을 끼치게 됩니다. 죄가 태아에게 어떠한 영향을 끼치는지에 대해서는, 아직까지 우리가 잘 알지 못하는 또는 깊이 연구해보지 못한 영역입니다. 그러므로 우리가 두 파도를 잘 연구해본다면, 인간의 현재 상태를 훨씬 더 정확히 설명할 수 있을 것입니다. 저는 두 파도의 관계성을 깊이 연구해볼 가치가 충분하다고 봅니다.

---

3) 예수님은 예외입니다. 예수님이 마리아의 태중에 있을 때 이미 예수님의 자아 안에는 하나님의 영이 존재하고 있었기 때문입니다. 마리아의 죄가 예수님에게 유전되지 않았습니다.

자세히 보면 죄의 유전이라는 질문은 단번에 답할 수 있는 것이 아니라, 뒤따라오는 여러 가지 질문들도 함께 대답해야 합니다. 먼저 인간의 심리적/영적 발달의 과정에 대한 질문이 뒤따라옵니다. 어머니로부터 분리되어 태어난 아기가 자라나는 모든 과정 역시 새롭게 설명될 필요가 있습니다. 이 연구 주제가 바로 발달이론(Developmental Theory)입니다. 더 나아가서는 인간의 비정상적인 발달은 어떻게 일어나는지도 연구되어야 합니다. 이 연구 주제는 이상심리학(Abnormal Psychology)입니다. 그리고 이상심리학이 깊이 연구된다면, 당연히 비정상적인 발달을 가진 사람을 치료할 수 있는 상담이론(Counseling Theory)도 필요할 것입니다. 이제 여러분도 동의하겠지만 내면대폭발에 대한 설명은 시작에 불과합니다. 즉 모든 연구의 기초라 불릴 수 있는 성격이론(Personality Theory)이 겨우 시작된 것에 불과합니다.

  이 방대한 영역에 걸친 작업을 어떻게 한 두 사람이 해낼 수 있겠습니까? 여러분의 도움과 연구가 지속적으로 쌓여 나갈 때, 내면대폭발 가설을 기초삼은 하나의 건강한 기독교 심리학이 든든히 형성될 것입니다. 이 일은 교회와 신학이 잃어버렸던 심리학을 다시 되찾기 위한 노력이며, 과거의 위대한 신학자들이 이루어놓은 인간의 이해를 더욱 풍요롭게 하는 일입니다. 또한 부족한 인간 이해로 인해서 현재 교회가 겪고 있는 신경증을 해결하는데 도움을 줄 수 있는 일입니다. 가치 있고 유익한 사역에 여러분을 초대합니다.

 DEEP BANG

부록: 분리/회복 지수 질문서 (자가 평가용)

분리/회복 지수 평가 질문서(자가 평가용)

이 질문서는 여러분이 일상생활과 신앙생활 가운데에서 경험할 수 있는 내용들로 구성되어 있습니다. 각 문장을 자세히 읽어보시고 요즈음 얼마나 자주 그렇게 경험하거나 느끼는지, 가장 잘 자신을 나타낸다고 생각되는 번호에 표시하여 주십시오. 응답 방식은 다음과 같습니다.

0	1	2	3	4
전혀 그렇지 않다	약간 그렇다	보통이다	상당히 그렇다	매우 심하게 그렇다

1. 이상한 생각들이 자주 떠오르고 그런 생각들을 지워 버리기가 어렵다.   0___ 1___ 2___ 3___ 4___
2. 잘못을 지적받으면, 먼저 부인하고 본다.   0___ 1___ 2___ 3___ 4___
3. 나는 태어날 때부터 심각한 죄인이다.   0___ 1___ 2___ 3___ 4___
4. 내가 하는 일(가사나 직업)에서 사람들로부터 인정받고 싶다.   0___ 1___ 2___ 3___ 4___

	0	1	2	3	4
5. 다른 인격체(귀신)가 나의 육체를 통해 말하거나 행동하는 것을 경험한 일이 있다.					
6. 기도 가운데, 나의 개인적 필요를 하나님께 많이 요구하는 편이다.					
7. 하나님과 상관없이 내 계획대로 살고 있다.					
8. 아무리 생각해봐도 용서할 수 없는 사람이 내 주위에 있다.					
9. 병에 걸리까 걱정이 되거나, 현실과 분리된 것 같은 이상한 느낌이 자주 든다.					
10. 복음을 위해서라면 죽을 각오가 되어 있다.					
11. 나의 가장 죄된 부분과 약점을 정확히 알고 있다.					
12. 나는 하나님이 영원부터 영원까지 살아계신 분임을 안다.					
13. 예배시간이 기대되고 기다려진다.					
14. 하나님을 위해 살지 못한 것이 항상 죄송하다.					
15. 나를 위해 기도하기보다 다른 사람과 교회와 민족을 위해서 더욱 기도한다.					
16. 예수님이 내 죄를 위해 대신 죽으심을 알고 있다.					
17. 마음에서부터 흘러나오는 기쁨/평안이 있다.					
18. 하나님이 명하시면 언제든 선교를 위해 떠날 준비가 되어 있다.					
19. 가끔씩 숨이 막히고 질식할 것 같다.					
20. 하나님이 살아계신 분인지 의심스러울 때가 가끔 있다.					
21. 죄를 범하면, 하나님이 나를 벌하실 것이다.					
22. 교회에 가지 않으면 괜히 불안하다.					
23. 말도 안 되는 괴상한 생각에 사로잡힌다. (6개월 이상 기간 동안)					
24. 하나님이 내 죄를 용서하셨다는 확신이 있다.					
25. 어떤 일(가스레인지, 수도꼭지, 방문 자물쇠 잠그기 등)을 몇 번씩 확인하곤 한다.					
26. 남이 듣지 못하는 소리를 듣거나 남이 보지 못하는 것을 본다(6개월 이상 기간 동안).					
27. 오늘 하나님을 만난다면, 나는 두렵고 떨릴 것이다.					
28. 매우 나쁜 일이 일어날 것 같은 기분이 든다.					
29. 심한 죄책감을 경험하면서도 00을 끊지(절제하지) 못하는 내가 싫다.					

문항	0	1	2	3	4
30. 중독(술, 게임, 마약, 성과 같은)에 빠져 일상생활에 지장을 받은 경험이 있다.	0	1	2	3	4
31. 하나님 나라를 위한 매우 구체적인 비전(계획) 가운데 살고 있다.	0	1	2	3	4
32. 천국이 존재하는지 가끔 의심될 때가 있다.	0	1	2	3	4
33. 편안하게 쉴 수가 없다.	0	1	2	3	4
34. 눈물로 죄를 고백한 경험이 있다(지난 1년 이내에).	0	1	2	3	4
35. 잘못을 저지른 후, 하나님이 벌하실까 두려울 때가 자주 있다.	0	1	2	3	4
36. 나는 천국에서 영원히 살 것이다.	0	1	2	3	4
37. 나는 기운이 없고 우울하다.	0	1	2	3	4
38. 'OOO야! 나를 용서해줘' 라고 고백한 경험이 있다. (지난 1년 이내에)	0	1	2	3	4
39. 다른 사람에게 무엇을 하라고 요구하는 편이다.	0	1	2	3	4
40. 나는 영적 능력이나 은사를 소유하고 있다.	0	1	2	3	4
41. 용서를 결단하고 대상자에게 용서한다고 직접 표현한 적이 있다(지난 1년 이내에).	0	1	2	3	4
42. 돈이나 물건을 매우 절약한다.	0	1	2	3	4
43. 가끔 죽을 것 같은 두려움을 느낀다.	0	1	2	3	4
44. 매일 기도생활을 하고 있다.	0	1	2	3	4
45. 나의 미래는 희망적이다.	0	1	2	3	4
46. 나는 예전에 하던 일들을 여전히 즐긴다.	0	1	2	3	4
47. 관계가 회복된 후에 기쁨/평안을 경험한 적이 있다(지난 1년 이내에).	0	1	2	3	4
48. 죽음 이후에, 인간의 영혼이 존재하지 않을지도 모른다.	0	1	2	3	4
49. 하나님께서 나를 떠날까봐 불안해질 때가 자주 있다.	0	1	2	3	4
50. 감정표현이 자꾸 이상하게 나오고, 말이 뒤죽박죽 되어 나온다.	0	1	2	3	4
51. 예배 때 하나님의 임재를 강하게 경험한 적이 있다(지난 1년 이내에).	0	1	2	3	4
52. 영적회복 후에 세상이 달라 보이는 경험을 한 적이 있다.	0	1	2	3	4
53. 내 의지와는 상반되는 불쾌한 생각들이 거의 날마다 떠올라 기분이 상한다.	0	1	2	3	4

54. 나는 쓸모없는 사람처럼 느껴진다.	0	1	2	3	4
55. 매일 성경을 읽는다.	0	1	2	3	4
56. 규칙적으로 예배에 참여하고 있다.	0	1	2	3	4
57. 청결에 대해서 지나치게 관심을 갖고 있다.	0	1	2	3	4
58. 귀신에게 공격당한 적이 있다.	0	1	2	3	4
59. 아무도 몰래 지나치게 하는 짓이 있다 (술, 게임, 마약, 성행위).	0	1	2	3	4
60. 외모에 신경 쓰는 편이다.	0	1	2	3	4
61. 하나님이 나를 세상에 버려두신 것 같다.	0	1	2	3	4
62. 술, 게임, 마약, 성과 같은 중독행위가 나의 삶을 점점 잠식해 가고 있다.	0	1	2	3	4
63. 치유 또는 축사의 은사를 가지고 있다.	0	1	2	3	4
64. 원하는 것을 얻기 위해서 수단과 방법을 가리지 않는다.	0	1	2	3	4
65. 사탄/귀신을 초청하는 기도나 의식에 참여한 경험이 있다.	0	1	2	3	4
66. 잘못을 할 때, 하나님이 보고 계시다고 느껴진다.	0	1	2	3	4
67. 방언 또는 예언의 은사를 가지고 있다.	0	1	2	3	4
68. 아무 조건 없이 잘못한 사람을 용서해준 적이 있다(지난 1년 이내에).	0	1	2	3	4
69. 하나님을 위해 재정적/육체적 헌신을 한 적이 있다.(지난 1년 이내에)	0	1	2	3	4
70. 나는 고집이 센 사람이다.	0	1	2	3	4
71. 잘못을 범하면 심한 죄책감에 견딜 수가 없다.	0	1	2	3	4
72. 귀신이 내 안에 살고 있는 것 같다.	0	1	2	3	4
73. 교회생활에 게을러서 죄송한 마음이 많다.	0	1	2	3	4
74. 죽음이 두렵다.	0	1	2	3	4

분리/회복 지수 채점표

각 항목에 적용되는 문제번호의 점수를 확인하여, 항목별로 모두 합하여 기록하세요.

*표시가 있는 번호의 점수는 거꾸로 계산해 주세요. (0→4, 1→3, 2→3, 2→2, 3→1, 4→0)

영역	항목	문제	합계점수	설명
1구역	두려움 죄책감 불안	27,35,66 14,21,73 22,49,61	합___점 합___점 합___점	1구역은 당신이 하나님과의 분리를 현재 어떻게 경험하고 있는지를 수치로 환산한 것입니다. 그러므로 이 수치는 개인적 경험 지수입니다. 총합_____/36점 (분리경험지수)
2구역	욕구/방향성 악	4,39,42,60 2,70,*71,64	합___점 합___점	욕구/방향성은 자아 밖의 대상을 얼마나 욕구하고 있는지, 또는 내면으로부터 얼마나 멀어져 있는지를 의미합니다. 총합_____/32점 (분리지수)
			(1+2구역)종합_____/68점 (전반적 분리지수)	
3구역	우울증 강박증 중독 불안증 정신분열증 귀신들림	37,*46,54,*45 1,25,53,57 30,59,62,29 19,28,33,43 9,23,26,50 5,58,65,72	합___점 합___점 합___점 합___점 합___점 합___점	3구역은 당신이 현재 가지고 있는 정신질환 증상을 수치로 환산한 것입니다. 즉 당신의 정신건강수치를 의미합니다. 작은 수치가 건강함을 의미합니다. 총합_____/96점 (정신건강지수)
4구역	정체성의식 회개 용서 기쁨/평안 인간영생의식	3,11,16 24,34,38 *8,41,68 17,47,52 36,*48,*74	합___점 합___점 합___점 합___점 합___점	4구역은 현재까지 당신이 어느 정도의 회복을 경험했는지를 수치로 환산한 것입니다. 그리고 당신의 회복이 현재 어느 지점까지 진행되고 있는지를 수치의 변동을 통해서 확인할 수 있습니다.

하나님영생의식	12,*20,*32	합____점	가장 큰 점수의 영역들에서 현재 가장 활발한 회복이 일어나고 있다고 보면 됩니다.
예배	13,51,56	합____점	
성경읽기/기도	*6,44,55	합____점	
은사/능력	40,63,15	합____점	총합_____/132점
비전	*7,31,67	합____점	(전반적 회복지수)
헌신/순교	10,18,69	합____점	

    분리/회복 지수 평가 질문서는 개인의 분리와 회복의 정도를 알아보는 데 매우 유익합니다. 개인의 영적, 정신적 건강 상태를 객관적으로 평가할 수 있기 때문에, 전문적인 상담이나 신앙상담에 유용하게 사용될 수 있습니다. 또한 그룹이나 부서 더 나아가서는 교회의 전반적인 회복/분리지수도 평가할 수 있습니다. 각 개인의 분리/회복 지수를 합하여 개인의 숫자만큼 나누게 되면 그룹의 공통분리/회복 지수가 나옵니다. 이것을 통해서 그 그룹이 어느 정도의 분리와 회복을 경험했는지 평가할 수 있으며, 동시에 어떠한 방향으로 회복을 발전시켜 나가야 하는지도 알아낼 수 있습니다. 그룹의 리더가 자신이 섬기는 그룹의 분리·회복 지수의 정도를 알고 있다는 사실은 매우 중요합니다.

영혼돌봄의 심리학
• Foundations for Soul Care •

에릭 L. 존슨 지음/ 전요섭 외 옮김/ 신국판 양장/ 816면

본서는 영혼돌봄을 위한 기본적 구조
(상담 및 심리치료, 영적 지침, 교회의 사역)를 제안하고
좀 더 건설적인 의제들을 수립할 수 있도록 한다.

영혼돌봄의 상담학
• Care for the Soul •

마크 맥민, 티모디 필립스 편집
전요섭, 안경승 옮김/ 신국판 양장/ 560면

본서를 통하여 신학과 심리학의 현 상태, 세속주의에 대한 묵인을 극복하는 것, 기독교심리학을 발전시키기 위한 신학적 자원들에 관한 예리한 쟁점을 발견하게 될 것이다.

영혼돌봄의 이해
• Care of Souls •

데이비드 G. 베너 지음/ 전요섭·김찬규 옮김/ 신국판/ 296면

저자는 '영혼돌봄'에 대해 보다 효과적으로 대처하도록 영혼돌봄에 대한 이해를 명확하게 소개한다. 전문가뿐만 아니라 초보자도 유익을 얻을 것이다.

내면대폭발
Deep Bang

2011년 8월 29일 초판 발행

지은이 | 이 재 근

펴낸곳 | 사) 기독교문서선교회
등록 | 제16-25호(1980. 1. 18)
주소 | 서울시 서초구 방배동 983-2
전화 | 02) 586-8761~3(본사) 031) 923-8762~3(영업부)
팩스 | 02) 523-0131(본사) 031) 923-8761(영업부)
홈페이지 | www.clcbook.com
이메일 | clckor@gmail.com
온라인 | 국민은행 043-01-0379-646, 기업은행 073-000308-04-020
　　　　　예금주: 사) 기독교문서선교회

ISBN 978-89-341- (93230)

* 낙장·파본은 교환해 드립니다.